U0110475

古代歷史文化研究輯刊

二十編

王明蓀 主編

第12冊

美德關係在中國（1894～1901）（上）

袁正邦 著

國家圖書館出版品預行編目資料

美德關係在中國（1894～1901）（上）／袁正邦 著 -- 初版 --
新北市：花木蘭文化事業有限公司，2018〔民107〕
序2+目4+158面；19×26公分
（古代歷史文化研究輯刊 二十編；第12冊）
ISBN 978-986-485-544-5（精裝）
1. 外交史 2. 晚清史
618　　107011990

古代歷史文化研究輯刊
二十編　第十二冊　　ISBN：978-986-485-544-5

美德關係在中國（1894～1901）（上）

作　　者　袁正邦
主　　編　王明蓀
總 編 輯　杜潔祥
副總編輯　楊嘉樂
編　　輯　許郁翎、王筑　美術編輯　陳逸婷
出　　版　花木蘭文化事業有限公司
發 行 人　高小娟
聯絡地址　235 新北市中和區中安街七二號十三樓
　　　　　電話：02-2923-1455／傳眞：02-2923-1452
網　　址　http://www.huamulan.tw 信箱 hml 810518@gmail.com
印　　刷　普羅文化出版廣告事業
初　　版　2018年9月
全書字數　329190字
定　　價　二十編25冊（精裝）台幣66,000元　

美德關係在中國（1894～1901）（上）

袁正邦 著

作者簡介

袁正邦，私立中國文化大學史學所博士、美國雪城大學（Syracuse University）歷史學碩士、國立臺灣大學學士。主要研究領域為中國近代外交史、中美關係。現職大陸廣州中山大學歷史學系專職副研究員，並開設核心通識課程「寰宇故事：人類文明的發展與相遇」。目前獲得 2018 年度大陸國家社會科學基金項目一般組、2018 年度廣州市宣傳委《廣州大典》研究計畫的資助，從事晚清中美關係的研究。

提　要

《美德關係在中國（1894 ～ 1901）》係由作者同名的博士論文修改而來，內容的深度與廣度，進步甚多。本書鑒於晚清時期涉入中國事務的列強中，美國與德國的互動，中外學界較欠缺研究，惟美德關係卻在 1894 至 1901 年之中（事實上，殊非局限在此時間範圍），舉凡清廷涉外的重大事件中，兩國因之而生之因應政策與互動，對中國皆有深邃而關鍵的影響，故而作者在能力範圍內，盡可能搜集了中文、英文、德文的史料，試圖做出膚淺的研究，期待各方專家的指正。本書第一章闡明本研究的目的、相關史料與文獻的回顧、研究方法、特別是一些自國際政治與關係引入的理論之運用；第二章則探索美國與德國關係之起源與發展，此則似為國內學界較忽略者；第三章主要分析兩國向遠東發展的脈絡、並進而研究兩國在中國關係的發展與變化；第四章以中日甲午戰爭為背景，首先釐清美國與德國各自早期在日本、朝鮮的經營，繼而剖析兩國於甲午戰爭中的國家利益矛盾與衝突；第五章賡續前章，環繞膠州灣事件，兩國國家利益的衝突已然暗潮洶涌，特別是聚焦在美國對應政策的影響；第六章則論述兩國在庚子事變中，在中國諸多問題上的矛盾與合作，此章篇幅最重，蓋問題最複雜；第七章為結論，論證美德關係對中國有何關鍵性的影響。

自　序

本書係根據筆者的博士論文修改而付梓出書。我最要感謝的人是指導教授陳鵬仁博士。鵬仁師爲人平易謙和，學識淵博。我從甫進文化大學史學所讀書，就修習恩師課程，一心景仰其爲學與待人，希望能由他擔任指導教授。感謝恩師賜與我一個寬廣的空間，讓我能撰寫《美德關係在中國》這樣的題目。而今美夢成眞，對於恩師親切的協助與指導，更是感恩在心，永生難忘。恩師，謝謝您！

筆者還要感謝當時博士論文的口試委員，王吉林、王成勉、周惠民、王綱領、李本京等教授對本研究課題的批評與建議，於我實有醍醐灌頂之效，啓迪個人許多研究上的盲點，惠我良多。

如今，在此人浮於事的歲月，由於鵬仁師的推薦，筆者得以在廣州中山大學歷史學系擔任特聘副研究員、並且教授全球通史的通識課程，再次感激恩師的照顧。

在撰書的過程，一者筆者才疏學淺、能力或有不足；再者工作任務繁忙，有所影響；三者筆者對於中、外許多或有一定相關的文獻，有的已搜集、有的已經注意到，卻未及用於本書，始終感到遺憾。個人希望就本書各章節所探討的諸多問題，能有更深入的空間，繼續耕耘研究。

袁正邦　謹誌於廣州中山大學歷史學系

2018 年 5 月 7 日

目次

上冊

第一章　緒　論

第一節　研究動機與目的

在研究中國清季時期與列強外交關係的專著中，泰半以人物、事件爲研究主題，而這樣的主題也往往會涉及到列強與中國的多角關係。研究人物者，例如瓦格（Paul A. Varg）之《門戶開放外交官：柔克義的生平》（*Open Door Diplomat: The Life of W. W. Rockhill*），論述傳主參與、促成美國在清朝晚期提出「門戶開放」政策的經過，〔註 1〕又如斯密特（Vera Schimidt）之《一個歐洲顧問在中國的使命與影響：爲李鴻章效力之德璀琳》（*Aufgabe und Einfluss der europäischen Berater in China: Gustav Detring (1842～1913) im Dienste Li Hung-changs*），分析天津稅務司官員德國人德璀琳（Gustav von Detring，1842～1913）對李鴻章（1823～1901）的影響力；〔註 2〕至於以美國歷任總統、國務卿外交乃至德皇威廉二世（Friedrich Wilhelm Viktor Albert von Hohenzollern，1859～1941）外交（其對華政策通常涵蓋於此範疇，但是篇幅不見得多）、〔註 3〕甚或個別的公司爲主題

〔註 1〕Paul A Varg, *Open Door Diplomat: The Life of W. W. Rockhill* (Urbana: University of Illinois Press, 1952).

〔註 2〕Vera Schimidt, *Aufgabe und Einfluss der europäischen Berater in China: Gustav Detring (1842～1913) im Dienste Li Hung-changs* (Wiesbaden: Harrassowitz, 1984).

〔註 3〕例如：Flagg Samuel Bemis, *A Diplomatic History of the United States* (NY: Holt, Rinehart and Winston, 1965)；Raymond A. Esthus, *Theodore Roosevelt and the International Rivalries* (Waltham.: Ginn-Blaisdell, 1970); James R. Holmes, *Theodore Roosevelt and World Order: Police Power in International Relations* (Washington: Potomac Books, 2006); John C. G. Röhl, *Kaiser, Hof und Staat: Wilhelm II. und die Deutsche Politik* (Nördlingen: C.H. Beck, 2007)。

的作品，〔註 4〕更是多不勝數。

研究事件者，就以義和團事件爲例，以此爲專題研究者，就有斯泰格（George Nye Steiger）所著之《中國與西方：義和團運動的起源與發展》（*China and the Occident: The Origin and Development of the Boxer Movement*），這是一部到如今依然具有崇高價值的作品，原因在於其對列強、特別是當時美國在中國所扮演的角色，有獨特而詳盡的論述，例如該書就直言美國駐華公使田貝（Charles Denby，1830～1904）曾在中日馬關條約簽訂之後，向美國國務院提出十九條建議，要使中國完全成爲在列強管理下的國家。〔註 5〕美國並未採納這所謂的「田貝十九條」，也未將此份文件集結於出版的國務院外交文書之中。又如以中日甲午戰爭爲主題者，近來的新作雖然偏向文化史，對於相關列強的研究，還是有很重要的參考價值。〔註 6〕至於研究列強之間在中國之雙邊關係者，則集中在美日、甚至美俄關係方面。〔註 7〕

然十九、二十世紀之交的美德關係對中國之命運，實則深具關鍵性的影響。因爲就東亞脈絡言之，兩國同樣皆爲新興的工業化國家，需要爲本國工業產品謀求海外的市場與原料。美國於 1880 年代中、晚期完成了向北美洲大陸西擴的行動以後，就急於向太平洋彼岸發展，而德國基本上也在威廉二世 1888 年（光緒 14 年）登基之後，一改過去的保守政策，積極謀求殖民地。美國因爲不介入非洲事務（況且黑暗大陸也早被歐洲列強所謂的「非洲大獵」攫食殆盡），能夠發展的市場已經有限，而德國深鎖歐陸列強複雜的條約體系政治（特別是其與法國因統一德國之德法戰爭而引起的夙怨）、兼之非洲的沃土早被其他列強佔有，故兩國放眼全世界，地大物博，兼具工業成品出口廣大市場又能提供各種工業原料（包含極爲廉價的勞工）之土地，唯有早被列

〔註 4〕吳翎君，《美孚石油公司在中國，1870～1933》（臺北：稻鄉出版社，2001）。

〔註 5〕George Nye Steiger, *China and the Occident: The Origin and Development of the Boxer Movement* (New Haven: Yale University Press; London: H. Milford, Oxford University Press, 1927), pp. 50～2.

〔註 6〕Paine, S.C.M., *The Sino-Japanese War of 1894～1895: Perceptions, Power, and Primacy* (New York: Cambridge University Press, 2002).

〔註 7〕美日方面，則有入江昭（Iriye Akira）的 *Across the Pacific: An Inner History of American-East Asian Relations*（《橫跨太平洋：美國——東亞關係的內在史》）（New York: Harcourt, Brace & World, Inc., 1967），是爲經典，涉及許多美日在清代中國的雙邊關係。美俄方面，則有 Zabriskie, Edward H., *American-Russian Rivalry in the Far East*（《美俄在遠東的競爭》）（London: Oxford University Press, 1946），主要論述清末美俄在中國東北的外交角力。

強覬覦卻還未遭瓜分厄運之中國，所以都在此時向東亞發展。再從當時國際政治的觀點來看，由於各種錯綜複雜的關係結構，英國與俄國在亞洲乃至中國激烈角力，惟筆者不認爲這兩國會走到戰爭的地步，而在歐洲方面，正是因爲德國崛起之後、復在威廉二世主政之下發展海外殖民地且建造強大海軍，直接挑戰英國，故英國逐步放棄光榮孤立的政策，在歐陸選擇與法國合作對抗德國，而在其全球盤算的戰略中，特別需要美國這個基本上同文同種新興共和國的合作，方能在全球皆遏止德國的挑戰；反之，就德國而言，爲了謀求眞正的大國地位，並且解決本身快速工業化的需求，是以需要發展殖民地，亦就因之需要強大的遠洋海軍保護其海外利益，有了強大海軍作爲後盾，也就較能與英國有平等立場談判；由於威廉二世的歐陸政策促使英、法、俄結盟，德國也格外需要爭取美國的支持，以扭轉這種劣勢。而就美國立場而論，一方面堅守門羅主義的原則，絕不允許歐洲國家染指美洲國家，侵門踏戶，並且不涉入歐洲的爭端，另一方面，又積極與遠東國家皆保持友好關係，深入發展政治、特別是經濟的重要關係，即使是後世視之爲美國門戶開放政策主要針對目標的沙俄，其與之亦有重要的貿易關係存在。以遠東地區爲例，除了美國的棉花紡織工業是出口到滿洲的大宗貨物，更重要的則是俄國在遠東地區的鐵路事業，也是倚靠美國，從美國進口大量的鋼軌、火車頭等等；〔註 8〕易言之，俄國構建西伯利亞大鐵路的工程，美國可說有豐富的收穫。〔註 9〕而美國之與沙俄有如此經貿關係，主要原因也是沙俄與英國、德國分別在亞、歐交惡。至於介於英國、德國競相爭取的過程中，美國雖未正式與何國結盟，但有學者以爲美國畢竟在 1890 年代起就偏向英國。〔註 10〕根據美國當代海權理論巨擘馬漢（Alfred T. Mahan，1840～1914）的主張，美國可說負有二十世紀成爲海權國家的使命，注定向太平洋彼岸之遠東發展，而發展最重要的目標就是中國的長江流域，海權國家萬不許俄國再進一步向海洋發展，從上述馬漢言論來看，他是將德國列爲美國的合作對象。〔註 11〕但是

〔註 8〕Michael H. Hunt, *Frontier Defense and the Open Door* (New Haven: Yale University Press, 1973), p. 20.

〔註 9〕Thomas A. Bailey, *American Faces Russia* (Ithaca: Cornell University Press, 1950), p. 172.

〔註 10〕Manfred Jonas, *The United States and Germany: A Diplomatic History* (Ithaca: Cornell University Press, 1984), p. 64.

〔註 11〕馬漢的主張羅列於其下列著作：*The Influence of Sea Power upon History, 1660～1783* (1898)，*The Interest of America in Sea Power: Past And Future* (1898)，

美德兩國之間的雙邊關係，既有衝突、也有合作，並不是馬漢理論可以涵蓋盡的，必須深入剖析，不可概以簡單二分法論之。就涉及中國情勢來看，從甲午戰爭、德據膠州、美西戰爭、以至於庚子事變，美德關係，尤其是庚子事變前期兩國關係在山東有特殊之發展、至於聯軍出兵中國並謀求與中國和談爲止，美德又往往立場不同而對立，而這些對中國皆有關鍵性影響，也正是本書的研究課題欲探索剖析之所在，卻似長期被忽略。

筆者最原先考慮的雙邊關係是清末時期美俄在滿洲的雙邊關係。但是一者俄文難學，二者最主要的原因就是臺灣帝俄時代的資料太少，幾乎沒有俄國的檔案可言。因此，筆者在其餘列強之間考慮的結果，就激發了筆者對美德關係研究的關注。筆者自就讀博士班以來，就汲汲於相關史料的蒐集，撰寫了數份以之爲主題的報告，計有〈錫奥杜．羅斯福總統對華政策中的德國因素，1901～1909〉〔註12〕並發表於2006年由中國歷史學會主辦的「第四屆研究生論文發表會」、〈庚子事變前期的美德關係〉、〈十九、二十世紀之交的美德關係與美國對華「門戶開放」政策〉並發表於2009年國史館、中國近代史學會主辦之「近代史研究生論文發表會」等等，對於諸多師長的指正意見，筆者皆謹記於心並以之爲努力方向，此爲筆者初步的動機。另一方面，筆者保持關注相關研究，發現國內、外學界對於清朝晚期在中國的美德關係似乎仍缺乏研究，〔註13〕因之筆者能力雖然有限，仍不顧一己之淺陋，想要以此爲主題做研究，試著做這一個領域初步的探索工作。

自甲午戰爭之後，美國在東亞擁有巨大的經貿利益，與各國關係密切，值得注意的是，除了對華貿易之外，其對俄、日的貿易很大一部分可說建立在中國的犧牲上，例如前述輸出火車設備供沙俄建築中東鐵路之用，卻使得沙俄步步進逼滿洲；而在馬關條約簽訂後，日本即利用中國賠款向美國購買

The Problem of Asia 等。

〔註12〕錫奥杜．羅斯福（Theodore Roosevelt，1858～1919）大陸譯爲西奥多．羅斯福，也就是華人慣稱的老羅斯福。不過西方冠以「老」稱呼的意思是區別直系血親，例如父子、祖孫等，而老羅斯福總統與後世的小羅斯福總統（Franklin D. Roosevelt，1882～1945），是紐約同一個家族出身，卻非直系血緣。美國人對他們的簡稱則是取其原名字母縮寫，前者稱爲TR，後者稱爲FDR。

〔註13〕筆者戮力蒐集國內外資訊，經由各種管道查詢，包括網路，尚未發現較相關的研究。例如從蘇位智、劉天路主編之《義和團研究一百年》羅列之國內外書目來看，亦無直接論述清朝晚期在中國的美德關係者。參見蘇位智、劉天路主編，《義和團研究一百年》（濟南：齊魯書社，2000）。

軍艦，例如日本在 1895 年（光緒 21 年）5 月就購買了合計 6,055 噸的艦隻。〔註 14〕另一方面，其於 1900 年（光緒 26 年）提出的第二次門戶開放通牒幾乎被國內外歷來史學家視為美國維護中國領土完整政策之起源，不過特里特（Payson Jackson Treat）就指出事實並非如此。〔註 15〕因之，筆者就以為美國固然是對華最友善之列強，仍有必要釐清其對華政策的根本性質，如此也才能正確詮釋美德關係在中國的交互作用。

故本書的研究目的在於：（一）剖析為何在美國對所有列強全球性的雙邊關係之中，德國具有獨特的性質？（二）釐清美國對華政策的根本性質以後，論述德國為何據關鍵性地位？（三）說明美德關係在清朝晚期中國的發展與意義。進而言之，筆者的研究目的期望能詮釋美德關係在中國的歷史意義。

第二節　相關史料與文獻探討

這節需分為史料與研究文獻兩方面說明。

一、史料

（一）原始史料

在原始史料方面，筆者主要利用中研院館藏之美國國務院《外交文書》（*Papers Relating to the Foreign Relations of the United State, FRUS*）以及德國第二帝國外交文書《歐洲各內閣重大政策》（*Die Grosse Politik der Europäischen Kabinette，1871～1914*），並輔以中國、英國、部分中譯的日文、俄文等相關的外交檔案，做為研究主要的依據。

（二）二手史料

這一方面的資料，主要是由當代的報紙、以及一些事件參與者的回憶。報紙方面，就有中研院歐美所網路資源，如《紐約時報》（*The New York Times*）、《泰晤士報》（*The Times*）等等。此外，尚有 http://zefys.staatsbibliothek- berlin.de 這個德國柏林國家圖書館網站，有許多第二帝國時期的報紙，已經數位化，

〔註 14〕*New York Time* (hereafter cited as NYT), May 14, 1895. Available: http://query.nytimes.com/search/sitesearch/。以下所有引用《紐約時報》新聞來源皆同。

〔註 15〕*Payson Jackson Treat, Diplomatic Relations between the United States and Japan* (Gloucester, Mass.: P. Smith, 1963), p 92.作者以為美國只是試探列強，並不真的將維護中國之行政、領土主權當作目標。

可直接下載列印。這些資料，筆者個人覺得彌足珍貴，就以《紐約時報》爲例，如果光看其 1890 年代的報導，會發現多半對德國具有負面看法，但是仔細研究，筆者就發現在 1899 年（光緒 25 年）、1900 年（光緒 26 年），美國提供英國、俄國、德國巨額貸款，尤其是 1900 年（光緒 26 年）9 月給予德國 8 千萬馬克的貸款，以幫助其先支付中國遠征軍的費用。〔註 16〕這一個史實卻是雙方出版的官方檔案，乃至外交史的眾多著作，皆未提及者。不管美、德政府基於何種原因，未將此訊息出版，但是當代報紙的閱讀，筆者雖然辛苦，卻覺得可因之從其他角度窺得美德關係的真貌，進而捕捉到官方檔案所疏漏史實的重要意義。又如官方檔案未必會反映出一個國家政策選擇的過程與難題，因此筆者會參考該國之當代報刊以進行研究，而這點是多數專著較缺乏者，例如《紐約時報》就一針見血指出美國國務院在庚子事變之際的難關：不出兵中國即爲枉顧美僑生命財產安全，參與聯軍行列又會喪失在華之友善形象並失去外交超然之獨立地位。〔註 17〕

二手史料方面，筆者亦參考大量的中、西文時人的回憶錄。例如在德國人物方面，德皇威廉二世的《德皇回憶錄》是其第一次世界大戰遜位後所撰，〔註 18〕筆者翻閱後，發現他隻字未提義和團事件，只是自誇自擂他如何建設膠洲灣，筆者認爲學術價值不大；德國外交大臣、首相布洛夫（Bernhard von Bülow，1849～1929）的《布洛夫親王回憶錄》，〔註 19〕大抵可以看出他是個逢迎威廉二世的求官之輩，並無俾斯麥的才能，因此筆者也認爲學術價值或有商榷之處；至於瓦德西（Alfred von Waldersee，1832～1904）的《瓦德西拳亂筆記》，〔註 20〕筆者則以爲有參考的史料價值。尤其德國外交部參事霍斯坦因（Friedrich von Holstein，1837～1909）的私人文件，卻透露了德國在 1897 年底（光緒 23 年）就已有了海軍奇襲美國的計劃，〔註 21〕這點就值得深究。

〔註 16〕*NYT*, Sept.15, 1900.

〔註 17〕*NYT*, June 07, 1900.

〔註 18〕Wilhelm II; tr. by Thomas R. Ybarra, *The Kaiser's Memoirs* (New York: Harper & Brothers, 1922).

〔註 19〕Bernhard Bülow, *Prince von Bülow Memoirs* (London ; New York : Putnam, 1931～1932).

〔註 20〕瓦德西（Alfred Heinrich Karl Budwig Waldersee）原著；譯者不詳，《瓦德西拳亂筆記》（臺北：大西洋出版社，1970）。

〔註 21〕Friedrich von Holstein, *Die Geheimen Papiere Friedrich von Holsteins* (Berlin: Musterschmidt-Verlag, 1956), V. IV, p. 82.

二、研究文獻

（一）美德關係

以哈佛大學的藏書爲例，在美國與各國的雙邊關係之中，美國與中國關係的書目，目前已達到2,200多種，其中至少包含570本以上的中文著作。而美中關係之書目在最近十年就出版了 600 多種，可知美國與中國雙邊關係的研究，於當今之美國正爲顯學；美國與俄國的雙邊關係，書目則有540多本，內含100多種俄文書，而這十年出版的書目則有200本左右；如果放大範圍，以美國與前蘇聯關係而論，歷年書目亦達1,900本，其中俄文220本以上；而本研究課題想要探討的美國與德國雙邊關係，歷年書目有 650 本左右，而德文書則有260本以上，這十年作品爲120本左右。〔註22〕

由此可知，在當今美國，美德關係的研究雖不如美中關係之研究熱門，也不如當年美國與蘇聯關係的強勢，但是這個雙邊關係至少還是頗多學者耕耘的園地。在美、德學界方面，有關美德雙邊關係的專著，基本上集中在下列事件與時期：第一次世界大戰前後時期、第二次世界大戰、第二次世界大戰後美國與德國雙邊關係、德國再度統一後的美德關係新方向。有關這些時期的作品，可說豐富而多樣化，在此等研究主題下，占了絕大多數。

至於美德關係的研究，可說年年有新作，不過由於學者的焦點基本上還是聚焦在第一次世界大戰、第二次世界大戰、統一後的新德國方面，對於1890、1900 年代的雙邊關係，著作仍少，而吾人如果回顧近十年的美德關係專注，大約有下列書目：〔註23〕

1、德國再度統一後的美德關係新方向：Markus Kaim 和 Ursula Lehmkuhl 所編輯之《追尋新關係：加拿大、德國、美國》（*In search of a new relationship :*

〔註22〕這些數據是根據哈佛大學圖書館目錄而來。若吾人進入 http://hollis.harvard.edu/?q=subjects:之後，分別輸入：united states--foreign relations--china、united states--foreign relations--russia、united states--foreign relations—soviet union、united states--foreign relations--germany。這只是筆者很簡單的回顧，至少也可讓吾人了解美國學術研究的趨勢。

〔註23〕以下四大主題的美德關係書目是筆者自美國哈佛大學圖書館網站：http://hollis.harvard.edu、美國其他學校圖書館網站、德國一些大學圖書館網站而得的資料。筆者目前只能這樣做，實有不得已的苦衷：一來筆者現財力有限，無法負擔親至美國、德國找資料的費用；二來筆者這個研究課題相關的專著，頗爲缺乏，從網路上應該能看出大概。但是筆者深怕會有遺漏之處，目前也只能用網路搜尋的方式，勉強介紹一下這十年的美德關係著作。

Canada, Germany, and the United States）（2005）、Hermann Kurthen，Antonio V. Menéndez-Alarcón，Stefan Immerfall 等人編輯的《捍衛新世紀的德國—美國關係：瞭解與接受互相差異》（*Safeguarding German-American relations in the new century : understanding and accepting mutual differences*）（2006）、Kai Behrens 的《德國外交政策中的優先轉變？：柏林、巴黎、華盛頓—2001 年 9 月 11 日以後德國外交政策中的戰略三角》（*Prioritätenwechsel in der deutschen Aussenpolitik?: Berlin, Paris, Washington - das strategische Dreieck der deutschen Aussenpolitik nach dem 11. September 2001*）（2005）、Simon Koschut 的《合作的極限：東西衝突結束後的安全與跨大西洋認同》（*Die Grenzen der Zusammenarbeit : Sicherheit und transatlantische Identität nach dem Ende des Ost-West-Konflikts*）（2010）、至於 Wiebke Schröder 的《介於美國與中華人民共和國之間：德國企業的利益與偏好》（*Zwischen den USA und der Volksrepublik China : Interessen und Präferenzen deutscher Unternehmen*）（2010），誠如書名，是一部關於美國與中國大陸之間德國企業界的作品，但並不是論述美國與德意志第二帝國在中國互動情形的書。還有 Marcus Menzel 的《對抗與合作：1993 年至 2007 年之間美國與德國針對伊朗的核子不擴散政策》*(Konfrontation und Kooperation : die amerikanische und deutsche Nichtverbreitungspolitik gegenüber dem Iran 1993～2007*）（2009）等等。

2、二次世界大戰後美國與德國雙邊關係方面有：Judith Michel 的《威利・布蘭德的美國形象與美國政策，1933～1992》（*Willy Brandts Amerikabild und -politik 1933～1992*）（2010）、Lars Koch 之《美國化的現代化？：西德文化發展路線，1945～1960》（*Modernisierung als Amerikanisierung? : Entwicklungslinien der westdeutschen Kultur 1945～1960*）（2007）、W.R. Smyser 的《甘迺迪與柏林圍牆》（*Kennedy and the Berlin Wall*）（2009）、Klaus Wiegrefe 的《鴻溝：赫爾穆特・施密特、吉米・卡特和德美關係危機》（*Das Zerwürfnis : Helmut Schmidt, Jimmy Carter und die Krise der deutsch-amerikanische Beziehungen*）（2005）、Theo Hallet 的《爭議的和解：雷根和科爾在 1985 年的比特堡》（*Umstrittene Versöhnung : Reagan und Kohl in Bitburg 1985*）（2005）等等。

3、第二次世界大戰方面則有：Guido Giacomo Preparata 的《變出希特勒：英國與美國如何造出希特勒》（*Conjuring Hitler : how Britain and America made the Third Reich*）（2005）、Klaus P. Fischer 的《希特勒與美國》（*Hitler and*

America）（2011）、Ronald D. Gerste 的《羅斯福與希特勒：死亡的仇恨與總體戰》（*Roosevelt und Hitler : Todfeindschaft und totaler Krieg*）（2011）、Michaela Hoenicke Moore 的《瞭解敵人：美國的納粹辯論，1933～1945》（*Know your enemy : the American debate on Nazism，1933～1945*）（2010）等等。

4、第一次世界大戰前後的美德關係則有：Manfred P. Emmes 的《德國與美國崛起成爲世界強國》（*Deutschland und der Aufstieg der Vereinigten Staaten von Amerika zur Weltmacht*）（2007）、Enno Eimers 的《1834～1843 羅勒斯發自美國的報告，以 1785 至 1867 的普魯士—美國關係爲範圍：普魯士與美國的親近》（*Die Berichte Rönnes aus den USA 1834～1843 im Rahmen der Beziehungen Preussen-USA 1785 bis 1867 : die Annäherung von Preussen und den USA*）（2013）和《1850 年至 1867 年的普魯士和美國：橫渡大西洋的相互作用》（*Preussen und die USA, 1850 bis 1867 : transatlantische Wechselwirkungen*）（2004）、Magnus Brechtken 的《1895 年至 1907 年的鉸鏈時間：第一次世界大戰前的德國、英國、美國關係中的個人網絡和國際政策》（*Scharnierzeit 1895～1907: Persönlichkeitsnetze und internationale Politik in den deutsch-britisch-amerikanischen Beziehungen vor dem Ersten Weltkrieg*）（2006）等等德國學者的作品。

從上述作品情形來看，顯然第一次世界大戰前後的美德關係是較少學者研究的領域，尤其是普魯士與美國關係的部分，研究者幾乎都是德國學者，而其中殆無直接涉及清末中國者。

而綜觀歷年所有的書目，與本書主題直接相關之作品，著實不多。首部專著是凱姆女士（Jeannette Keim）之《四十年來的德美政治關係史》（*Forty Years of German-American Political Relations*）。是書原是其賓州大學的博士論文，先是 1919 年由費城的書商出版，在沉寂了九十年之後，再度出版。〔註 24〕是書在當時乃開山之作，論述了 1871 年（同治 10 年）普魯士統一德國後直至 1916 年第一次世界大戰期間的美德關係，作者至少在材料方面盡可能蒐集了德國未出版的檔案，藉以研究。〔註 25〕全書八章，其中第七

〔註 24〕Jeannette Keim, *Forty Years of German-American Political Relations* (Charleston: BiblioLife, 2009).

〔註 25〕由於凱姆女士是在歐戰期間撰寫博士論文，德意志第二帝國依然健在，因此第二帝國後由威瑪共和國集結出版之外交文件尚未問世。這套外交文件有四十冊，中文名字可譯爲《歐洲各內閣之重大政策》，參見 *Die Grosse Politik der*

章專門論述德國與美國在華之門戶開放政策。〔註 26〕其中，凱姆先是分析德國之於 1898 年（光緒 24 年）強租中國膠州灣並逼迫清廷簽訂對其政經勢力獨惠的租借條約，引起了列強瓜分中國的序曲，己對美國向來列強在華貿易機會平等主張構成挑戰，因之海約翰國務卿於 1899（光緒 25 年）、1900 年（光緒 26 年）兩度提出「門戶開放」政策的外交通牒；〔註 27〕另一方面，凱姆又得出結論，德國在 1900 年庚子事變時期，爲了防止英國趁機瓜分長江流域，復以門戶開放之精神爲由，簽訂所謂的英德協定，制止了英、俄在內各列強於庚子事變時期漁利的企圖，所以德國也是美國「門戶開放」政策的支持者。〔註 28〕凱姆的論述自有其獨到而精闢的面向，但誠如後來學者指出，她的書有些方面失之膚淺。〔註 29〕例如，凱姆就未解釋德國支持「門戶開放」政策的根本原因及其中的轉折，這個原因吾人卻可在近來的研究找到部分解答，譬如米琪（M. Michael）就指出德國深怕一旦瓜分中國完成，將失去長江流域這個最重要的貿易地點、而且經過各方計算考量後，德國也無能力負擔多佔領中國領土的軍事成本。〔註 30〕米琪的論文未提及美國「門戶開放」政策，卻提供吾人另一個重要的面向。不過就根本而言之，凱姆的《四十年來的德美政治關係史》由於類似作品太少，故於 2009 年重新出版，出版者的目的就是在於引起人們對於十九、二十世紀之交美德關係的重視。

法茨（Alfred Vagts，1892～1986）爲一德裔美人，著名政治、軍事史學者，1930 年代因在美國公開批評納粹而遭德國剝奪國籍，遂歸化美國。其妻爲美國名歷史學家畢爾德（Charles Beard，1874～1948）之女。他的德文書《世界政治中的德國與美利堅合眾國》（*Deutschland und die Vereinigten Staaten in*

Europäischen Kabinette, 1871～1914（Berlin, 1922～1927），國內收藏於中研院傅斯年圖書館；另外，上述檔案涉及中國部分者，有中譯本，惟與中國亦有間接相關者，如美西戰爭部份，則無譯本，參見孫瑞芹譯，《德國外交文件有關中國交涉史料選譯》（北京：商務印書館，1960）。

〔註 26〕*Keim, Forty Years of German-American Political Relations*, pp. 245～272.

〔註 27〕*Keim, Forty Years of German-American Political Relations*, pp. 248～255.

〔註 28〕*Keim, Forty Years of German-American Political Relations*, pp. 265～272.

〔註 29〕喬拿斯（Manfred Jonas）就説凱姆的書過時而膚淺，不過仍然很有價值。喬拿斯並未説明膚淺之處爲何。參見 Manfred Jonas, *The United States and Germany: A Diplomatic History* (Ithaca: Cornell University Press, 1984), p. 312.

〔註 30〕米琪（M. Michael），〈義和團運動時期德國對華派遣遠征軍的原因〉，收入張寄謙主編，《中德關係史研究論集》（北京：北京大學出版社，2011）。

der Weltpolitik）繼前述凱姆的作品之後，爲另一部十九、二十世紀之交美德關係的重要作品。〔註 31〕筆者在負笈留學美國紐約州雪城大學（Syracuse University）時，研究過此書。此書超越了純粹以國際政治關係爲主要架構的當時學術潮流，涵蓋了文化、經濟的層面來詮釋美德關係。他的書中史料使用了大量德國未公佈或後來遭摧毀的重要檔案，是爲一大特色，缺點則是他常常忽略了一些當代的研究成果。蓋茨克（Hans W. Gatzke）的《德國與美國：一段特別的關係？》（*Germany and the United States, A "Special Relationship?"*）雖有篇章論及這段時期的兩國關係，基本上屬介紹性質；〔註 32〕喬拿斯（Manfred Jonas）之《美國與德國外交史》（*The United States and Germany: A Diplomatic History*）對於 1890（光緒 16 年）至 1900（光緒 26 年）年代的美德關係有頗爲深入的論述，惟涉及中國者極少，對美德在中國因「門戶開放」政策所起之互動就隻字未提，然所提及處對本書研究課題也有一些引人深思的啓發，例如在庚子事變期間，德皇威廉二世對將出發前往中國之德軍的演講所言，除了強調報復、對中國人不留活口之外，更要讓德軍如同阿提拉麾下的匈奴人一樣，在中國威名顯赫，使中國人不敢正視云云……，儘管德國外交界隔天急於向列強解釋德皇所言並非德國之政策，卻使得美國人對德國乃至德皇有了新的看法。〔註 33〕喬拿斯雖未進一步說明美國人因之衍生的新看法，本論文卻可藉以發揮。

艾梅斯（Alfred P. Emmes）的《德國與美國崛起成爲世界強權》（*Deutschland und der Aufstieg der Vereinigten Staaten von Amerika zur Weltmacht*），〔註 34〕主要論述美國自 1898 年（光緒 24 年）美西戰爭以來，歷經老羅斯福總統乃至威爾遜（Woodrow Wilson，1856～1924）總統率領美國參戰第一次世界大戰成爲強權的過程，雖然有相當篇幅涵蓋本論文主題的時間範圍，基本上論及中國者仍少。

總而言之，不論中、西學界，對於十九、二十世紀之交在中國之美德兩國關係的發展，還是缺乏研究。

〔註 31〕Alfred Vagts, *Deutschland und die Vereinigten Staaten in der Weltpolitik*, 2 Volums (New York: Macmillan, 1935).

〔註 32〕Hans W. Gatzke, *Germany and the United States, A "Special Relationship?"* (Cambridge: Harvard University Press, 1980).

〔註 33〕Gatzke, Germany and the United States , p. 63.

〔註 34〕Manfred P. Emmes, Deutschland und der Aufstieg der Vereinigten Staaten von Amerika zur Weltmacht (Münster : Lit, 2007).

（二）美國外交史

當今學界最權威的著作，自屬拉費柏（Walter LaFeber）的《劍橋美國外交關係史》（*The Cambridge History of American Foreign Relations*）。〔註35〕該著作對於美國1865（同治4年）至1913年的外交關係，既總結之前許多學者論點、也提出許多作者個人見解，例如涉及1898年（光緒24年）美西戰爭時的情形，作者就提出美國絕非天眞以爲在古巴以及亞洲開戰，會有助於恢復秩序，反而是美國自信能夠藉此機會製造更多的美國勢力與機會。〔註36〕美國早期的外交史巨擘貝米斯（Samuel Flagg Bemis），治學嚴謹而篤實，許多見解後世學者仍有學習的必要，對於本書極富啓迪與參考價值，例如其主編之 *The American Secretaries of State and Their Diplomacy*（《美國國務卿與他們的外交》）〔註37〕對於歷任國務卿的政策，皆是以美國全球性的外交進行述評。

（三）美國有關清末中國的外交著作

回顧相關之研究文獻，如葛理斯沃德（A. Whitney Griswold）之《美國的遠東政策》（*The Far Eastern Policy of the United States*）、沙布理斯基（Edward H. Zabriskie）之《美俄遠東的競爭》（*American-Russian Rivalry in the Far East*）、麥柯密克（Thomas J. McCormick）之《中國市場：美國非正式帝國的追尋，1893～1901》（*China market: America's quest for informal empire，1893～1901*），雖說出版迄今已是歷時悠久，仍在學界具有重大影響力，例如葛理斯沃德就認爲美國十九、二十世紀之交在華提出之「門戶開放」政策主要是英國之「門戶開放」政策，而麥柯密克則指出德國在「門戶開放」政策中居關鍵地位。筆者在此研究中，則試圖從美國遠東、甚至全球外交的脈絡來釐清其對華政策的本質，並藉以展開詮釋德國影響的歷史意義。

（四）德國外交史研究文獻

總的來說，德國史家費雪（Fritz Fischer，1908～1999）於1961年在其《世界強權的爭取：德意志帝國的戰爭目標政策，1914～1918》提出其理論：德國須爲第一次世界大戰負責，因爲其國內各種利益團體的壓力，導致德國政

〔註35〕Walter LaFeber, *The Cambridge History of American Foreign Relations*, V. II (Cambridge: Cambridge University Press, 1993).

〔註36〕LaFeber, *The Cambridge History of American Foreign Relations*, V. II, pp. 144～145.

〔註37〕Samuel Flagg Bemis, *The American Secretaries of State and Their Diplomacy* (NY: Cooper Square Publishers, Inc., 1963).

府雖然不願意開戰，卻仍然參與了第一次世界大戰。〔註 38〕這是史上首度有學者將第一次世界大戰的責任完全歸之於德意志第二帝國，此後引發的爭論不是本文關切的重點，重點卻在於學者對第二帝國外交的檢討，對德國世界政策的看法，現在幾乎一致認定德皇 1897 年（光緒 23 年）的世界政策，根本沒有具體目標，而德國只是在世界舞台各個角落尋找滿足其虛榮的機會。觀之德國侵略中國的膠州，筆者以爲，這種結論未必全對，卻至少可以解釋德國強佔膠州灣後的混亂情形。

（五）在國內學者對中德關係的研究方面

周惠民的《德國租借膠州灣研究》，〔註 39〕對於德國佔領膠洲灣事件有獨到而精闢的分析，仍是重要的著作；余文堂的《中德早期貿易關係》主要是論述中國與統一德國之前的普魯士的經貿關係；〔註 40〕而余文堂的《中德早期關係史論文集》，〔註 41〕也給筆者一些啓發，例如美國在 1861 年（咸豐 11 年）幫助普魯士與中國建交；李國祁的德文著作《中國反對馬關與膠洲灣租借的政策：1895～1898 中德關係的研究》（*Die Chinesische Politik zum Einspruch von Shimonoseki und Gegen die Erwerbung der Kiautschou-Bucht: Studien zu den Chinesisch-Deutscheu Beziehungen von 1895 bis 1898*）（Münster（Westf.）: C. J. Fahle, 1966），〔註 42〕則是非常詳實分析了中、德之間的相關政策。

（六）對於中國特定事件的研究

以義和團的研究爲例，在西方學界論及《辛丑議定書》（英文名稱爲 Austria-Hungary, Belgium, France, Germany, Great Britain, Italy, Japan, Netherland, Russia, Spain, United States and China —Final Protocol for the Settlement of the Disturbances of 1900）〔註 43〕的作品中，雖然尚無直接以美德

〔註 38〕Fritz Fischer, *Griff nach der Weltmacht: die Kriegszielpolitik des kaiserlichen Deutschland 1914/18* (Dusseldorf : Droste, 1994).

〔註 39〕周惠民，《德國租借膠州灣研究》（臺北：國立臺灣大學歷史學研究所碩士論文，1979）。

〔註 40〕余文堂，《中德早期貿易關係》（新莊：稻禾，1995）。

〔註 41〕余文堂，《中德早期關係史論文集》（板橋：稻鄉，2007）。

〔註 42〕Lee Kuo-chi, *Die Chinesische Politik zum Einspruch von Shimonoseki und Gegen die Erwerbung der Kiautschou-Bucht: Studien zu den Chinesisch-Deutscheu Beziehungen von 1895 bis 1898* (Münster: C. J. Fahle, 1966).

〔註 43〕就國際法而論，由於中國不承認與列強處於戰爭狀況，中國亂事純粹爲義和團暴動，而列強也不承認係與中國作戰，出兵只是平定義和團拳匪作亂，故以「議定書」（protocol）名之。

關係為主題者，但凡涉及此問題者，皆不可免地需處理列強之間錯綜複雜的關係，進而也為吾人提供了深入解析的重點。例如凱利（John S. Kelly）在其專著《被遺忘的會議：北京談判，1900～1901》（*A Forgotten Conference: The Negotiations at Peking，1900～1902*）中就言及德國懷疑美國在遠東有親近俄國的傾向、對於美國「無知的」民意對政府的影響力亦不瞭解；〔註 44〕在賠款問題方面，由於德皇威廉二世希望盡可能從中國獲得大筆賠款，美國卻為了延續對華友好政策，力主減低賠款數目，兩國之間又發生外交角力。〔註 45〕牟安世的《義和團抵抗列強瓜分史》是另一部極其重要的作品，該書以中日甲午戰爭為列強瓜分中國的起點，對於美國在其中的角色有精闢的解析，從而也提供了美德關係在中國的一個側面，對於義和團之爆發乃至辛丑和約的簽訂，更有深入論述，惟關於美德之於辛丑議和期間的種種矛盾衝突，著墨不多。〔註 46〕相藍欣的《義和團戰爭的起源》是一部蒐集中國、美國、英國、德國、法國、義大利等多國國家檔案而撰寫的作品，亦有重大的參考價值。〔註 47〕值得注意的是，王成勉的〈美國軍方對華態度溯源：第 15 步兵團之研究〉是中文學界裡，目前唯一對美國軍方在庚子事變時在華政策探究的作品。〔註 48〕

第三節　研究方法

本研究計劃主要使用文獻分析法和歷史研究法，並隨著論文之撰寫，考慮其他研究方法的運用。

一、文獻分析法

文獻分析法又稱為歷史文獻法，是一種系統化的客觀界定、評鑑與綜合證明的研究方法，以確定過去特定事件的眞實性，主要目的在於使吾人瞭解過去。易言之，此即為傳統的研究方法，係蒐集相關的研究成果，提出需檢證之假設，並證明假設具備本文探索的價值，有進一步研究之必要。

〔註 44〕John S. Kelly, *A Forgotten Conference: The Negotiations at Peking, 1900～1902* (Genève: Librairie E. Droz, 1963), p. 94.

〔註 45〕*Kelly, A Forgotten Conference*, pp. 156～158.

〔註 46〕參見牟安世，《義和團抵抗列強瓜分史》（北京：經濟管理出版社，1997）。

〔註 47〕參見相藍欣，《義和團戰爭的起源》（上海：華東大學出版社，2003。）

〔註 48〕王成勉，〈美國軍方對華態度溯源：第 15 步兵團之研究〉，《近代史研究》，188，2012 年 2 月。

二、歷史研究法

即以歷史學的角度，在達到了文獻分析法的要求、特別是能運用多國的官方檔案對特定的歷史事件詳實考察檢驗之後，再加以分析詮釋其中的因果關係。筆者希望將本書定位成數個個案研究，最核心部份在於甲午戰爭至庚子事變這段時期在中國的美德關係，惟本書有必要從全球化的脈絡先行探討1870年代末期至1900年代初期兩國關係全方位的面向，方能本質上根本釐清美國的對華政策，也因之進而展開詮釋其中德國的因素。

第四節　研究理論

在探討本書所涉及的各項史實之時，無可避免需使用一些現代社會科學、特別是國際關係（International Relations）的理論，〔註49〕方有助於本研究課題脈絡架構的完整。

借用的理論如下：

一、「國家利益」(National Interest)與「國家安全」(National Security)

根據德裔美籍現實主義（Realism）大師摩根索（Hans Morgenthau，1904～1980）的理論，國家利益概可分爲基本利益、次要利益、永久利益、變動利益、一般利益、特殊利益、認同利益、互補利益、爭執利益等九種。

（一）基本利益

這是一個國家的根本生存問題，舉凡其領土、國民、甚或政治制度、生活方式等，若有外力干預改變之虞，則國無大小，必竭力反抗。例如二次世界大戰時，八年抗戰中的中國，以及明知不敵仍全力反抗德、俄瓜分的波蘭。易言之，國家生存爲訴諸戰爭也不得退讓之問題。

（二）次要利益

一個國家需保護其海外僑民、駐外使館人員的生命與財產。只有國家強大到一定程度，才有能力這樣做。例如庚子事變之時，八國聯軍出兵中國。

（三）永久利益

〔註49〕國際關係爲二十世紀新起的學門，因此借用其觀念來剖析本書處理的歷史現象，可說是以「後見之明」（hindsight）窺之前事。

一個國家長時間改變不大的利益。例如十九世紀下半葉的美國，處心積慮要維持中國市場的門戶開放，避免其他列強瓜分中國後被排斥在中國大門外。

（四）變動利益

國家隨著環境變遷而變動的利益。例如德國從 1880 年代至 1901 年（光緒 27 年）之間，對於支持或反對中國的李鴻章，就因不同時空的利益改變而不同。

（五）一般利益

國家可與多國合作追求的共同利益。例如清末時期，美國爲了在中國實施「門戶開放」政策，至少須與英國、日本合作。

（六）特殊利益

國家因爲特殊時空的特定事項而產生之利益。例如德國強行租借膠州灣，是一種突發事件而生之利益，而英國、俄國、法國跟進強租中國港灣，也是自認追求在中國「勢力均衡」的特殊利益。

（七）認同利益

兩個以上國家所共有的利益。例如庚子事變時的美國與德國，雖然出發點不同，皆反對瓜分中國。

（八）互補利益

國家間互補的利益。例如甲午戰爭時，美國即視朝鮮之獨立，脫離中國控制，符合其利益。

（九）爭執利益

國家間因立場不同而發生爭執之利益。例如庚子事變後，美國與德國對於中國賠款問題的爭執。

由於上述種種國家利益，彼此之間又錯綜複雜的糾葛在一起，每一件涉及中國的重大事件，因之皆關係到了美、德等列強利益的許多層面。

國家對於上述種種的利益受到外力侵犯時，是否不惜一切也要用武力來捍衛，就構成了國家安全的問題。每一個國家實力不同，但是至少國家存亡絕續的基本利益，就是國家安全的最優先事項。而越強大的國家，也較可能投射武力於自己的境外，並且作戰。就這點而言，美國在十九世紀後半，爲了門羅主義的問題，在拉丁美洲與德國競爭日趨激烈，就代表了她已將門羅主義上升至核心利益的層次，也就構成國家全力維護的安全問題。

二、「全球化」（Globalization）

全球化一詞首先起源於 1960 年代的法國與美國，而後成爲當代政治學的顯學。儘管對於全球化的種種面向，學界始終眾說紛紜，但是基本上認定所謂全球化係起源於十六世紀的歐洲，由於歐洲種種制度的變革，截至 1850 年（道光 30 年），歐洲各國的世界性帝國也就爲世界各大洲帶來了全新的全球性關係。因此，1500（明弘治 13 年）至 1850 年（道光 30 年）也就大致上被界定爲現代初期的全球化時期。

本書所注重的則是後來的現代全球化時期。這時期大約涵蓋 1850 年（道光 30 年）至 1945 年，而本研究課題的重點即在於 1890（光緒 16 年）至 1901 年（光緒 27 年）。此時期的明顯特徵在於歐美帝國空前的政治與軍事影響力，其整體影響力開創了眞正的全球聯繫網路。〔註 50〕在這個時期，全球化的根本，一方面延續上階段的發展，一方面又有許多創新，於是歐美主要國家，在經濟方面因爲工業深化的革命，國民生產毛額屢創新高，而且有計劃的跨國投資；橫跨大西洋的移民潮以及亞洲人口的對外遷移，極爲驚人；電信通訊、鐵路、輪船運輸的發明，加深了歐美各國自身內部乃至與世界各地的緊密聯繫。

至於政治與軍事的面向，除了英國與法國隔海控制許多土地之外，美國的全球化也在 1898 年（光緒 24 年）的美西戰爭後確立，也因此自此之後，她與德國的全球性競爭也使得德國政府擬訂計畫，將美國列爲潛在敵國，預計戰時德國海軍攫取美國脆弱的加勒比海海軍基地，並藉以攻擊美國的貿易中心。〔註 51〕至於德國此時期的全球化，至少基於下列兩點，亦在 1900 年（光緒 26 年）完成：（一）經濟方面：德國在 1900 年（光緒 26 年）已經與全球化的過程結合，在整個世界經濟的規模中，許多領域已經發展到僅僅次於英國的程度，意味著她與世界各地的緊密聯繫；（二）外交方面：威廉二世的世

〔註 50〕David Held 等原著；沈宗瑞等譯，《全球化衝擊：全球化對政治、經濟與文化的衝擊》（*Global Transformations: Politics, Economics and Culture*）（新北：韋伯文化，2004），頁 550。

〔註 51〕Thomas Schoonover, *War of 1898 and the Origins of Globalization* (Lexington: University Press of Kentucky, 2003), p. 103.

界政策，使得德國需要打破英國的世界霸權才能成爲世界帝國，而德國關切的範圍廣從中國大沽、委內瑞拉、乃至薩摩亞，因此德國的對外考量往往是世界因素重於歐洲因素。〔註52〕

總之，從全球化的角度而言，美國與德國因爲全球化的完成，使得雙方關係往衝突矛盾發展。

三、「硬實力」（hard power）、「軟實力」（soft power）、「影響力」（influence）、「勢力範圍」（sphere of influence）

簡言之，所謂「硬實力」就是一國可以改變他國行爲，依照自己意思去做某事的經濟與軍事力量；反之，「軟實力」係指一國文化層面上的價值觀、意識形態等力量。不論是硬實力、軟實力的個別運用或綜合運用，只要能影響他國的行爲，就是影響力的展現。所謂勢力範圍：就是在特定區域內，某一強權具有絕對主導性的影響力，並從而限制了其內政治實體的獨立與行動自由。而勢力範圍又可進一步分爲硬勢力範圍與軟勢力範圍：在前者，支配強權會將國家的獨立貶低在該霸主意願凌駕一切且似乎永久的範圍內；在後者，支配強權較爲間接允許較大程度的獨立，甚至與原主權國家相互承認。無論硬勢力範圍或軟勢力範圍，何者具有實權並可做最後決定，皆是顯而易見，而且爲了霸主利益，計劃性排斥第三方影響力，所以不可能存在平等的競爭條件。〔註53〕

四、國際衝突中的「零和遊戲」（zero-sum games）與「非零和遊戲」（non zero-sum games）

「零和遊戲」，顧名思義，就是爲某件利益對峙的甲、乙兩國，甲國所得必爲乙國所失，反之亦然；「非零和遊戲」則爲衝突之兩國，一國之所得未必爲另一國之所失。

〔註52〕Sebastian Conrad, tr. by Sorcha O’Hagan, *Globalization and the Nation in Imperial Germany* (Cambridge: Cambridge University Press, 2010), pp. 42～44.

〔註53〕Walter LaFeber, “The Evolution of the Monroe Doctrine from Monroe to Reagan,” in Brendon O’Connor, *American Foreign Policy Traditions*, V. III, (London: Sage, 2010), pp. 3～4.

第二章　美德早期關係概覽

第一節　政治關係

德意志地區〔註1〕與北美地區最早的歷史淵源，當可回溯到個別的德意志移民，因爲新英格蘭地區比較自由的條件，遂在英國北美十三洲殖民地肇建初期，聞風而來，追求自身較好的命運發展。在十八世紀，德意志移民向北美移民的主要動機，大概有宗教迫害（religiöse Bedrückung）、經濟貧困（wirtschaftliche Not）、戰爭痛苦（Kriegselend）、冒險尋奇的渴望（Abenteurerlust）等等，故此離鄉背井，大批外移。〔註2〕

1775 年（乾隆 40 年），當北美十三州殖民地發動對抗英國的獨立戰爭（American Revolution，1775～1783）時，即在尚未發表《獨立宣言》之前，就已在 1776 年（乾隆 41 年）6 月先行組織研究外交事務的委員會，草擬與各國建交的條約範本。茲以對法國草約爲例，必要的約文爲攸關航行、商業的利權及特權、乃至法國軍艦需保護美國船隻者；視情況而定者，例如若美、法建交而引起英法戰爭，則美國斷不得協助英國；據此又發展成爲若美國未

〔註1〕本書爲了對普魯士統一德國前後的歷史有所區隔，故談到統一之前的德意志諸邦，就以「德意志諸邦」、「德意志地區」、或「德意志」指稱；統一之後，就以「德國」指稱。傳統的「日耳曼」用法，易生混淆，蓋日耳曼種族包含歐洲眾多國家人民，而德國人只是其中一支，因此兩者實不宜劃上等號。筆者立論依據周惠民，〈增訂二版序〉，《德國史：中歐強權的起伏》（臺北：三民書局，2010）。

〔註2〕Hermann Leusser, *Ein Jahrzehnt Deutsch-Amerikanischer Politik, 1897～1906* (Berlin: R. Oldenbourg, 1928), p. 1.

曾許以法國之權利，亦不得許以英國。〔註3〕此所謂的「1776年計畫」（Plan of 1776）印證於 1778 年（乾隆 43 年）與法國所定之建交條約，美國可說遂其所願。〔註4〕

是時所謂的德國地區基本上還是在神聖羅馬帝國（Holy Roman Empire；Heiliges Römisches Reich，962～1806）統一名義下林立的小邦。〔註5〕在美國獨立戰爭時期，北美殖民地人口估計就已有 25 萬人、或佔總人口 8%、9%的人口爲德意志移民；德國方面的統計，略爲保守，認爲此時的德意志移民在 20 萬人左右。〔註6〕最早正式移民至北美的德意志人乃是 1863 年（同治 2 年）來自萊茵地區的新教徒，而後的德意志移民大多定居在紐約州、賓州、馬里蘭州、維吉尼亞州；也有少部分移民至新英格蘭州。這些移民在美國獨立戰爭時，也泰半反對英國的統治。〔註7〕最重要的是，普魯士（Prussia；Preußen）的腓特烈大帝（Frederick the Great；Friedrich der Große；1712～1786）對美國頗爲友善，先是在法國——印第安人戰爭（French and Indian War，1754～1763）期間，與英國結盟，反對法國（當時英國還是北美十三州之殖民母國），而且一直在歐洲大陸支持新教徒，代表了自由與啓蒙的精神，本就博取了因逃避歐洲母國迫害而移民至美洲移民的景仰，在美國獨立戰爭期間，復採取了對美國有利的外交政策，雖然表面上保持中立，卻禁止英國雇用的德意志傭兵，所謂赫斯傭兵（Hessian Mercenaries）者，經由普魯士開赴美國作戰，再加之其似乎很以英國之失敗爲樂，因此在美國開國先賢們的眼中，腓特烈大帝實乃美國之友。〔註8〕

在美國獨立成功以後，腓特烈大帝治下之普魯士立即成爲第一波承認美

〔註3〕Bemis, *The American Secretaries of State and Their Diplomacy*, V. I, pp.20～22.

〔註4〕法國因在北美與英國有爭奪殖民地宿怨，故而支持北美殖民地的獨立運動。Bemis, *The American Secretaries of State and Their Diplomacy*, V. I, p.23.

〔註5〕遠在西元 962 年（北宋建隆 3 年），東法蘭克王國（the Kingdom of the East Franks，Ostfrankenreich）的鄂圖一世（Otto I，Otto the Great；Otto der Großer，912～973）由教宗若望十二世（John XII，930～964）加冕爲「神聖羅馬帝國的皇帝」（Holy Roman Emperor；Römisch-deutscher Kaiser）之後，其帝國就被稱爲神聖羅馬帝國，爲德意志地區鬆散的統一政治體系。這個源自中古時期，直到 1806 年（嘉慶 11 年）被拿破崙（Napoléon Bonaparte；1769～1821）廢除的帝國，即是德國史上的「第一帝國」。

〔註6〕Leusser, *Ein Jahrzehnt Deutsch-Amerikanischer Politik*, p. 1.

〔註7〕Gatzke, *Germany and the United States*, p. 28.

〔註8〕Jonas, *The United States and Germany*, p. 16.

國這個新生共和國的歐洲君主專制國家，〔註9〕而美國也明瞭普魯士承認的重要性，因此維持了很久的作法是歷任美國駐柏林代辦皆須呈遞到任國書，以強調這個外交事實。〔註10〕接著在1785年（乾隆50年）9月，由時任美國駐法國公使的湯瑪斯・傑佛遜（1743～1826）代表美國，與普魯士簽訂了《普美友好通商條約》（Prussian-American Treaty of Amity and Commerce；Der Freundschafts- und Handelsvertrag zwischen Preußen und den USA），該條約確立了兩國之間的和平與友誼、彼此在商業上與航海自由方面給予最惠國待遇、除了前述各條約的原則之外，最重要者在於其人道方面的創舉：第二十三、二十四條約文規定，戰時非戰鬥人員需加以豁免，而對於戰俘則需適度並體諒的對待；第十三條約文，規定戰時中立國不得沒收違禁品，只許扣留，並且對物品所有人因而衍生之損失合理補償。這條約文影響深遠，在第一次世界大戰期間，即適用在美、德的交戰。〔註11〕這個條約也成爲美國日後與許多國家簽署類似條約時的母本。誠如華盛頓總統（George Washington，1732～1799）所言：「此條約之許多條款皆十足具有原創性，如果其原則從今以後能被視爲國家之間關係的基礎，則該約比之人類之間迄今所嘗試過的任何方法都還更能充分造成整體的和平。」〔註12〕

兩國之間立下此約後，彼此相安無事，至1799年（嘉慶4年）又在雙方和樂的情況下，復重新立約。到了1828年（道光8年），美國與普魯士又簽訂了《美普條約》（American-Prussian Treaty of 1828），進一步規範了雙方特別在商業方面的事項。不過普魯士一開始並沒有派遣外交代表常駐美國，甚至連連絡官也沒有。反之，美國方面亦沒有派遣代表。1835年（道光15年），美國應普魯士方面的要求，派遣其著名的國際法學家與史家亨利・惠頓（Henry Wheaton，1785～1848）至柏林出任駐普公使，以便與普魯士以及新成立的德

〔註9〕美國國會即在1784年（乾隆49年）5月7日，以前述之「1776年計畫」與對法、荷蘭、瑞典條約爲基礎，訓令在歐洲之全權公使團，即富蘭克林（Benjamin Franklin）、亞當斯（John Adams）、杰佛遜（Thomas Jefferson），與歐陸各國談判建交問題。建交談判並不順利，只在1785年（乾隆50年）與普魯士、1787年（乾隆52）與摩洛哥建交，Bemis, *The American Secretaries of State and Their Diplomacy*, V. I, pp.206～207；至於其他國家，例如奧國、葡萄牙則以美國政府的情況不明爲理由，拒絕承認美國，Bemis, *The American Secretaries of State and Their Diplomacy*, V. II, p7.

〔註10〕Leusser, *Ein Jahrzehnt Deutsch-Amerikanischer Politik*, p. 2.

〔註11〕Bemis, *The American Secretaries of State and Their Diplomacy*, V. I, p. 207.

〔註12〕Leusser, *Ein Jahrzehnt Deutsch-Amerikanischer Politik*, p. 16.

意志關稅同盟（Deutscher Zollverein）作商業談判。惠頓是美國第一任駐普公使，並於 1837 年（道光 17 年）被升為特命全權公使，此時離美國發表「獨立宣言」已逾半世紀之久，代表了雙方正式外交關係的提升。〔註 13〕對美國而言，可說是整個德語區國家市場的重要性，由於商業增長之必要，彼此就需要正式雙邊關係的發展。此外，美國對於德意志諸國而言，尚有一種殖民地擴展的典範作用。雖然在 1872 年（同治 11 年）德國統一之前，德意志地區還未有餘力考慮海外擴張的問題，但是對於美國西進運動的模式向來極感興趣，例如普魯士自 1772 年（乾隆 37 年）起所併吞的波蘭領土，腓特烈大帝就將原有的波蘭人比之為「伊拉瓜人」（Iraquois），〔註 14〕甚至對這些新領土以佛羅里達、費城、薩拉托加（加州地名）命名之。〔註 15〕1812 年（嘉慶 17 年），美國與英國再次發生戰爭，而這次戰爭中因為英國企圖聯合一些印地安人對抗美國，當時的傑佛遜總統一方面抵禦英軍，一方面又以此為藉口，強化美國內部的西進運動，並對印地安人進行報復，甚至在對其普魯士友人、當代自然科學家與地理學家的洪保德（Alexandar von Humboldt，1769～1859）的信中提到，美國原住民對抗美國的任何未來效應皆須加以遏制，而這種效應本就隨著西進建設必然發生，在此遏制過程中，即使美國的印地安種族未遭滅絕，但美國政府採取一些殘酷的手段在所難免。〔註 16〕而傑佛遜的政策，也吸引許多歐洲有識之士對合眾國的關注。例如法國政治學者托克維爾（Alex de Toqcueville，1805～1859）在有感於美國自由與民主的成就之餘，認為美國的西進運動可以作為法國在北非擴張的借鏡，故有阿爾及利亞（Algeria）恰似「移植到非洲土壤的辛辛那堤」（Cincinnati transported onto the soil of Africa）之語；而德意志諸國歷代碩學鴻儒，如啟蒙運動（the Enlightenment）時期的哲學家康德（Immual Kant，1724～1804）、之後的黑格爾（Georg Hegel，1770～1831）、經濟學家李斯特（Friedrich List，1789～1846）、前述之洪保德等等，雖然對於美國印地安人的處境感到同情，但也以各種角度詮釋美國的西進運

〔註 13〕Leusser, *Ein Jahrzehnt Deutsch-Amerikanischer Politik*, pp. 17～18.

〔註 14〕伊拉瓜原是北美殖民時期一個印地安幾大部族所組之同盟，其地橫跨今日美國、加拿大的東、西部地區。其後這個同盟因為美國獨立革命乃至西進運動期間的種種變故，四分五裂，乃至成為如今一些零散的印地安保留區。

〔註 15〕Jens-Uwe Guettel, *German Expansionism, Imperial Liberalism and the United States, 1776～1945* (Cambridge: Cambridge University Press, 2012), p. 46.

〔註 16〕Guettel, *German Expansionism, Imperial Liberalism and the United States, 1776～1945*, p. 45.

動，認為是較高等文明為了生存所必須走向的道路。筆者則以為，這些當代大師內心深處對於法國阻擾德意志諸國成為統一國家的進程，胸懷憂憤，因之對於美國就有了一種投射的情感，合理化其一切行為。特別是在拿破崙戰爭之際遠遁美國、並歸化成為其公民的李斯特，提出極為精闢獨到的觀點，認為美國的西進運動與工業化已然指向國家未來發展的道路，所以美國和英國就成為德意志諸國最重要的發展借鏡。李斯特的論點已經迥然不同於傑佛遜總統的觀點，蓋傑氏認為美國須有足夠的耕地供給移民生活，才能維持美利堅合眾國的生存，而李斯特的見解則是將西進運動與工業革命的發展結合在一起。〔註 17〕

若吾人回顧自美國建國以迄 1837 年（道光 17 年）為止，可發現在這約一甲子的時光裡，雙方的關係，可說是相敬如賓，這是因為一方面，美國人基本上遵守其國父華盛頓的政策，不參與歐洲大陸國家之間的聯盟，避免無謂的糾葛，而且美國國內也是百廢待舉，很需要發展建設，故除了少數歐洲海權國家，如英國、法國、西班牙者，因為與其在美洲大陸有競爭勢力的利害關係之外，大致上與其他歐洲國家都保持友善的關係，並不只是獨厚普魯士，例如美國與沙俄也是極其友好：當時，美國與普魯士的貿易關係還在起步，而菸草則是零星貿易中較大宗者。而就普魯士方面而言，自腓特烈大帝於 1786 年（乾隆 51 年）駕崩之後，未幾，先是 1789 年（乾隆 54 年）法國爆發了大革命，接著 1790 年代起，拿破崙又崛起，稱霸歐洲大陸直至 1810 年代中才結束其霸業，這段時期，普魯士深受法國宰制，又忙於歐洲列強之間的合縱連橫，其實也無力向海外發展，不過拿破崙之解散神聖羅馬帝國，卻也無形之中替她清除了不少日後一統德意志地區的障礙。一方面，普魯士在當時沒有重大海上利益以及海外據點，還在全力從拿破崙宰制結束、1815 年（嘉慶 20 年）維也納會議（Congress of Vienna）之後陣痛與蛻變中成長，因此與美國的接觸機會不多。雙方的貿易關係要到 1850 年代才漸趨成為雙邊關係的重大因素。

在 1850 年代，大致上而言，美國的有識之士對普魯士王國、也包含德意志地區的國家，有著失之浪漫的憧憬，認為其較諸歐洲鄰國更符合傑佛遜總統之民主政治理念，所以可能會以美國模式建立未來的政府；這些德意志地區的國

〔註 17〕Guettel, *German Expansionism, Imperial Liberalism and the United States, 1776～1945*, p. 64.

家通常國民識字率也較義大利、奧地利、法國來得高，主要又是基督教新教國家，就更有可能自妨礙法國民主政治並在各國也都阻礙政治進步的天主教「教宗至上論」（ultramontanism）解放出來；最重要的一點，當時由於德意志地區尚未一統，缺少強而有力的中央政府，因此美國人也就認爲，德意志地區可以成立保障個人自由的聯邦政府。〔註 18〕美國與普魯士之間，雙邊發展關係迄今，從來沒有產生過任何重大的衝突，就使得美國人這種浪漫的想法持續多年，進而影響了美普關係之發展。尤其 1848 年（道光 28 年）起，歐洲爆發了革命運動，在整個因神聖羅馬帝國解散、繼之而起的德意志邦聯（German Federation；Deutscher Bund）諸國、並且包含奧國，也被波及。在德意志諸國之革命，又被稱爲「三月革命」（March Revolution；Märzrevolution）。德語區人民的革命目標，乃是在強調統一德語區內各國家爲一個國家之大德意志主義（Pan-Germanism；Pangermanismus、Alldeutsche Bewegung）、反對德意志邦聯諸國傳統又鬆散的貴族政治。中產階級尤其渴望政治自由、民主政治，但也強調民族主義的訴求。革命最後還是被各國君主的保守勢力鎮壓下去。不過對於「三月革命」，美國總統波克（James K. Polk，1795～1849）高度關注，希望可以看到以美國政治制度爲藍本之德意志聯邦政府的出現。就在「三月革命」結束幾年之內，許多逃避母國政治環境的德意志人又開始大規模移民美國，這就是全球化中的移民大遷移。光是在 1852（咸豐 2 年）與 1854 年（咸豐 4 年）之間，德意志人移民美國者就有 50 萬人；而整個 1850 年（咸豐元年）至 1870 年（同治 9 年），美國境內在德意志地區出生的歸化移民則達 170 萬之鉅。又有德國學者估計，在美國所有外來移民中，德裔移民不但僅次於英裔移民，而且人口數量在整個十九世紀超過 500 萬人。〔註 19〕德意志人移民美國，不乏原本從家鄉出走時，可說是「遭遺棄之子」（verlorene Sohn）的情形，而在美國另謀發展後，衣錦還鄉，卻變成「有錢的美國叔叔」（der reiche Onkel aus Amerika）；總之，在德意志人眼中，美國確實爲一個「美元公主的國度」（das Land der Dollarprinzessin）、「充滿機會的國度」（das Land der Chance）。〔註 20〕這批德意志移民由於教育程度高、節儉勤勞、又比其他族群移民有更多的資本，基本上很受到美國歡迎，很快就融入美國社會。德意志

〔註 18〕Leusser, *Ein Jahrzehnt Deutsch-Amerikanischer Politik*, p. 18.
〔註 19〕Ernst Jäckh, *Amerika und Wir: Amerikanisch-Deutsches Ideen-Bündnis* (Stuttgart: Deutsche Verlags-Anstalt, 1929), p. 21.
〔註 20〕Jäckh, *Amerika und Wir: Amerikanisch-Deutsches Ideen-Bündnis*, p. 21.

移民的到來，正面充實了美國的人口結構，莫怪乎《紐約時報》宣稱這些德意志移民「無疑構成了我國外來移民中最健康的成分。」〔註 21〕同時美國之殖民地典範作用，又有了新發展，一般的德意志海外擴張主義者，更是對美國高度仰慕，希望未來德意志諸國也能擁有海外的領土，並向美國學習擴張之道。反映在一般的報章、雜誌、專書上，也可見許多鼓吹美國為移民首選的論調，例如布朗（Ernst Ludwig Braun）在 1847 年（道光 27 年）出版的《美國西部的新德國》（*Neudeautschland in Westamerika*）、布魯門瑙（Hermann Blumenau）1846 年（道光 26 年）的《德意志移民與殖民》（*Deutsche Auswanderung und Colonisation*），尤其是後者主張既然移民已是德意志迫在眉睫的生存問題（Lebensfrage），要求讀者大眾想想 500 萬德意志移民在一片相鄰土地上有自己的一個州或住在一起的願景。而布魯門瑙的理想之地則為加州，彼認為可藉由落磯山脈與英國裔的移民區隔開來。〔註 22〕易言之，這些德意志人的理論乃是為了解決人口問題，同時又保有德意志人的民族性格，因此覬覦美國的加州。然彼等始料未及，由於美國獨特的移民同化大鎔爐之故，想像中的美國國中國的德意志不但未曾實現，甚且演變成其後美德關係中的移民問題。

而這批德意志移民進入美國後，則有九成以上人口定居在美國的北部與西部。由於相信民主黨較注重平民福利，他們在 1850 年代早期大多投票予民主黨人，不過在 1854 年（咸豐 4 年）以後，他們又不滿當時民主黨所贊成的黑奴制度，認為該制度違反了勞工的尊嚴，因而轉投新成立的共和黨票，這樣一來，這些德意志移民無形中又與美國主流民意站在一起，而且加強了美國人的信念，認為德意志移民實乃在歐洲傳遞美國政治理念最有用之工具。進一步言之，1850 年代末期開始，國家是否能維持統一就已成為美國重大的內政問題，而當南北戰爭（American Civil War，1861～1865）爆發時，當時大多數的美國人，也就是美國北方以及官方的態度對於世界上任何追求統一的民族運動，都有著感同身受的同情。〔註 23〕德意志移民在南北戰爭中也扮演了重要的角色，超過 20 萬的移民與北軍並肩作戰，參與了對抗南方分離運動的諸多戰役。〔註 24〕在兩國關係方面，剛好南北戰爭初起之時的普魯士，

〔註 21〕*NYT*, Jan. 31, 1869.

〔註 22〕Guettel, *German Expansionism, Imperial Liberalism and the United States, 1776～1945*, pp. 71～72.

〔註 23〕Jonas, *The United States and Germany*, pp.20～21.

〔註 24〕Leusser, *Ein Jahrzehnt Deutsch-Amerikanischer Politik*, p. 2.

也是威廉一世（William I；Wilhelm I，1797～1888）初即位並任用著名的「鐵血宰相」（Eiserner Kanzler）俾斯麥（Otto von Bismarck，1815～1898）主掌國政。俾斯麥其人，極富謀略，訪問柏林的美國人士認爲是「比我所遇到的任何歐洲人都還要瞭解美國的政治與社會情形。」〔註 25〕美國內戰一起，俾斯麥立刻表達了對美國北方的支持，而且拒絕協同英國、法國發表中立聲明，免得造成美國北方聯邦（the Union）與南方邦聯（the Cofederacy）爲平等交戰國家的印象；也拒絕法國要求美國北方承認南方的停戰協定；尤其當美國政府派遣華克（Robert J. Walker，1801～1869）使團去歐洲推行公債時，在各國都被冷淡以對，普魯士卻成爲最大的購買者，至美國內戰結束時，估計有 80 萬美金的聯邦債券經由法蘭克福交易所售出，而普魯士收購的公債更達 5 至 6 億美金之鉅。〔註 26〕美國遂將這種財政上的支持解讀爲普魯士對她的堅毅支持，自然也就等待機會以投桃報李。

當時普魯士欲統一德意志最大的競爭者則爲奧國。由於奧國素奉天主教，在美國人看來，根本就是在後拿破崙時代，歐洲反動的堡壘；歷史上，奧國更是有許多觸怒美國之處，例如早在 1815 年（嘉慶 20 年），沙俄、普魯士、奧地利在擊敗拿破崙以後，由俄皇亞歷山大一世（Alexander I，1777～1825）號召成立了「神聖同盟」（Holy Alliance；Heilige Allianz），旨在維護歐洲之君主專制政體，甚至想恢復西班牙在美洲之殖民地，這就已使美國仇視之（筆者案：在這個例子裡，美國卻忽略同爲基督新教的普魯士）；在美國內戰期間，也是奧地利大公馬西米連諾（Ferdinand Maximilian Josef von Habsburg-Lothringen，1832～1867）在法皇拿破崙三世（Napoleon III，1808～1873）支持下，於 1864 年（同治 3 年）登陸墨西哥，自稱墨西哥皇帝，再度激怒了美國，但美國卻還在收拾內戰的殘局，無力干涉。這種種原因，再對照普魯士之友善，美國在 1864 年（同治 3 年）之普魯士與丹麥的戰爭（Second Schleswig War；Deutsch-Dänischer Krieg）與 1866 年（同治 5 年）之普奧戰爭（Austro-Prussian War；Deutscher Krieg）之中，就毫不掩飾其對普魯士戰勝結果的歡欣，並在 1867 年（同治 6 年）就由其前海軍部副部長佛克斯（Gustavus V. Fox，1821～1883）率領艦隊訪問普魯士甫由奧國割讓予普國的基爾港口

〔註 25〕Max Silberschmidt, "Die Vereinigten Staaten von Amerika-die Grossmacht zwischen Europa und Asien," *Historische Zeitschrift*, V. 187, Jun. 1958, p. 605.

〔註 26〕Leusser, *Ein Jahrzehnt Deutsch-Amerikanischer Politik*, p. 3.

（Kiel），並受到普魯士海軍總司令阿道伯特親王（Heinrich Wilhelm Adalbert，1811～1873）熱誠的接待。〔註 27〕佛克斯的美軍艦隊是第一個正式訪問基爾港的外國海軍，其象徵意涵很清楚地傳達了美國對普魯士的支持。

1867 年（同治 6 年），美國政府派遣班克洛夫特（George Bancroft，1800～1891）為駐普魯士公使。班氏為一傑出的史學家，又擔任過海軍部長，建立了美國的海軍學院，可說是文化界與政治界的巨擘。在其巨著《美國史》（*A History of the United States*）中，他就大力推崇普魯士以及腓特烈大帝，又在美國成立了第一個推廣德語學習的學校，實為一醉心並崇拜普魯士文化的人物。對於這樣的新任公使，普魯士自然是大表歡迎，將之視為普魯士與美國友誼的象徵。班氏上任後，對於普魯士在打敗奧國後所主導成立的北德意志邦聯（North German Confederation；Norddeutscher Bund）極為讚賞，不待美國政府之訓令，率爾承認之，並認為該組織之成立係美國特殊利益之「絕佳成果」，「因為它正是由導引我合眾國憲法締造者之原則應用所衍生而來」，而美國國務院亦接著承認這個班氏所謂的「北德意志合眾國」。〔註 28〕班克洛夫特公使最重要的外交成就，是在其全力週旋下，於 1868 年（同治 7 年）2 月與北德意志邦聯簽訂了《班克洛夫特條約》（Bancroft Treaties），暫時解決了德意志地區猶太移民所滋生困擾兩造內政、外交的問題。蓋許多猶太男性移民離開德意志母國、移民到美國時，年紀還輕，未服兵役，其德意志國籍更被母國政府視為依然有效，故當這些移民若再返回德意志母國時，往往會被當局拘禁、並須服完兵役。這樣就會在美國與普魯士等德意志國家之間引起糾紛。類似案例越來越多，使得兩造須重視此問題。班克洛夫特公使辯才無礙，直接說服了普皇威廉一世，欣然簽約，規定：凡移民在美國住滿五年以上，即歸化成美國公民，得以免去原本德意志母國之兵役。但是若此等移民返回德意志母國居住達兩年以上者，則視同放棄美國國籍並恢復母國國籍，就需服母國兵役。很明顯的，普魯士之同意簽署《班克洛夫特條約》，基本上還是為了外交考量，想要拉攏遠在北美洲的美國，儘管當時美國在俾斯麥歐洲大陸戰略棋盤上沒有甚麼具體作用，但是保持兩國關係之融洽，就是俾斯麥的眼光獨到之處。對於此約的簽訂，班克洛夫特公使認為代表了普魯士「遠自腓特烈大帝以及富蘭克林（Benjamin Franklin，1706～1790）時代即堅定不移、

〔註 27〕Leusser, *Ein Jahrzehnt Deutsch-Amerikanischer Politik*, pp.20～1.
〔註 28〕Leusser, *Ein Jahrzehnt Deutsch-Amerikanischer Politik*, p.24.

普國政府世襲之珍視與美國最佳關係的傳統」。〔註29〕至於普皇威廉一世在簽約時也說：「我們兩國係由商業利益與家庭關係緊密地結合在一起。」〔註30〕此時，美國與普魯士的雙邊關係，可說是到了有史以來最佳的狀態。毫無疑問的，美國在即將到來的普魯士爲統一德意志地區而與法國的決戰，必定是支持前者。當然，美國反對法國也有其自私的一面。如前所述，奧國就已遭致美國的仇視，則美國對拿破崙三世的法國，怨恨敵視之程度，更是無以復加。美國從頭即不信任拿破崙三世，因爲其不但背叛了法國在拿破崙垮台之後所出現的共和體制，更重要的是，拿破崙三世一直對美洲擁有巨大的野心，企圖將法國勢力伸進加勒比海與南美洲；在美國南北戰爭期間，又頻頻向南軍示好，這種種對美國而言，就是趁火打劫，欲將美國國難轉變成歐洲得利的陰謀。〔註31〕至於拿破崙三世前述唆使奧國大公馬西米連諾來做墨西哥國王一事，美國更視爲對「門羅主義」最嚴峻的挑戰，因此無法原諒法國的躁進。〔註32〕兩相比較之下，美國益發支持普魯士。

當德法戰爭（Franco-Prussian War；Deutsch-Französischer Krieg）〔註33〕初起之時，美國表面上於1870年（同治9年）8月22日宣佈中立，卻在許多方面盡可能襄助普魯士。首先，國務院訓令前任國務卿、現任駐法公使沃什伯恩（Elihu B. Washburne，1816～1887）代表普魯士在法國的利益，並且照料乃至撤退普魯士的僑民，而且即使普魯士欲貸款償還美國因此事所耗費的人力、物力，也遭美國婉拒。而當歐洲列強希望以外交方式調處，欲挽救慘敗的法國時，國務卿菲什（Hanmilton Fish，1808～1893）拒絕加入調處行列，其理由爲「在歐洲問題上，與歐洲列強聯合行動並非美國政策。」〔註34〕惟美國與普魯士卻因德法戰爭滋生小衝突。〔註35〕在普魯士方面，美國的合作

〔註29〕Mr. Bancroft to Mr. Seward, Feb. 22, 1868, *FRUS 1868*, V.II, pp. 48～49.

〔註30〕Mr. Bancroft to Mr. Seward, Mar. 23, 1868, *FRUS 1868*, V.II, p. 50.

〔註31〕Jonas, *The United States and Germany*, p.26.

〔註32〕Leusser, *Ein Jahrzehnt Deutsch-Amerikanischer Politik*, p. 3.

〔註33〕筆者所謂「德法戰爭」，亦即目前國內慣用的「普法戰爭」。蓋「德法戰爭」，依據德文原意，係指北德意治邦聯、以及現今德國南部的一些邦國，如巴伐利亞王國（Königreich Bayern），皆加入普魯士對法作戰。奧國則未參戰。易言之，此爲德意志大多數國家對法國之決戰。另筆者觀諸有清一代文書，也依據德文說法，稱爲「德法戰爭」。

〔註34〕Mr. Fish to Mr. Washburne, Sept. 8, 1870, *FRUS 1868*,V.II, pp. 68～69.

〔註35〕戰爭期間，美國與普魯士之間又產生一國際法問題：普魯士原本要求美國寄給其駐巴黎公使信函，不得封緘並由普魯士檢查後，始得送交。費什國務卿

關係絕非憑空而來，部分原因也是俾斯麥刻意培養美國好感所致。例如在德法戰爭期間，由於美國在南北戰爭結束後，政府有相當多的剩餘軍火物質，乃將之販售給民間私人公司，而這些公司竟然又將軍火彈藥轉售給法國，俾斯麥明知如此，在權衡利害得失之後，認爲與美國維持良好關係更重要，不要使美國政府爲難（當時美國國會已著手調查民間業者將軍火販售予法國一事，但是美國聯邦政府對於軍火走私的控制有限），故從來都不曾向美國抗議。〔註 36〕由此可見俾斯麥之手腕圓融的一面，以及贏取美國支持的用心。在海軍方面，當法國海軍企圖在進入美國港口之水域攔截北德意志邦聯商船時，美國卻將其港口與領海對交戰國船隻一律關閉；而在遠東地區，菲什國務卿卻建議普魯士與法國的中國艦隊應該合作，而非交戰。由於當時法國海軍遠比普魯士海軍強大，這項提議，自是普魯士大表歡迎，法國強烈反對。〔註 37〕美國種種看似中立、實則暗助普魯士的作法，讓普魯士無後顧之憂的在德法戰爭中，迅速獲勝，很快就統一了德意志地區。普魯士的勝利，使得美國很高興，因爲她既討厭拿破崙三世的野心以及其對美國南方的同情。〔註 38〕這段期間，美國與普魯士的關係，可說在德法戰爭中合作無遺，卻又讓其他歐洲列強找不到抗議的口實。

德法戰爭結束之後，儘管法國又從帝制政體演變成第三共和（Third Republic），而且也獲得了美國的承認，總體而言，美國卻還是偏袒普魯士。對於普魯士對法國之和談條件之一爲要求割讓亞爾薩斯、洛琳（Alsace-Lorraine），美國不像其他歐洲列強有所反對，而且對法國公使對國務院的呼籲置之不理。更有甚者，當普魯士與法國展開停戰談判時，普魯士要求美國南北戰爭時的伯恩塞德（Ambrose E. Burnside，1824～1881）將軍充作調人。該將軍在普魯士大軍圍攻巴黎之役，始終身在普軍總部。然而伯恩塞德調處卻無結果。〔註 39〕

1871 年(同治 10 年)1 月 18 日，普皇威廉一世在巴黎凡爾賽宮（Versailles）

則堅持即使一國首都戰爭時被敵國包圍，中立國傳送信函至其外交人員的權利，不應受阻。最後俾斯麥同意美方信函可不經檢查送入巴黎，並稱此爲特權，後又改口謂爲權利。Bemis, The American Secretaries of State and Their Diplomacy, VII, p.153.

〔註 36〕Jonas, *The United States and Germany*, p.28.

〔註 37〕Jonas, *The United States and Germany*, pp.27～28.

〔註 38〕Bradford Perkins, The Cambridge History of American Foreign Relations, V.I (Cambridge: Cambridge University Press, 1993), p. 204.

〔註 39〕Jonas, *The United States and Germany*, p.28.

稱帝，成爲德意志帝國（German Empire；Deutsches Reich）的皇帝，自此完成了一統德意志地區的偉業。〔註 40〕對於新建立的德國，美國人有著認識偏頗的喜悅。一方面因爲美國認爲德意志在德法戰爭中是正義的一方，一方面也因爲美國本身在內戰中孕育出來的統一思想，對德意志地區的統一發展有所同情，而俾斯麥也有相同的表示，班克洛夫特公使遂認爲德意志可以參酌美國憲法與其缺失，然後擬定新憲法。〔註 41〕也因爲德國擬採用「普通選舉」（universal suffrage）制度來選舉國會（Reichstag）；〔註 42〕因爲俾斯麥反對貴族世襲而類似英國之「上議院」（House of Lords）組織，遂被美國人視爲這是美國影響之所及。事實上，美國人不太瞭解德國預定的「下議院」（Lower House）是多麼脆弱，也不知普魯士主導之反動的三級代表制有多強勢，更遑論德國皇帝在新的政治體制中有多大的權利。但是班克洛夫特公使猶是一昧樂觀的以爲，這是德意志聯邦共和國的成立。另一方面，即使德國建國之後，繼續主政的俾斯麥首相仍然在一些事務上刻意逢迎美國，以爭取美國的合作。而德國方面，在外交上也是有所回報，當 1871 年（同治 10 年）美國和英國就英屬哥倫比亞與美國當時的「華盛頓領域」（Washington Territory）有劃界糾紛時，德皇威廉一世出任仲裁者，並於 1872 年（同治 11 年）10 月 21 日作出偏袒美國的裁決。有了德國之合作，美國自然也是萬分欣慰。而雙方和睦之關係，大抵維持到了 1880 年（光緒 6 年）爲止，中間可說沒有任何波折。

不過德意志人對美國殖民地的理想憧憬，自從普魯士統一德國以後，開始有了新的變化，在民族主義思潮激盪下，彼等因爲想要趕上英、法等強國，也在海外尋求殖民地。因此從俾斯麥政府在 1880 代初期，在非洲開始攫取殖民地以後，德國殖民主義者的想法則轉變成爲：美國在擴張過程中之消滅印地安人是一種高等文明生存的必要模式，而且這也是一種全球化的正常現象。因此到了十九世紀末期，德國殖民主義的支持者遂認爲美國的擴張政策與種族政策爲一個典範，而德國人可以在世界其他地方、特別是其後的德屬

〔註 40〕1870 年以前，歐洲史上從未有統一的德國，德意志只是一個地理概念。參見王黎，《歐洲外交史》（天津：天津人民出版社，2011），頁 235。

〔註 41〕Leusser, *Ein Jahrzehnt Deutsch-Amerikanischer Politik*, p. 3.

〔註 42〕「普通選舉」在當今二十一世紀，是指一國國民，無論其性別、財產、種族等等背景因素，都有權利投票參與選舉。在當時的德國，則是指無論財產多寡的成年男性皆有投票權。世界最早的「普通選舉」制則起源於 1792 年的法國。

西南非，複製美國的成功模式。〔註 43〕而德人的這種心態，卻也成了其 1897 年（光緒 23 年）開始在中國侵略的背景思潮之一。

總而言之，從普魯士建立德國一連串的事件之中，美國基本上都是完全支持德國，而德國在許多國際事件中，也給予美國莫大的助力。而這段互相提攜的合作關係，是歷經美國幾代親德政治家的努力，在德國方面則歸之於其傑出政治家的眼光及作爲，才得出這樣的結果。但是歸根究底，畢竟還是雙方幾乎沒有任何利益衝突的情形，而且敵人的朋友就是自己的朋友所致。進而從國家利益的角度觀之，維繫美德雙邊關係之最爲重要者，即在於基本利益，不論是美國對抗英國的獨立革命、在歐洲列強環伺下的南北戰爭、抑或在德法戰爭追求德國統一的普魯士，既然攸關兩國各自的生存基本問題，因此顯得彼此的外交支持彌足珍貴，因爲兩國當時對抗的敵國可說皆爲歐洲乃至世界性的霸權國家；從全球化的角度而言，德意志爲人口外移的地區，而其移民國家主要即爲美國，誠如前述，僅在十九世紀就有超過 500 萬的德意志移民進入美國，而彼等教育程度高、勤儉質樸，成爲美國國家開發的中堅力量，而其中衍生的德意志猶太移民的兵役問題，卻能因爲「班克洛夫特條約」的簽訂，將兩國因之而起的摩擦降至最低點，則可說是兩國次要利益與互補利益作用的結果，蓋猶太移民在美國金融界具有莫大影響力，而且人權素爲美國政府關切的重點，因之對於其猶太移民在德意志諸國所受之兵役問題，勢必全力週旋，謀求彼等之保障，可說是美國的次要利益；對於德意志諸國而言，彼等需要海外能接納其因人口過盛而出現之移民問題，而美國幅員廣大，亦需要外來人口從事開發建設，這又可說是雙方的互補利益。

第二節　商業衝突的隱憂

然而，花無百日紅，國與國之間的雙邊關係亦如是。美德堪稱和睦的雙邊關係，卻自 1870 年代末期開始有了變數，這點則是商業方面的競爭所引起。原來兩國在此時皆經歷了國家迅速升級爲全球化之中工業先進國家的轉型期。這樣轉型的特徵主要是呈現在人口快速成長、普及全國的都市化、增加的國民福利、對外擴展的世界商業等各方面。而其中很値得注意的一點則是

〔註 43〕Guettel, *German Expansionism, Imperial Liberalism and the United States, 1776～1945*, pp. 80～1.

兩國國民的識字率在同期的西方國家之中，又都是名列前茅者，自然也加速了國家工業化的進程。德國的工業革命有很大的原因是因爲其爲後起的工業國家，從普魯士時代開始，就可以直接吸收英國的經驗，引進英國乃至美國的資本、技術，振興本國的工業，在這個階段的發展，德國對於英國、美國的資本、技術，基本上是個輸入國，從這個角度而言，美國與德國商業上還是處於互補的關係，因之也較無衝突摩擦的地方。

單從工業革命的角度來看，美國對於德國工業發展有多方面的領導作用。例如 1870 年代，美國就開始了「快速工業」（Schnellbetriebs）的革命。1872 年（同治 11 年），美國人荷利（A. C. Holly）就簡化加速了煉鋼爐底座更換的流程，之後這種生產設備的運用擴及到煉鋼爐、鼓風箱等等，使得美國鋼鐵業日後取代英國，成爲世界第一。德國在 1870 年代當下，許多實業公司就以美國計畫爲範本，學習美國，例如克虜伯兵工廠（Krupp）和波鴻公司（Bochumer Verein）。〔註 44〕1880 年代，美國又發明了產品大規模連續量產的技術，德國業界又學習美國的範本，公司都冠上「美式製造商制度」（American System of Manufacturers）的商號。〔註 45〕美國工程師泰勒（Frederick W. Taylor，1856～1915）在「科學管理」原則下發明的種種提高生產效能的「泰勒化」管理方式，也在二十世紀初傳入德國，德國的光學儀器業巨人蔡斯公司（Carl Zeiss AG）也是接納「泰勒化」的觀念，改造公司。〔註 46〕甚至在海軍方面，美國的南北戰爭，對德國造船業也有影響，引起了軍界科技的變革。〔註 47〕總而言之，如果沒有歐洲的工業革命，美國不可能如此迅速的崛起；反之，若無美國的合作，歐洲的工業化也不可能踏上坦途。〔註 48〕

從人口問題來看，截至十九世紀前期幾波的移民外移潮，美國往往是德意志移民的首選之國，一旦移民至了美國，基本上都很快安頓下來，這樣又大幅度紓解了德國國內因爲各種商業因素、農業歉收、政治乃至宗教理念不合而引起的重大內政弊端，反而讓德國政府在壓力減輕之下，得以全力發展

〔註 44〕Christian Kleinschmidt, *Technik und Wirtschaft im 19. und 20. Jahrhundert* (Müchen: R. Oldenbourg, 2007), p. 18.

〔註 45〕Kleinschmidt, *Technik und Wirtschaft im 19. und 20. Jahrhundert*, p. 23.

〔註 46〕Kleinschmidt, *Technik und Wirtschaft im 19. und 20. Jahrhundert*, p. 24.

〔註 47〕Ralf Pröve, *Militär, Staat und Gesellschaft im 19. Jahrhundert* (Müchen: R. Oldenbourg, 2006), p. 39.

〔註 48〕Silberschmidt, “Die Vereinigten Staaten von Amerika-die Grossmacht zwischen Europa und Asien,” p. 601.

國家工業化，也就踏上了從歐洲區域強權發展到世界強權的歷程。另一方面，兩國卻又皆有著龐大的農業結構，除了供給本國市場的需要之外，也需要尋求海外市場，所以農業人口在兩國內政上，自然也有著舉足輕重的地位。

工業發展到了這個階段，美國對比德國（其實世界上絕大多數國家亦然），她得天獨厚的巨大優勢就顯現出來：在工業上，當時發展重工業所最基本的煤礦，美國本土即有龐大的生產地帶，從東岸的馬里蘭州、麻州、紐約州、維吉尼亞州、西經伊利諾州、到了懷俄明州、以至西岸的加州，就構成了當時舉世最大的煤礦生產地帶，這是舉其大者而言，乃至於全美共有 48 州產煤。而且美國煤礦主要又是露天的富礦，品質優良而利於開採。到了約十九世紀末、二十世紀初的時候，美國的煤礦產量就已居於世界領先之地位。至於中國，雖然煤的蘊藏量至少不下於美國，但是因國家衰弱又落後，在當時其礦藏只是列強角逐的大餅，不像美國是完成工業革命的自主國家。若吾人以當前二十一世紀的標準而言，至 2012 年爲止，中國爲世界第一產煤國，約佔世界產量 50%，年產 3.6 億噸，〔註 49〕而美國則爲世界第二產煤國，約佔世界產量 20%，年產 1 億噸左右。如此就可看出一百多年前的美國，是何等的經濟巨人。相形之下，德國原本在普魯士統一之前的德意志諸國時代，其對煤礦的開發一度領先美國。德意志地區產煤之所在有魯爾（Ruhr）、薩爾（Saar）、上西里西亞（Upper Silesia；Oberschlesien）等地，原本皆處於邊陲地帶，無法作有效的開發。直至 1830、1840 年代，德意志地區積極擴建鐵路，形成鐵路網之後，煤礦的開採才有了進展，而至 1871 年（同治 10 年）普魯士統一德國之後，德國曾經成爲世界第二的產煤國，超越了美國、法國，僅次於英國。〔註 50〕但是 1871 年（同治 10 年）之後，由於美國地理資源先天優勢的蓬勃發展，德國終究不敵美國。蓋美國在煤礦之工業原料方面，完全可以自給自足，而德國隨著進一步的工業發展，本身產煤不敷使用，必須尋求海外的資源，就這點而言，雖然德國與美國同爲新興工業國家，但德國沒有美國那般廣大而富有自然資源的國土，海外較佳的地區則已被首波帝國主義的國家，如英國、法國、西班牙、葡萄牙、荷蘭等等占盡，長此以往，在工業競爭上，面對 1890 年代起會崛起的美利堅巨人，自會喪失對抗之能力。

〔註 49〕參考中國中煤能源集團有限公司網站：http://www.chinacoal.com/n1071/n1114/n1505/1919911.html（2013/11/18 點閱）。

〔註 50〕W. O. Henderson, *The Industrial Revolution on the Continent: Germany, France, Russia, 1800～1914* (London: Routledge, 2006), p. 34.

自 1880 年代起，兩國之間在海外需競爭原物料，而工業成品如重機械、電子產品、化學用品等等，又有海外市場的競爭，由於海外原物料以及市場的追求，都需要強大的母國作爲後盾，因此美、德兩國的人士在海外接觸、乃至利益衝突的機會，益發增加，漸漸影響到了兩國的內政，而內政因素又反應到了外交政策。故在此時，德國出口工業的業者漸漸感到美國的保護關稅政策爲其發展美國市場莫大之阻力，已經開始要求俾斯麥政府放棄德國一貫的自由貿易精神，也要採取保護關稅的措施來保障本國工業。

在農業方面，美國巨大的優勢更是可觀。原本在 1864 年（同治 3 年），當普魯士還在與丹麥進行戰爭時，美國穀物就趁勢搶佔了德國農業的英國市場，而美國穀物搶進德國本土市場，則從 1870 年（同治 9 年）至 1879 年（光緒 5 年）呈現雙倍的成長。〔註 51〕不過 1870 年代，德國尚可出口數量可觀的穀物至歐洲其他國家，只是美國西北部的農業地帶也在同時積極開發生產，再加上海洋交通的進步，美國就得以出口大量的穀物產品至歐洲，如此一來，德國不僅被迫從糧食出口國變爲糧食進口國，而且德國農產業不但面臨失去國外市場的壓力，即使在本國也有失去市場的風險。〔註 52〕另一方面，既然德國的農業結構主要是由在德國東部的容克貴族（Junkers）大地主階級所組成，因之影養到俾斯麥首相的權力基礎，因爲其本身也就是柏林以西薩克遜尼省之索恩豪森（Schönhausen）出身之容克貴族，而容克階級自然也是俾斯麥主要的支持者。影響所及，擁有土地的容克地主階級，經由三級投票制度，仍然支配著普魯士政治，因爲普魯士尚未迅速而普及的都市化，也就未對選區界線重新劃定，有利於地廣人稀並由容克階級支配的農村地區，所以普魯士的容克貴族進而主宰了帝國，〔註 53〕俾斯麥遂在維繫政權的壓力下，發起保護關稅，因爲當這些貴族也承受不住美國、俄國穀物進口所帶來的打擊，便思改變其一貫主張的自由貿易精神，爲了挽救自身在德國東部巨大的產業，排斥外國進口的廉價穀物也就成了生存所繫的當務之急。〔註 54〕尤其 1879 年（光緒 5 年），由於

〔註 51〕 Gordon A. Graig, *Germany, 1866～1945* (Oxford: Oxford University Press, 1978), p. 88.

〔註 52〕 Keim, *Forty Years of German-American Political Relations*, p. 65.

〔註 53〕 瑪麗・富布盧克（Mary Fulbrook）著；王軍瑋、萬芳譯，《劍橋德國簡史》（新店：左岸文化，2005），頁 203～204。

〔註 54〕 Hajo Holborn, *A History of Modern Germany, 1840～1945* (Princeton: Princeton University Press, 1982), p. 267.

美國穀物持續狂銷歐洲，使得德國農業界也感到不支，因此農業人士也加入了工業人士共同請命政府設法扭轉德國面臨美國的頹勢。〔註 55〕

此外，德國的糖業在 1875 年（光緒元年）就受到了美國保護關稅的打擊，更有甚者，美國又與當時還非其領土的夏威夷簽訂免稅協定，自彼處大量進口糖，提供美國本土精糖業者製作成品再瘋狂銷售歐洲，嚴重衝擊包括德國業者在內的歐洲同業，〔註 56〕而糖在當時已是德國唯一可以出口至美國的農產品。

美國的穀物爲何在德國如此所向無敵呢？這是因爲德國作爲新興的工業大國，既有爲數眾多的勞工階級，他們的日常生活開銷，基本上若有物廉價美的同類商品作比較，當然會選擇購買之，而美國的穀物對於德國較不富有的人們而言，正是便宜實惠，故得以在彼等之間大行其道。美國生產的各類生活用品，基本上也有類似的特質。易言之，美國的農產品可說是德國窮人的福利。至於有的工業鉅子，經營工廠並向國外出口商品，也需要降低價錢以跟其他國家廠商競爭，如此也就先得降低生產成本，所以若購買便宜的美國穀物產品供作工人的伙食，也是降低生產成本的方式之一。此外，從美國進口供作工業生產的原物料，也相對物美價廉，也成爲德國一些工業的首選。如此可見，購買美國的農、工業產品，也是促使許多德國人獲得利益的來源，因之牽扯其中的重大利益糾葛，也就成了俾斯麥政府不願輕易觸碰的問題。

所以德國的俾斯麥政府在面對美國巨大商業競爭的壓力下，原本採取較溫和的方式，消極面對，其方法則爲對於德國外移人口設限。由於美國在商業競賽中，另一個巨大的優勢即在於她能夠較德國快速發展勞動力，這又是歸功於吸收了大量的外國移民，德國就貢獻了大量年輕又有技術的勞工。從 1870 年（同治 9 年）至 1890 年（光緒 16 年）之間，德國對外移民就達 200 萬人之眾，絕大多數仍是移民美國，俾斯麥政府有鑒於此，在 1880 年（光緒 6 年）起，就加強了可能移民的兵役限制，德國媒體也開始抨擊美國，希望她不要那麼有吸引力，而政府更嘗試鼓勵德國民眾移民到不如美國那樣快會同化外國移民的國度，卻因爲沒有嚴格禁止移民美國，還是無法抵擋這股移民到美國的熱潮。〔註 57〕例如，美國的巴爾的摩在 1850 年（道光 30 年）時有 11.6%的居民爲德國出生；1900 年（光緒 26 年）時，仍有 6.5%居民爲德國出

〔註 55〕Jonas, *The United States and Germany*, p.36.
〔註 56〕Jonas, *The United States and Germany*, p.37.
〔註 57〕Jonas, *The United States and Germany*, p.36.

生。密爾瓦基在 1850 年時有 30%的居民爲德國出生，1900 年時，尙有 19%的居民爲德國出生。〔註 58〕而芝加哥在十九、二十世紀之交時，其 150 萬居民之中逾 40 萬人爲第一代、第二代的德意志移民。至於德國移民，則佔了全城勞工的 22%。〔註 59〕1880 年代，俾斯麥的攫取殖民地政策，有極大程度與美國相關。因爲又一波德國移民潮已經開始，1846 年（道光 26 年）至 1847 年（道光 27 年）爲第一波；1864 年（同治 3 年）至 1873 年（同治 12 年）爲第二波，有超過 200 萬人口外移。因此當務之急就是尋找德國的新移民地，以免多數人口又移往美國，如此德國人在海外還可以是德國人，不會退化成爲民族融合的肥料（Völkerdünger）。總之，柏林深怕德國移民會被美國這個種族鎔爐同化，於是鼓勵德國人向非洲、拉丁美洲、西亞移民。〔註 60〕同時爲了解決移民問題，德國開始關注東普魯士波蘭人居多的省份，推行內部殖民化運動。1886 年（光緒 12 年），成立普魯士皇家殖民委員會，專職購買土地、安置德國農民，而德國東部行省協會（Deutscher Ostmarkenverein）則鼓勵農民階級，無須考慮移民去美國，只要在德國祖國的東部找到新故鄉，就可以解決問題了。歸根究底，就是害怕國家動力會繼續在美國損失（loss of national energies）。〔註 61〕反之，儘管德意志諸國禁止外國機構在其國內招募移民，但是美國遠在南北戰爭前後所提供的資訊與宣傳，依然吸引了大批德意志移民前往美國急需人力的各州。〔註 62〕

以全球化觀點來看：1873（同治 12 年）至 1879 年（光緒 5 年）之間的國際性經濟衰退，事實上正是全球化過程中的挫敗。德國國內外市場皆受到波及，而德國的農業既然感受到海外廉價穀物、肉類產品的打擊，因此全國動盪不安，產生龐大的騷動，要求俾斯麥政府放棄自由主義的商業傳統，改行保護性關稅以挽救德國經濟，〔註 63〕這是一個必然的結果。但是德國不僅因爲專制的傳統，也因爲其國內保守派、自由派、天主教派、社會民主派持

〔註 58〕Günter Moltmann, "Migrations from Germany to North America: New Perspectives," *Reviews in American History*, V. 14, no. 4, Dec., 1986, p. 589.

〔註 59〕Moltmann, "Migrations from Germany to North America: New Perspectives," p. 590.

〔註 60〕Sebastian Conrad, tr. by Sorcha O'Hagan, *German Colonialism: A Short History* (Cambridge: Cambridge University Press, 2012), p. 27.

〔註 61〕Conrad, *German Colonialism: A Short History*, pp. 156～157.

〔註 62〕Moltmann, "Migrations from Germany to North America: New Perspectives," p. 591.

〔註 63〕Rudolf Boch, *Staat und Wirtschaft im 19. Jahrhundert* (Müchen: R. Oldenbourg, 2004), p. 38.

續的衝突矛盾，反而使德國與美國不同，成為強勢干預經濟的國家。〔註 64〕易言之，1873（同治 12 年），俾斯麥的德國，由於資本重心的大地主階級正與工業家結盟，其所主張的保護主義，也就日益影響到俾斯麥的施政。而此時工業生產趕上並超越德國的美國，卻往不同方向發展，因為美國自 1890 年代起，基本上就降低保護關稅，以換取更低廉的糧食與原料進口，至於美國農業，在 1870 年（同治 9 年）以後的工業革命就被犧牲。〔註 65〕如此一來，在政治理念上，卻與美國截然不同，也會日後造就雙方意識形態上的對立，只是政治手腕高明的俾斯麥在位一天，這個問題在當時還不明顯。

由於前述之工業、農業的雙重壓力，迫使俾斯麥正視美國穀物進口的社會問題，這也連帶使之感到所有種類的德國產品，皆須受到德國政府的保護，故在其主導之下，一變本來較消極的做法，因此雖然德國國內也有許多反對聲浪，德國國會在 1879 年（光緒 5 年）7 月 12 日通過了德國史上首項關稅法。其中最引人注意者則是針對穀物進口的關稅，這項措施，不但不受平民歡迎、甚至也可能是不公不義的法案，因為其提高了平民百姓麵包消費的價格。〔註 66〕相對而言，美國自南北戰爭即實施保護關稅政策，只是美國與德國的關稅政策卻有著本質上的重大差異：德國這次 1879 年（光緒 5 年）的保護關稅法案主要是農業團體影響促成，美國卻向來由製造業掌握保護關稅，當美、德兩國彼此實行保護關稅時，長此以往，德國必定在商業上落敗。因為德國固然可以用關稅保護其本國的製造業，可是卻無法不去降低本國工業生產的原物料進口價格，而這些原物料又有泰半須從美國進口；即使德國在進口美國穀物方面，得以實施保護關稅，可是又勢必承受國內平民階級及需要便宜美國食品來養工人之工業鉅子一波波的反對，日久一定會立場鬆動。另一方面，美國的保護關稅卻可說對德國所有工業產品一網打盡。〔註 67〕簡言之，德國發動關稅大戰可說吃力不討好，因為先天資源的限制，她需要美國的程度大於美國需要她的程度，所以結果是可預見的。

不過德國的關稅法案就短期而言，至少成功扭轉了其面對美國的下風達十年之久，從這個角度來看，至少可以提供她與美國商業談判的籌碼，獲得美國一些讓步。除了針對穀物產品之關稅，德國又擴大打擊面，在 1880 年（光

〔註 64〕Boch, *Staat und Wirtschaft im 19. Jahrhundert*, p. 96.
〔註 65〕LaFeber, *The Cambridge History of American Foreign Relations*, V. II, p. 110.
〔註 66〕Holborn, *A History of Modern Germany*, p. 269.
〔註 67〕Keim, *Forty Years of German-American Political Relations*, pp. 66～67.

緒6年）6月15日，由德皇威廉一世下令，禁止美國除了火腿、培根以外的豬肉產品進口至德國，理由是美國豬隻患有「旋毛蟲病」（trichinosis），食用病豬會造成傳染病。〔註68〕到了1883年（光緒9年），德國又擬定全面禁止美國豬肉產品進口，這次連火腿、培根也不得倖免。〔註69〕對於德國此一連串打擊其豬肉產品的措施，美國強烈抗議，先是指出美國豬隻患有「旋毛蟲病」的指控既無事實根據、也不公平，而且進口美國豬肉對德國本身也是有利，因爲便宜的美國產品可以造福德國的貧窮階級，何況降低美國豬肉進口稅又可以幫助德國製造業者。〔註70〕豬肉事件越演越烈，最後美國總統阿瑟（Chester A. Arthur，1829～1886）出面邀請德國組成專家代表團來美國調查豬隻畜養的情形。〔註71〕德國不但婉拒阿瑟總統的建議，更悍然通過了完全禁止美國豬肉產品進口的法令。〔註72〕就在這個商業僵局形成之際，偏偏時任美國駐德公使之薩根特（Aron A. Sargent，1827～1887）在向德國外交大臣哈慈菲爾德（Paul von Hatzfeld，1831～1901）表達美國的關切與抗議時，未經國務院之允許，即擅自訴諸激烈的言詞：

> 只要美國是個龐大而且日益成長之德國製造業的消費者，而且美國出口至德國食品又是交易大宗的商品，如果美國所提供相對的貨物被拒絕，則貿易的法令必然決定美國人另由他處進口所需商品。只要有這樣的信念，排斥美國豬肉產品的原因並非其不健康，而是另有原因，即使美國國會不以立法來面對此問題，前述結果可能還是會發生。當然，如果德國專家在美國當場公正檢驗顯示危險之不健康狀態存在，這樣的信念也就無由產生。〔註73〕

薩根特公使或許是無心之過，只是想強調事情的嚴重性，卻深深觸怒了俾斯麥政府，以致儘管美國國務卿弗里林海森（Frederic T. Frelinghuysen，1817～1885）訓斥薩根特並命令其向德國政府解釋：美國絕對無威脅之意，一切純是誤會。但已無濟於事。而且薩根特公使在德國又與德國國會之反對黨有來往，因此俾斯麥悍然要求弗里林海森國務卿召回薩根特這個美德關係史上

〔註68〕*FRUS* 1882, p. 158.
〔註69〕*FRUS* 1882, p. 320.
〔註70〕Keim, *Forty Years of German-American Political Relations*, pp. 67～68.
〔註71〕*FRUS* 1883, p. 335.
〔註72〕*FRUS* 1883, p. 335.
〔註73〕Sargent to Hatzfeld, Feb. 23, 1883, *FRUS 1883*, pp. 341～342.

第一個在柏林不受歡迎（persona non grata）的美國人。弗里林海森國務卿爲求美德關係和諧起見，同意召回薩根特公使，並且改以美國前駐奧地利公使、素來仰慕俾斯麥的卡森（John A. Kasson，1822～1910）出任駐德公使。〔註 74〕

然而，美國國會之外交委員會在國會決議下，仍然決定授權美國總統，可自行斟酌，以公告方式排斥任何以不公平歧視禁止美國產品進口的外國，惟這個條款在當時卻沒有通過。〔註 75〕但是德國完全禁止美國豬肉產品進口的僵局卻一直持續下去，直到德國新皇威廉二世 1888 年（光緒 14 年）登基、俾斯麥首相於 1890 年（光緒 16 年）下野之後，仍在僵持。這期間美國也想出了以豬隻健康理由來拒絕德國豬肉產品的報復手段。1890 年（光緒 16 年），美國同時通過了「肉品檢驗法」（The Meat Inspection Act of 1890）與「麥金萊關稅」（McKinley Tariff）兩項法案。前者授權總統禁止歧視美國產品的國家出口產品至美國；後者則是由當時共和黨的國會議員、後來成爲美國總統的麥金萊（William McKinley，1843～1901）所提出的關稅保護法案，其大意爲對本國製造商，以補助金取代關稅，而如果有任何出口產品至美國的國家在本國實行其不合理關稅，則美國亦得重啓關稅。這項關稅法案涵蓋了所有美國進口的商品，有些商品關稅提高，有些商品關稅降低或甚至全免，完全視該商品進口國對美國出口商品的態度而定。由於這兩項法案雖然看似並非專對德國而來，但是由於德國完全禁止美國豬肉產品進口，現在根據「肉品檢驗法」，美國將可斷然報復，也完全禁止所有歧視美國產品之歐洲國家、包含德國的豬肉產品進口至美國；而且「麥金萊關稅」復對德國糖業產品威脅極大，蓋當時德國糖業在 1889（光緒 15 年）、1890 年（光緒 16 年）間佔美國進口糖業產品的 16%左右。〔註 76〕事情演變到此局面，德國不低頭也不行，而且堅持農業保護關稅之俾斯麥的去職，也有利於兩國再以外交折衝之手段來化解歧見，尋求商業僵局的化解。

總之，德國不但在 1879 年（光緒 5 年）起，即以美國豬隻染病爲由，禁止其進口，而且還鼓動其他歐洲國家跟進，一起制裁美國。根據統計，此已危及到約 12 億磅的美國豬肉產品外銷，直到 1891 年（光緒 17 年）哈里遜（Benjamin Harrison，1833～1901）總統威脅德國，將進一步對其甜菜課以保護性關稅後，德國不得不鬆動，並且也降低對美國其他產品的保護關

〔註 74〕Jonas, *The United States and Germany*, pp.38～39.
〔註 75〕Keim, *Forty Years of German-American Political Relations*, p. 71.
〔註 76〕Jonas, *The United States and Germany*, p.39.

稅。〔註 77〕果然，就在 1891 年（光緒 17 年），美、德兩國的外交人員密集談判之後，於同年 8 月 22 日，由德國駐華盛頓代辦穆默（Alfons Mumm von Schwarzenstein，1859～1924）〔註 78〕與美國國務院對外談判專家科士達（John W. Foster，1836～1917）〔註 79〕簽署了「薩拉多加協定」（Saratoga Agreement）。根據該協定，德國允諾美國豬肉產品恢復出口至德國，而且也會將德國對歐洲國家施行的關稅優惠沿用至美國農產品；美國則承諾不會對德國施行「肉品檢驗法」，蓋該法授權美國總統禁止外國肉品進口，也允諾不對德國精糖業實行「麥金萊關稅」的保護條款。〔註 80〕如此，困擾雙方達十餘年之久的商業僵局，暫時有了解決的餘地，兩國的關稅大戰暫時休兵，不過其結局卻回到德國在 1879 年（光緒 5 年）首度實施保護關稅以前的局面，美國挾其各種工、農業優勢，大肆衝擊德國國內市場，而德國在有求於美國的困境之下，對比美國的商業處境卻是更糟。對於「薩拉多加協定」，日後擔任德國首相的布洛夫（Bernhard von Bülow，1849～1929）認爲：德國之全面給予美國產品等同其他歐洲國家產品最低稅率一事，適足以證明德國將 1828 年（道光 8 年）之《美普條約》賦予最廣義之解釋，故此給予美國充分之最惠國待遇。〔註 81〕無論如何，吾人由此觀之，可以發現德國在當時與美國重修舊好之渴望。

美德關稅大戰雖然暫且弭兵，影響已深，尤其保護主義既可調整經濟之蕭條，而且刺激德國公司數目減少，出現大的財團，這些財團用保護關稅來確保國內市場，同時又以向外傾銷來促進對外貿易，而獲取更大利潤的可能性，就是一些需要建設鐵路和工廠的地區與國家。〔註 82〕長此以往，則中國即成爲德國發展目標。直到 1890 年（光緒 16 年），德國的經濟仍然沒有從保護主義中完全復甦，新任首相卡普里維更認識到了保護主義嚴重的國際經濟後果，因爲工業化各國之間的經濟戰將毒化歐洲政治關係，以致於「一個由狹隘的民族經濟所組成的歐洲，必將有一天會被美國所統治。」〔註 83〕

〔註 77〕LaFeber, *The Cambridge History of American Foreign Relations*, V. II, p. 78.

〔註 78〕此穆默即爲庚子事變時期繼被戕之克林德（Clemens Freiherr von Ketteler，1853～1900）爲德國駐華公使者。

〔註 79〕科士達於 1892 年短暫出任美國國務卿；甲午戰爭時，又擔任李鴻章馬關議和之顧問。

〔註 80〕Keim, *Forty Years of German-American Political Relations*, pp. 74～75.

〔註 81〕Keim, *Forty Years of German-American Political Relations*, pp. 76～77.

〔註 82〕李工真，《德意志道路：現代化進程研究》（武漢：武漢大學出版社，2005），頁 205。

〔註 83〕李工真，《德意志道路：現代化進程研究》，頁 208。

這就是爲何他希望歐洲國家能推行自由貿易區，對抗美國的原因。華盛頓官員也對《泰晤士報》表示：德國因爲美國的新關稅法案對其甜菜不利，開始商業報復。德國大使已經通知國務院，因爲紐約出口至德國的牲畜及鮮肉近來有兩起「德州燒熱」病，因此禁止美國此類進口商品；而德國農業部也宣稱，這種被感染的牲畜不可能運往德國。〔註 84〕德國、法國、比利時、丹麥、荷蘭等歐洲國家皆對美國貿易設限，其中德國計劃對出口糖類補助藉以彌補美國有差別待遇關稅的影響，而美國關稅正是歐洲國家報復美國的原因。不過 1894 年（光緒 20 年），美國自法國、德國進口之課徵關稅的貨物總値爲 8,600 萬美元，主要是酒類、乾貨、絲綢，而美國進口總値爲 1 億 1,800 萬美元；而美國對法國出口爲 5,300 萬美元、對德國出口爲 9,000 萬美元。因此，若這些歐洲國家果眞施行報復政策，可能自己本身會遭受重創。〔註 85〕關於美德的關稅問題，外交大臣馬沙爾在答覆國會議員質詢時，表示德國不會向報復關稅低頭，但是德國願意在兩國現有條約基礎上，以符合兩國如此重要廣泛關係的精神，與美國討論商業問題。而且德國有權要求互惠的友善情感。〔註 86〕

尙有値得深思的一點，則是畢斯麥的保護關稅卻惡化了其全力修好的德俄關係。就此角度而言，日後威廉二世在遠東迎合俄國的政策在俾斯麥時代就埋下了種子，因而影響到遠東的美德關係。蓋德國 1880 年（光緒 6 年）元月實施的農業關稅法，也針對猛烈衝擊普魯士容克大農莊傳統中歐市場的俄國穀物產品。就俄國而言，克里米亞戰爭失敗以來，她也急於工業現代化，而農業出口的資金爲其工業化的關鍵所在。〔註 87〕而今俾斯麥政府的作爲，打擊了俄國的工業化，俄國益加怨恨德國。至於俾斯麥放眼未來，深恐出現跟容克階級競爭的現代化俄國，又在 1887 年（光緒 13 年）11 月實施了德國資本市場對俄國的封鎖政策，要求任何對俄國的投資皆須以俄國貨物或證券爲保證，並且拒絕將俄國貨幣再當成可靠的資產。〔註 88〕這樣的結果，卻反而使得無限需求資金突破工業化進展的俄國，另覓財源，使得法國與俄國接近。就這個角度而論，日後德國想再拉攏俄國，則須格外努力，例如在遠東迎合俄國。

〔註 84〕 *The Times*, Oct. 29, 1894.
〔註 85〕 *The Times*, Mar. 12, 1895.
〔註 86〕 *The Times*, Dec. 10, 1895.
〔註 87〕 李工眞，《德意志道路：現代化進程研究》，頁 212。
〔註 88〕 李工眞，《德意志道路：現代化進程研究》，頁 213。

不過美、德兩國最原本的融洽關係，畢竟一去不返，商業上的僵局雖然一時舒緩，卻是雙方各有根深蒂固的糾葛，稍有刺激，關稅大戰又會重燃戰火。1894 年，美國又出現了所謂的「威爾遜—高曼關稅法」（Wilson-Gorman Tariff）。〔註 89〕威爾遜提出此法案的原意是要減免關稅，而政府因之而失去的財政收入則以加收所得稅的方式彌補，但高曼在背後支持、所引起的普遍反對則使得這項法案違背原意，最後美國政府反而增多了保護關稅的項目。如此一來，連帶所及，直接影響到了美德貿易的雙邊關係，德國除了指責美國違反最惠國待遇精神以外，旋即藉口美國牛隻患有「德州燒熱」（Texas Fever）的寄生蟲問題，全面禁止美國牛肉與牛隻出口至德國，同時也反對美國新的鹽品關稅。〔註 90〕於是，雙方好不容易消弭的商戰怒氣，正是新仇加舊恨，再度一發不可收拾，又重新點燃了相互制裁的戰火。這也正是 1894 年（光緒 20 年）雙方商業關係的問題之所在。

這節所分析的美德關係，代表兩國關係在原有相互支持的基本利益之外，關係漸趨複雜而質變。蓋自 1870 年代，兩國步入全球化時期中的工業化國家之林，終究因爲同質性太強而發生衝突：兩國皆需要海外市場與原料，商業上遂成競爭對手，因之在國際經濟方面有種零和遊戲的趨向，尤其德國在從農業國家轉型爲工業國家的過程中，在 1870 年代末期遭逢重挫，俾斯麥在國內農工業雙重壓力下，必須祭出保護關稅的政策，企圖扭轉德國在國際經貿上的頹勢，而美國成爲其主要打擊目標，連帶也包括俄國。因之美德的關稅大戰將持續至二十世紀，成爲雙邊關係中動盪不安的因素，至於俾斯麥的關稅政策，也打擊了俄國的工業化計畫，實則埋下了俄國親近法國的遠因，導致德國需在甲午戰爭時親近俄國，扭轉德國在歐陸的戰略劣勢，惟美國與德國斯時在中國皆在追求各自的國家威望與影響力，進而在甲午戰爭時有了利益的衝突。

第三節　雙邊關係衝突的潛在因素

在此時期的美德關係中，卻有兩個有可能引發軍事衝突的潛在因素，必須說明。

〔註 89〕這個法案是以其贊成減低關稅與反對之的發起人、均爲民主黨籍的議員威爾遜（William L. Wilson，1843～190）以及高曼（Arthur P. Gorman，1839～1906）命名。

〔註 90〕Jonas, *The United States and Germany*, p.40.

一、「門羅主義」的影響

1809 年（嘉慶 14 年），沙俄才與美國建交；1819 年（嘉慶 24 年），沙皇亞歷山大一世（Alexander I，1777～1825）向美國政府建議，邀請其加入「神聖同盟」，這在美國看來是一劍兩刃：一方面美國可以獲得歐陸列強支持對抗英國，另一方面卻是美國不得阻礙歐陸列強向拉丁美洲殖民。〔註 91〕美國權衡下拒絕。1823 年（道光 3 年）11 月，由於沙俄對於奧勒岡（Oregon）的太平洋沿岸海峽提出領土主張，也由於「神聖同盟」企圖恢復西班牙在美洲的霸權，在這雙重刺激之下，美國的門羅（James Monroe，1758～1831）總統遂提出宣言，主張「(一)、美國不會參與歐洲列強間的事務；(二)、美洲大陸也不應成為歐洲干涉或殖民野心的目標。」〔註 92〕這就是所謂的「門羅主義」。學界或謂此即為華盛頓總統傳承之政策，其實華盛頓外交政策的根本精神，並不是「孤立主義」(Isolationism) 與「干涉主義」(Interventionalism)，而是美國須先有強盛的國力，才能阻止外國侵犯。而其所主張的保守外交政策，則是美國的政治、軍事負擔視國家利益而定；〔註 93〕至於門羅總統的原意實為當歐洲事務關係到美國時，美國就有理由介入歐洲事務。〔註 94〕對於當時的普魯士而言，才剛剛擊敗拿破崙、成為歐陸強權沒有多久，本身又是內陸國，沒有遠洋海軍，在顧及傳統友誼的考量之下，因此對於「門羅主義」不表反對。而當時的國際大環境，一方面歐洲列強猶在內鬥，另一方面也由於英國為了要制衡法國在美洲的發展，因此半世紀以來英國海軍無形中也支持美國，使得美國的「門羅主義」至少名義上得以施行。期間對於美洲最有干涉野心的國家，就是拿破崙三世的法國，但是他在德法戰爭後垮台。十九世紀中葉乃至末期，美國外交態度所以保守，是因為缺乏抵抗外侮的足夠軍力，直到 1890 年代海軍現代化成功之後，美國才能將國力向外伸展。〔註 95〕

德國統一後在俾斯麥執政期間，基本上也沒有侵犯「門羅主義」。例如在 1871 年（同治 10 年）底，由於南美洲的委內瑞拉、祕魯、巴西發生了政治騷亂，傷

〔註 91〕Gottfried-Karl Kindermann, *Der Aufstieg Ostasiens in der Weltpolitik* (Stuttgart: Deutsche Verlags-Anstalt, 2001), pp.53～54.

〔註 92〕Günter Moltmann, "Isolation oder Intervention: Ein Prinzipienkonflikt Amerikanischer Europapolitik im 19. Jahrhundert," *Historische Zeitschrift*, V. 208, Feb. 1969, p. 27.

〔註 93〕李本京，〈美國亞洲政策的制定〉，收入氏著，《美國外交政策研究》（臺北：正中，1988），頁 417。

〔註 94〕LaFeber, "The Evolution of the Monroe Doctrine from Monroe to Reagan," p. 6.

〔註 95〕李本京，〈美國亞洲政策的制定〉，頁 418。

害到了德國的僑民，在考慮與其他歐洲列強採取聯合行動之前，即先探詢美國的意見，得到菲什國務卿答覆：只要不是與其他歐洲列強聯合起來之高壓政治，美國不反對德國方面的「抗議」。德國向美國保證絕不佔領美洲任何領土。於是德國就不聯合歐洲列強，而是嘗試以外交方式與拉丁美洲國家解決問題。一旦其與祕魯外交關係破裂時，美國旋即出面代表德國利益，與秘魯當局磋商達成仲裁協定。其後在 1872 年（同治 11 年）之海地、1878 年（光緒 4 年）之尼加拉瓜，〔註 96〕當德國強勢要求該些國家解決其僑民與地方當局之爭端時，美國未曾抗議。這都是俾斯麥保障不侵入美洲的效果。惟柏林當局還派遣一支 6 艘軍艦的艦隊前來尼加拉瓜，保護德國投資者，甚至向尼國索賠 3 萬美金並向德國國旗敬禮謝罪（圖一）。尼國一一照辦。除了前述之尼加拉瓜等事件之外，尚有一小插曲就是 1874 年（同治 13 年），謠言盛傳，謂德國與丹麥洽談購買丹屬西印度群島（the Danish West Indies）。這件事引起美國政府的關切，後經由駐德班克洛夫特公使向俾斯麥政府探詢，證明是空穴來風。〔註 97〕不過在 1870 年代，由於德國勢力迅速崛起，同時英國在薩爾瓦多、尼加拉瓜、哥斯大黎加還有一定勢力，可是此際德國勢力益發壯大，在哥斯大黎加就只次於英國，成爲第二大咖啡出口業者。1880 年代初期，德國派駐此地區的外交官，甚至指控美國對該地懷有帝國主義的企圖，然而俾斯麥政府在美國負面態度下，至少採取了表面撤退的態度。總的來說，一方面美國尚未有硬實力將「門羅主義」提升至國家根本利益的層級，動輒以武力要脅可能侵犯美洲的歐洲列強，而德國到俾斯麥政權結束爲止，對於美洲事務的關心，主要也是經濟利益與移民問題，基本上也樂意尋求美國支持來解決問題。但是事情卻在 1890 年代有了變化，蓋自彼時起，德國經濟、戰略利益依然大幅成長，故德國沿著大西洋海岸建立了交通網路，供其日益增多的產品出口至世界各市場。這種趨勢也使得美國在 1882 年（光緒 9 年）起，就由布萊恩（James G. Blaine，1830～1893）國務卿主導，

〔註 96〕1878 年意外發生在尼加拉瓜之「埃森史杜克事件」（Eisenstuck-Affäre），卻對美德關係有影響。埃森史杜克（Paul Eisenstuck）爲德國駐尼國名譽領事，彼在該國生活多年，卻因繼女離婚之事，遭致意外。先是 10 月 23 日，女婿尋釁生事，連發三槍，無人傷亡；11 月 29 日，因女婿再次襲擊，埃氏反遭尼國軍警毆打逮捕，雖因外交官身份獲釋，尼國法院最後竟將此事定位爲失婚丈夫欲挽回妻子的「家庭糾紛」。https://de.wikipedia.org/wiki/Eisenstuck- Affäre 美國對於德國關於「埃森史杜克事件」之回應，低調以對，並且外交上協助德國，惟對德國在中美洲日益增多的活動，阢隉不安。

〔註 97〕Mr. Bankcroft to Mr. Fish, Jan. 09, 1874, *FRUS 1874*, p. 439.

推動泛美運動（Pan-American Movement）來對抗英國及德國的勢力。〔註 98〕布萊恩在經濟方面採取互惠關稅的做法，增強美國與拉丁美洲國家的貿易關係；外交上又召開拉美國家論壇，由美國來調解拉美國家之間的紛爭。長此以往，美國在 1890 年代初期，基本上就已掌握住拉丁美洲。尤其在此十年間，美國工業產品已有過剩現象，亟須拉丁美洲的市場來吸收，可是這些市場卻被英國、德國分食大半，〔註 99〕而美國與拉丁美洲還存在貿易逆差，主要就是美國仰賴該地的工業原料。1890 年代，德國已經取代英國，成爲美國在加勒比海與西南太平洋最大的威脅。誠如美國駐德大使懷特（Andrew D. White，1832～1918）所言，因爲美西戰爭，德國對美國已經普遍存有惡感，而在帝國某些區域則有深深的敵意。事實上，如果美國只安於一個大陸的話，德國可以極爲友善，但是隨著美國門羅主義與海軍的強化，在全球重要地點跟德國都有利益衝突，兩國關係勢必有所惡化。〔註 100〕

圖 1　尼國升起德國國旗謝罪圖

1878 年 3 月 31 日，在前來尼國問罪之德國軍艦監視下，尼國當局升起德國國旗，向之敬禮，以表謝罪。此圖背景即爲德國軍艦。雖然時空背景不同，惟此次俾斯麥政府的礮艦外交卻令人想起 1897 底的中國膠州灣事件。資料來源： https://de.wikipedia.org/wiki/Eisenstuck- Affäre

〔註 98〕LaFeber, *The Cambridge History of American Foreign Relations*, V. II, p. 72.
〔註 99〕LaFeber, *The Cambridge History of American Foreign Relations*, V. II, p. 76.
〔註 100〕LaFeber, *The Cambridge History of American Foreign Relations*, V. II, p. 171.

二、薩摩亞的外交紛爭

位於南太平洋，約當南緯 13 度至 15 度、西經 168 度至 173 度之間的薩摩亞群島（Samoan Islands；Samoainseln），從 1870 年代起，意外成爲美德關係試煉的實驗床。薩摩亞人（Samoan）爲玻里尼西亞人（Polynesian）的一支，直到十九世紀後半葉，向由當地土著世襲統治，在帝國主義狂潮幾乎淹沒全球的時代，堪稱獨立自主的王國。當地主要經濟作物爲椰子、可可，典型的南太平洋島國。但是薩摩亞卻有著重要的地理位置，對美國來講，若它發展太平洋的勢力，則從夏威夷邁出步伐之後，往紐西蘭而去的太平洋中間，即爲薩摩亞，因此彼處隨著美國實力的壯大，戰略地位也就水漲船高。薩摩亞與西方世界的接觸相當晚，在整個十八世紀，主要是荷蘭人、法國人零星的造訪。至於美國與薩摩亞的接觸，遲至 1830 年代開始才有了較頻密的發展，有時美國的捕鯨船會來到薩摩亞，而美國在 1838 年（道光 18 年）發動了所謂「美國探勘遠征隊」（United States Exploring Expedition）的太平洋探勘計劃，海軍軍官威爾克斯（Charles Wilkes，1798～1877）所率領的艦隊造訪了薩摩亞，並且委託英國人威廉斯（John C. Williams，1819～1874）在薩摩亞代理美國領事的職務。不過美國國務院卻不承認威廉斯爲美國領事，只承認他爲「美國商業代理人」（Commercial Agent of the United States）。〔註 101〕不過這可說是美國勢力進入薩摩亞之始，而美國海軍雖然當時實力不強，但至少就有了經營薩摩亞的規劃。但是當時世界海上的霸主英國，不但很早就將南太平洋納入了她的勢力範圍，而且在基本上仍能獨立自主的薩摩亞業已設立了領事館，可說佔據了獨霸的地位。到了 1850 年代，當時身爲北德意志邦聯的漢堡王國（Hamburg）治下的貿易公司，「歌德佛洛父子」公司（Godefroy and Son）也在薩摩亞建立了兩間珊瑚工廠，標誌了日後德國勢力的發展。於是從 1850 年代起，薩摩亞就有了三股西方國家勢力進入，暗潮洶湧，埋下了日後紛爭的源頭。

三強一段彼此相安無事的時間，持續了二十年，卻從 1870 年代起，當美國從內戰的泥淖中重新振作、德國方才統一德意志地區，薩摩亞局勢立即有了日益尖銳的轉變。美德關係方面，隨著德國在薩摩亞優先發展的計劃，兼之美國也在尋求太平洋的前哨站，就蒙上了雙邊關係一個嚴重的陰影，而起初薩摩亞問題看來微不足道，卻演變成十九世紀八十年代雙方的政治摩擦

〔註 101〕George Herbert Ryden, *The Foreign Policy of the United States in Relation to Samoa* (New York: Octagon Books, 1975), p. 574.

點，需靠談判解決問題。〔註 102〕而薩摩亞問題，更有史家認爲整個事件的重要性在於：美國首次注意到了德國的強權地位，深怕德國實現了其薩摩亞的野心，就會妨礙到美國的野心。〔註 103〕先是在 1870 年（同治 9 年），美國民間的商業認爲要發展舊金山與紐西蘭之間的輪船客運，薩摩亞是個理想的基地，對之有越來越濃的興趣，而外交界與海軍部都有人呼籲美國政府與薩摩亞建立條約關係，並且在該地建立煤炭補給站。但是另一方面，德國的大動作卻引起了美國的高度關切，造成了兩國關係因爲一列兩國人民恐怕都不清楚其地理位置的島嶼而引起之紛爭。1871 年（同治 10 年），德國駐薩摩亞領事，據說是出於己意、未獲得新成立之德國外交部同意，逕自通知美國商業代理：德國將領有薩摩亞群島。此事立刻引起國務院關注，美國駐德大使班克洛夫特奉命向德國外交部交涉，獲得德方澄清絕無此事。〔註 104〕然而這只是薩摩亞爭端的開始。到了 1872 年（同治 11 年），美國方面甚至有人假造了以「薩摩亞酋長與統治者」名義所寫的請願書，要求美國總統兼併薩摩亞；亦在 1872 年（同治 11 年）2 月 17 日，美國海軍提督米德（Richard W. Meade，1837～1897）率艦造訪薩摩亞，擅作主張，與薩摩亞第三大島圖圖伊拉（Tutuila）酋長馬加（Oau O. Maga）簽署了將之設立爲美國半保護國的條約。對於這些動作，國務院都置之不理，至於國會也沒有批准米德所立之約。〔註 105〕薩摩亞人之和米德簽約，是因其畏懼英國與德國的野心，因此企圖利用美國來制衡彼等。〔註 106〕但是米德的條約卻也引起了美國總統格蘭特（Ulysses S. Grant，1822～1885）的興趣，因爲根據該約，圖圖伊拉島的帕果帕果（Pago-Pago）港（圖 2）可以成爲美國獨占的海軍港口，所以格蘭特政府一方面又在研究如何在不承擔保護薩摩亞之條約義務的情況下，可以使用該港口，這卻引起了德國駐薩摩亞領事韋伯（Theodor Weber）的警戒與抗議，他寫信向馬加抗議，理由爲圖圖伊拉島若干地段已經授與一個德國人，因此他需要保護該德國人的權利，也因此不能承認米德條約的效力。〔註 107〕翌年，美國總統格蘭特卻低調派出了史坦柏格上校（A. B. Steinberger，1840～1894）

〔註 102〕Leusser, *Ein Jahrzehnt Deutsch-Amerikanischer Politik*, p. 4.
〔註 103〕Leusser, *Ein Jahrzehnt Deutsch-Amerikanischer Politik*, p. 4.
〔註 104〕Jonas, *The United States and Germany*, p.42.
〔註 105〕Jonas, *The United States and Germany*, p.42.
〔註 106〕LaFeber, *The Cambridge History of American Foreign Relations*, V. II, p. 88.
〔註 107〕Keim, *Forty Years of German-American Political Relations*, pp. 114～115.

去實地考察薩摩亞的地理環境。在發給史坦柏格的訓令裡，國務卿菲什強調：

> 也許在不久的將來，美國利益不但在薩摩亞群島要求一個海軍站，也會要求一個美國輪船以及其他船隻都能自由而安全頻密停泊的港口，這並非不可能之事。關於該群島完全正確的情報就有必要，才能使得政府決定爲達此目標所適宜的手段。
>
> 在你跟該群島酋長溝通的過程中，你必須告誡之不要輕授土地予個別的外國人。已在南半球殖民的歐洲列強，通常將這類土著所授權利視爲無效，而且盡可能也會將此規則視作適用於薩摩亞群島。我們期望，你會格外小心避免與涉及本國和任何外國之任何人，有官方或非官方的會談。你要謹記在心，你並非正式派駐外國的正常外交代表，而是特殊秘密人員，任命的唯一目標就是獲得航海家群島（Navigators' Islands）完全正確的情報。〔註 108〕

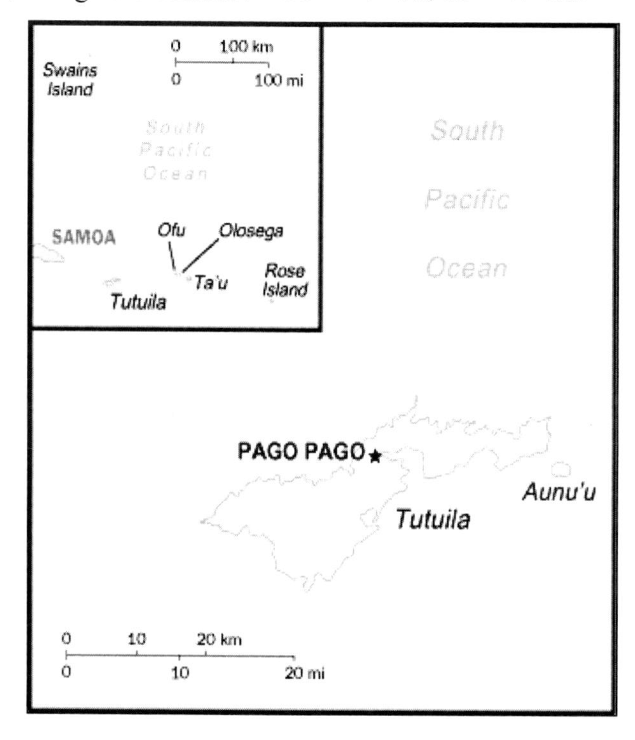

圖 2　美屬薩摩亞地圖：圖中星號處就是帕果帕果港（Pago Pago）。

資料來源：http://country.bridgat.com/American_Samoa.html

〔註 108〕轉引自 Keim, *Forty Years of German-American Political Relations*, pp. 116～117.

史坦柏格的機密調查報告，贊成兼併薩摩亞，但當時的美國政府有許多顧慮，不願妄動。不過史坦柏格個人卻在他的薩摩亞之行中，與酋長們建立了良好的關係，甚至出任薩摩亞的「首相」，爲薩摩亞訂立憲法，至少他在推行薩摩亞進一步被西方列強承認爲獨立自主的國家這一點上，在當時起了積極的作用，獲得英國、德國的支持，可是史坦柏格最大的目的還是促成薩摩亞成爲美國領土。由於其活動，越來越不受美國國務院的控制，而且也引起了英國、德國的猜忌，最後在美國國會也因爲各種關於史坦柏格的傳言而正視此事，開始調查時，格蘭特政府終於召回史坦柏格。〔註 109〕對於德國而言，其必定對史坦柏格厭惡至極，一方面因爲他的秘密使命威脅到德國在薩摩亞的利益，另一方面也因爲在德法戰爭期間，史坦柏格販售大量軍火予法國，而戰後史坦柏格還與法國有付款糾紛。〔註 110〕

在史坦柏格離開之後幾年，薩摩亞在三強環視中暫時又維持了幾年的風平浪靜。可是 1878 年（光緒 5 年），這次主要是澳州、紐西蘭也加入了覬覦薩摩亞的行列，在加上駐薩摩亞領事葛瑞芬（Gilderoy W. Griffin，1840～1891）的居中協調，美國與薩摩亞簽訂了正式的條約，美國獲得使用帕果帕果港的權利，薩摩亞則獲得在其與任何與美國友好國家產生紛爭時，美國會介入斡旋的保證。美國媒體頗以這次條約爲喜，謂之：「（美國）獲得了海軍軍港以及煤炭補給站，卻沒有陷入糾纏的聯盟或麻煩的義務。」〔註 111〕可是這反而使得情勢更複雜，因爲就在隔年，英國與德國也不甘示弱，也與薩摩亞簽訂了類似的條約，使得薩摩亞群島正式被分爲三大勢力範圍。而且山雨欲來風滿樓，特別是一直獨占該群島經濟利益的德國，也會有完全解決問題的企圖—通過外交手段正式獨霸薩摩亞群島。

原來前述史坦柏格所訂立的「憲法」卻給薩摩亞人遺留了後患。簡單言之，薩摩亞人基本上就分爲支持與反對「憲法」的兩派，爲此發生爭執主要就是爲了爭奪王位、甚至進而內戰，而內戰的結果就會破壞原本穩定的秩序，進而嚴重影響到德國的經濟利益。德國在保護其利益考量下，1883 年（光緒 9 年），悍然出兵薩摩亞，恢復了秩序，卻發現其商業利益的化身歌德佛洛父子公司的珊瑚事業已經瓦解，使得情勢益發混亂。當時俾斯麥的德國已經初步決定向海外擴張的帝國主義，在獲得非洲一些地方之後，德國也獲得了一

〔註 109〕Keim, *Forty Years of German-American Political Relations*, pp. 119～121.
〔註 110〕*NYT*, May 4, 1894.
〔註 111〕*NYT*, Apr. 10, 1878.

些太平洋還沒有被歐洲列強侵占的島嶼，如馬歇爾群島（Marshall Islands）、吉爾伯特群島（Gilbert Islands）、所羅門群島（Solomon Islands），而且正在與西班牙談判能否獲得卡洛琳群島（Carolines Islands），也在同英國交涉部分新幾內亞（New Guinea）的領土，就在這種背景之下，德國領事韋伯在德軍撐腰下，強迫薩摩亞土王成立了由德國主導的新政府，甚至在薩摩亞首都阿皮亞（Apia）（圖 3）升起德國國旗，而另一方面俾斯麥則向華盛頓表明，德國無意改變薩摩亞現狀，卻在國內加緊國會批准德國與薩摩亞的新約。至於英國，她可以用薩摩亞來交換其他地方，又可以拉攏德國，因此很樂於交易薩摩亞。〔註 112〕當然，德國還是很重視美國的友誼，又很樂觀以爲可以用外交方式獨霸薩摩亞。俾斯麥首相一再表示：在薩摩亞這樣一列遙遠又無足輕重的群島，和美國發生衝突則是憾事。〔註 113〕但是美國的反應卻出乎德國意料之外，因爲此時美國由於深怕被歐洲列強拒於西太平洋的門外，看待薩摩亞的重要性也就有增無減。易言之，美國是從地緣政治的立場看待薩摩亞，將之視爲永久性的國家利益，不可能讓步。這也就是國務卿貝亞德（Thomas F. Bayard，1828～1898）所說之：「維持美國已在太平洋獨立或自主當地政府下少數任何地區獲得之權利」，〔註 114〕並且鑒於德國在 1880 年代將北太平洋的馬歇爾群島（Marshall Islands）納爲保護領之後，就以實施在海關與其他法律程序面的歧視性手段，不但偏袒德商，更完全扼殺滅絕了美國在該群島的所有貿易，如果再任由薩摩亞完全淪爲德國保護領，則不但居住在薩島的美國人會遭殃，而且美國未來在該處的商業活動也會完全被摒除。〔註 115〕1885 年（光緒 11 年），貝亞德國務卿警告柏林：美國不會允許任何單一強權在薩摩亞有優先的商業地位，卻又違背了三強的默契，要求薩摩亞的獨立。翌年，英國卻在薩島支持德國，換取柏林在埃及支持倫敦。〔註 116〕1886 年（光緒 12 年），德國領事持續圖謀完全掌控薩摩亞，遂向當時薩王馬力塔歐（Malietao）提出根本做不到的要求，並繼而以大酋長塔馬謝謝（Tamasese）出任傀儡國王，而馬力塔歐則被德國放逐至馬歇爾群島。

〔註 112〕Jonas, *The United States and Germany*, p.44.
〔註 113〕Mr. Coleman to Mr. Bayard, Nov. 5, 1887, FRUS 1888, V.I, pp. 578～579.
〔註 114〕Mr. Bayard to Mr. Pendelton, Jan. 17, 1888, FRUS 1888, V.I, pp. 599.
〔註 115〕Henry C. Ide,"Our Interest in Samoa,"The North American Review, V. 165, no. 489, Aug. 1897, p. 168.
〔註 116〕LaFeber, The Cambridge History of American Foreign Relations, V. II, p. 89.

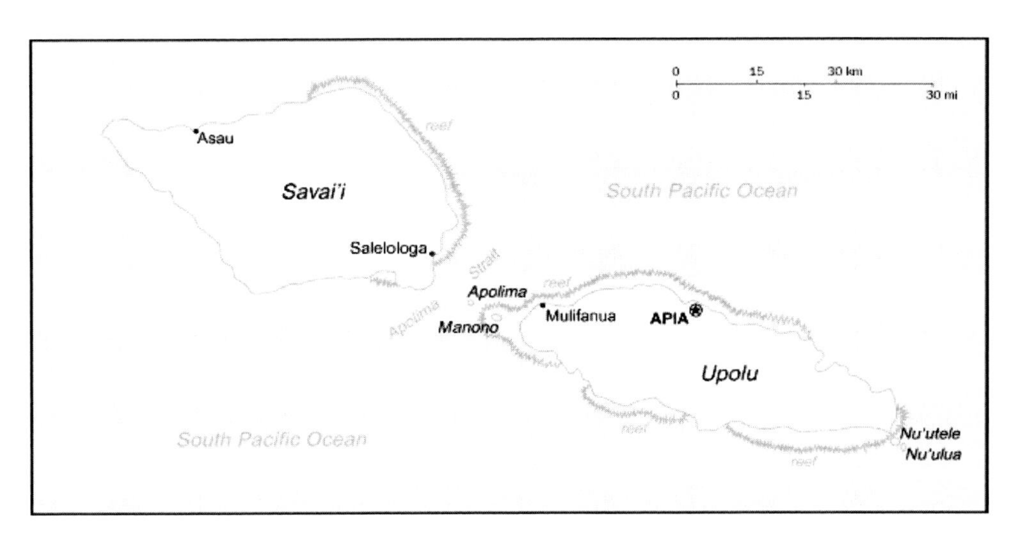

圖 3 薩摩亞地圖：圖中星號處就是薩摩亞首都阿皮亞（Apia）。

資料來源：http://country.bridgat.com/Samoa.html

爲此，貝亞德國務卿建議在華盛頓召開三國會議，以謀求問題的解決。德國與英國都同意，但俾斯麥也建議三國各自派代表去薩摩亞調查，再根據調查報告開會，也獲得三國同意。只是調查報告一如所料，各說各話，並且相互衝突。而華盛頓會議首度於 1887 年（光緒 13 年）6 月召開。在會議中，德國建議薩摩亞成立當地政府，但由德國顧問來指導國政，因爲德國在該群島有最大的商業利益。德國的立場獲得英國支持，蓋其時她需增強英德關係，以便在整個國際環境中對抗法國與俄國，所以她願意以薩摩亞換取德國支持。美國強烈反對德國提議，反建議薩摩亞的外交、內政、財政分別由德國、美國、英國掌控。三強在無共識之下，不歡而散。這也是美國「首次完全無助地與德國衝突。」〔註 117〕但是 1888 年（光緒 14 年），薩摩亞人不服德國處置者，遂在瑪塔法（Mataafa）自立爲王率領下，由英、美人士供給武器彈藥，發動內戰。在薩島首府阿皮亞以東的血戰中，參戰的德國水手在暗夜的椰子林中，傷亡慘重，50 人陣亡，甚至有數人被瑪塔法所部梟首示眾。至於塔馬謝謝落荒逃亡，旋即病逝。〔註 118〕美國和英國也加派軍隊至該島，共同保護僑民和財產，情勢有失控之虞。美國媒體開始攻擊德國，謂之「德國日益傲慢。」〔註 119〕在俾斯麥加

〔註 117〕Jonas, *The United States and Germany*, p.46.

〔註 118〕Henry C. Ide,"The Inbroglio in Samoa,"The North American Review, V. 168, no. 511, Jun. 1899, pp. 679～80.

〔註 119〕*NYT*, Jan. 25 1889.

強控制薩摩亞之後，艾迪（Alvey A. Adee，1842～1924）副國務卿總結薩摩亞情勢：或許就德國而言，薩島遙遠而無足輕重。但就我國言之，則是靠近又值得重視，因爲該群島如果落在一個海權國家手裏，將威脅到我國的太平洋側翼；此外，也威脅到所有南美國家的太平洋沿岸以及夏威夷；薩摩亞可以針對珍珠港。此即俾斯麥之盤算。〔註 120〕薩摩亞局勢依舊緊張。

德國爲了保住其薩摩亞的經濟利益，這次不得不讓步，向美國、英國保證，在不會損害該群島獨立、也不會危及美國與英國利益的前提下，三強應於柏林恢復談判，解決問題。德國並且於 1889 年（光緒 15 年）1 月下令薩摩亞德軍停止一切戰鬥行爲，不過鑑於薩摩亞的特殊局勢，這項停戰的命令並未立即執行，如果不是 3 月 15 日的颶風摧毀了幾乎所有國家的艦隻，只剩一艘英國海軍艦艇的話，當場就可能發生英國、美國與德國的海戰。〔註 121〕這亦顯示了美國已將薩島提升到了需用武力維護利益的層次。當時俾斯麥卻無法理解美國的戰略考量，選擇用外交解決雙方歧異，代表了兩國實力相當時（在薩島的案例，德國雖然在本土有強大的陸軍常備兵，但是海軍實力很薄弱），著重經濟利益的一方通常會對強調國家永久利益的一方讓步。柏林會議的結果，薩摩亞成了三國共管之地（condominium），這個條約除了要確保薩摩亞群島的獨立與中立之外，同時也要保障三強各自與薩島簽屬條約所獲之權利。參加共管體系，美國也就背離了其傳統的「迴避混亂糾纏的結盟」（no entangling alliances）政策。〔註 122〕美國史家斷定：美國的帝國主義 1877 年（光緒 3 年）即源起於薩摩亞，比 1898 年（光緒 24 年）兼併菲律賓還早二十年。〔註 123〕

在談判桌上，三強代表由於德國息事寧人的包容態度，最後議定薩摩亞將由選出的國王統治，大法官一名則由挪威—瑞典國王在三強同意下提名，至於阿皮亞市議會由三強同意後選出主席一名，並擔任國王顧問。阿皮亞市議會主席若三強意見不一時，則由瑞典、荷蘭、瑞士、墨西哥、巴西所提名人選中選出。阿皮亞市議會主席只有在三強一致同意下，才可以代表三強。易言之，德國不但從原本單獨派顧問主政的立場上退卻，而且本質上完全同

〔註 120〕LaFeber, The Cambridge History of American Foreign Relations, V. II, p. 89.
〔註 121〕Jonas, *The United States and Germany*, p.47.
〔註 122〕Ryden, The Foreign Policy of the United States in Relation to Samoa, pp. 518～519.
〔註 123〕Ryden, The Foreign Policy of the United States in Relation to Samoa, p. 519.

意了美國原本三強瓜分薩摩亞保護領的提議，〔註 124〕但是德國堅持瑪塔法因其梟首德國人的罪行，不得再任國王，遂迎回被放逐的馬力塔歐爲王。〔註 125〕

即使三強在柏林會議達成了上述協議之後，薩摩亞的情形卻仍是一團混亂，德國領事與美國領事依舊明爭暗鬥，兩國在薩摩亞要徹底和解無異癡人說夢。1891 年（光緒 17 年），原本退位的瑪塔法，卻因爲族人的堅持，改變初衷，繼續稱王，於是薩島又再次兩王並立。1893 年（光緒 19 年）夏，內戰又起，這次換瑪塔法潰敗，並且遭英、德共同逮捕，最後亦被德國放逐至馬歇爾群島。因此 1894 年（光緒 20 年），美國新任總統克里夫蘭（Stephen Grover Cleveland，1837～1908）就對國會表示：美國背離了一世紀以來尊崇的政策，簽訂了柏林條約，而薩摩亞一再發生的困擾，也顯示了與列強糾結同盟之失策。〔註 126〕因此，克里夫蘭總統第二任任期開始，與其國務卿格萊星姆（Walter Quintin Gresham，1832～1895）研究的結果，卻基於下列理由，原擬放棄薩摩亞：（一）該群島氣候不適於白種人居住；（二）商業上毫無價值；（三）當地原住民難以馴化；（四）當地新政府開銷太大，而且又使國務院煩心；（五）未能獲得原本希望的成果；（六）美國因之背離了傳統與最大利益，與糾纏不清的外國聯盟牽扯。〔註 127〕何況該處通訊不便，派駐當地官員容易因與母國溝通不良，誤判情勢。〔註 128〕

隨著與德國在薩摩亞糾結下去，兩國的雙邊關係在 1890 年代原本就已備受商業問題困擾，在在顯示裂痕，現在爲了在德國眼中應該對美國無足輕重的薩摩亞群島，雙方不但爲此地紛爭不斷，甚至一度面臨雙方海軍擦槍走火，爆發海戰的危機，自然兩國的媒體乃至一般人民，開始互生惡感。而對於美國來講，德國在薩摩亞的強勢作風，也使得美國滋生出德國將如何染指加勒比海與南美洲的恐懼，益發增加其發展海軍以對抗德國的戰略計劃。當然，雙方在外交上還是尋求盡可能的和解，畢竟傳統的友誼仍然主導著雙方交往的思維。

〔註 124〕Jonas, *The United States and Germany*, p.48.

〔註 125〕Ide, "The Inbroglio in Samoa,"p. 681.

〔註 126〕Grover Cleveland, Annual Message to Congress, Dec. 4, 1893, FRUS 1893, pp. viii～ix.

〔註 127〕Henry C. Ide,"Our Interest in Samoa," p. 155.

〔註 128〕薩摩亞混亂的局面，主要是因爲缺乏與外界連絡的電信通訊，因此三強派遣當地官員，在遠離中央政府情形下，難免因突然的緊張情勢衝動之下，做出未經授權又過份的決策，致使母國政府益增外交的紛擾。Ide,"The Inbroglio in Samoa,"p. 685.

第三章　美國與德國東來遠東發展的原因

第一節　美國與中國早期關係回顧

美國最早與中國接觸之始也是源於貿易關係。美國在獨立戰爭以前，當時北美十三州殖民地，也是透過其殖民母國英國的東印度公司對華貿易，交易的主要商品則是中國的瓷器、茶銷往美國，北美洲方面的人蔘與毛皮銷往中國。中國的瓷器產品主要是北美十三洲殖民地一般家庭所使用者，而中國的茶可以說成了當地多數人在無更好飲料可得情況下的選擇。在 1773 年（乾隆 38 年）12 月，波士頓人爲了抗議英國殖民的一連串增稅法案，就傾倒了東印度公司自中國廈門進口的茶葉，〔註 1〕這就是著名的「波士頓傾茶事件」（Boston Tea Party）。到了 1780 年（乾隆 45 年）左右，喝茶已成了大部分美國人的習慣。〔註 2〕但是北美十三洲移民對於中國的認識，可說幾近於無。即使美國獨立成功建國以後，其國父華盛頓講到中國時，甚至對於「了解到中國人並非白種人時極爲驚訝，雖然他已經知道『他們的外貌滑稽可笑』。」〔註 3〕美國第二任總統亞當士（John Adams，1735～1826）不但預測美、俄在北太平

〔註 1〕Warren I. Cohen, *America's Response to China: A History of Sino-American Relations* (New York: Columbia University Press, 2010), p. 2.

〔註 2〕Michael H. Hunt, *The Making of a Special Relationship: The United States and China to 1914* (New York: Columbia University Press, 1983), p. 7.

〔註 3〕Ernest R. May and James C. Thomson Jr, *American-East Asian Relations: A Survey* (Cambridge: Harvard University Press, 1972), p. 17.

洋的競爭，也提到了在北京、南京、廣州經商的可能；而開國元勳、第三任總統傑佛遜也強調美國對中國和印度的貿易將來要超越英國，而且提出了「與東方貿易應使列強盡皆平等」的概念，成為日後美國的外交政策。〔註4〕此可說即為日後在華「門戶開放」政策之源頭。從獨立建國成功的1780年代起，美國的商人想要從事海外貿易，因為受到英國的杯葛，不許美國船隻駛入英屬西印度群島，美國對外商品只能由英國准許的船隻在該群島轉運，而法國、西班牙也因為自己的經濟利益考量，往往排斥美國船隻進入其殖民地或港口，一時之間也就使得美國海外貿易困難重重。但是新生的美利堅合眾國商人們，卻有著不屈不撓的堅定意志，既然沒有了原本東印度公司獨占貿易的拘束，就拼命尋求對外貿易的突破口，這時遙遠的中國就成了開發的選項之一。

1784年（乾隆49年）2月，美國的商輪「中國皇后號」（Empress of China）在紐約商人投資下，帶著棉花361擔、鉛476擔、胡椒26擔、羽沙12,704匹、皮貨2,600件、人蔘473擔出發，同年8月底到達廣州，回航時又帶著紅茶2,460擔、綠茶562擔、棉布864匹、瓷器962擔、絲織品490匹、肉桂21擔，1785年（乾隆50年）回到紐約。「中國皇后號」共投資120,000美元，獲得純利卻為37,727美元，利潤高達了25%。〔註5〕如此在美國引起轟動，資本家遂競相來華貿易。

到了1790年（乾隆55年），中國商品占美國進口貨總值的1/7；1792年（乾隆57年），美國對華貿易總額超過了荷蘭、法國、丹麥等歐洲國家，只居於英國之後；1803年（嘉慶8年），美國對華貿易總額超過了全歐洲扣除英國之後，對華貿易的總額；而到達中國廣州的美國船隻，從1790年（乾隆55年）的14艘，成長到了1839年（道光19年）時，則在少則18艘、多則229艘之間的數目；在美國對華貿易的平衡方面，美國一向處於入超之地位，1795年（乾隆60年）其輸華貿易總值為1,023,234美元、輸入總值為1,144,163美元；1840年（道光20年）則演變為輸華貿易總值109,966美元、輸入總值為6,640,829美元。〔註6〕

〔註4〕李本京，《七十年中美外交關係》（臺北：黎明，1988），頁2。

〔註5〕李定一，《中美早期外交史：（一七八四至一八九四）》（臺北：傳記文學出版社，1978），頁9～10。

〔註6〕轉引自喬明順，〈1840年以前中美關係述略〉，中美關係史叢書編輯會、復旦大學歷史系編，《中美關係史論文集》（重慶：重慶出版社，1988），頁1。

在十九世紀初，美國人就已在探索對華鴉片貿易的可能性，到了 1820 年（嘉慶 25 年）左右，美國可能每年就從土耳其出口 133 噸的鴉片到中國，到了 1830 年代，鴉片貿易也就止住了美國因對華貿易逆差而流失的白銀。〔註 7〕但是無論如何，廣州時代的貿易，還是使得美國商人感到沒有國家出面保護其權益的不方便，越來越多人呼籲美國政府出面與中國正式談判建交，以保障美國商人在中國的活動。鴉片戰爭初起之際，美商更疑懼英國勝利甚或要求中國加開通商口岸，而且爲英國獨占性的口岸，有損其在華利益，遂極力要求美國政府速與中國建交，〔註 8〕因此更加有參與中國市場的盤算，一方面既承認自己是英國的小老弟（junior partner），一方面也開始學習英國的砲艦外交政策，雖然美國海軍相較英國只是聊備一格，但是幾次對華交涉也有了成功的經驗。及至中英《南京條約》（Treaty of Nanking）簽訂後，〔註 9〕泰勒（John Tyler，1790～1862）總統就派遣專使顧盛（Caleb Cushing，1800～1879）來華談判，其所賦使命則爲「須以等同英商所有之優惠條件，使美國船隻暨貨輪得以進入這些口岸（即廣州、廈門、寧波、福州、上海）。」（to secure the entry of American ships and cargoes into these ports [Kwang-chow (Canton), Amoy, Ningpo, Foochow, and Shanghai] on terms as favorable as those which are enjoyed by English merchants.）值得注意者，美國政府並無保護鴉片走私及獲取類似香港之租借地的要求；〔註 10〕泰勒總統另有致道光帝的國書，書曰：「吾國已授使臣全權與貴國締約以規範貿易。望此約公允、且於貴我兩國皆無不公受益之處」（Our minister is authorized to make a treaty to relegate trade. Let it be just. Let there be no unfair advantage on either side）；〔註 11〕韋伯斯特（Daniel Webster，1782～1852）國務卿則另有「美洲最強國家」與「亞洲最大帝國」國交該當如何爲宜的訓令。〔註 12〕顧盛在 1844 年（道光 24 年）2 月先來到澳門，開始與清廷官吏往來照會，討價還價，並且堅持

〔註 7〕Hunt, *The Making of a Special Relationship*, pp. 7～8.

〔註 8〕Samuel Flagg Bemis, *A Diplomatic History of the United States* (NY: Holt, Rinehart and Winston, Inc., 1965), p. 345.

〔註 9〕在《南京條約》中，由於中國堅持其他歐洲國家人民得以至新闢通商口岸從事貿易，英國不得持有異議。就此觀之，中國自身實爲其後之門户開放政策原則的奠定者。Bemis, *A Diplomatic History of the United States*, p. 345.

〔註 10〕Bemis, *A Diplomatic History of the United States*, p. 345.

〔註 11〕轉引自 Hosea Ballou Morse, *The International Relations of the Chinese Empire*, V. I (Taipei: Ch'eng Wen Publishing Company, reprinted in 1971), p. 322.

〔註 12〕Bemis, *The American Secretaries of State and Their Diplomacy*, V, p. 62.

要與欽差大臣會晤。〔註13〕由於顧盛是律師出身，早已研擬好各種對策，本身又是中國貿易的利益者，抵粵後，粵督程矞彩（1783～1858）奉詔告以無立約必要，彼則答以其無交涉權，堅持與欽差大臣會晤，或逕自北上京城，呈遞國書。〔註14〕由於其做出乘軍艦北上京城姿態，以向中國道光皇帝呈遞美國總統國書，又以軍艦開入黃浦江示威，〔註15〕清廷只得由耆英（1787～1858）接見，而顧盛雖同意不進京，卻提出「他日西洋別國，倘有使臣進京後，則凡所有本國使臣到中國者，均應以格外恩禮，款待北上」之要求。〔註16〕對當代的中國官員而言，美國是一個特別的難題所在：一方面彼等認爲，或可以覲見清帝的方式，換取其支持以牽制英國與法國；但另一方面，該國雖友善，又唯恐其不懂覲見的正確禮儀。〔註17〕最後兩廣總督兼欽差大臣耆英就在 1844 年（道光 24 年）5 月與之簽訂中美《望廈條約》（Treaty of Wanghsia）。除了「一體均沾」的最惠國條款、領事裁判權、基督教士的有關條款等等，在第五章再談以外，最特別的一點就是第三十三條規定之：

> 合眾國民人凡有擅自向別處不開關之港門私行貿易及走私漏稅，或攜帶鴉片及別項違禁貨物至中國者，聽中國地方官自行辦理治罪，合眾國官民均不得稍有袒護；若別國船隻冒合眾國旗號做不法貿易者，合眾國自應設法禁止。〔註18〕

由於美國人願意放棄鴉片貿易，〔註19〕而且其本國人士若販毒被中國逮住，美國絕不護短，任由該等奸商由中國按照中國法律懲罰。雖然可能是顧盛明

〔註13〕黃正銘，《中國外交史》（臺北：正中，1959），頁 77。

〔註14〕黃正銘，《中國外交史》，頁 77。

〔註15〕根據李定一之考證，由於原先跟顧盛接洽的廣東巡撫程矞彩，對軍事威脅的言辭根本未向清廷報告，以免「致涉煩瀆」，故清廷事前、事後都不知道。清廷是原本就有意與美國談判。參見李定一，《中美早期外交史：（一七八四至一八九四）》，頁 145。

〔註16〕傅啓學，《中國外交史》（上）（臺北：商務印書館，1979），頁 68。

〔註17〕Earl Swisher, *China's Management of the American Barbarians: A Study of Sino-American Relations, 1841～1861, with Documents* (New Haven: Far Eastern Publications, 1951), p. 49.

〔註18〕王鐵崖，《中外舊約章彙編》（北京：三聯書店，1982），頁 56。

〔註19〕護僑方面，美國不若英國據有香港做爲海軍基地，憑仗武力因應護僑所需，故外交上另定領事裁判權的條款，以遂其目的。同時美國復同意領事裁判權不得適用於從事走私、尤其鴉片之美國籍人民。惟走私鴉片之美國人，反覺《望廈條約》較之《南京條約》更爲有利，後者使得英國政府負有責任管束違反條約規定的英國人；前者則使得彼等不法之徒無需受美國政府約束。Bemis, *A Diplomatic History of the United States*, p. 346.

知中國海防薄弱，故作此語，〔註 20〕惟對於美國商人若私赴五口以外通商、或走私漏稅、攜帶鴉片及違禁貨物者，按中國法律由中國官吏治罪的條文，耆英認爲既係中國方面加入，「足見該夷遵守天朝法度，不敢任意妄爲。」〔註 21〕是故，美國這種善意的表示就贏得了中國方面的好感，〔註 22〕開始認爲美國人確實有別於英國人，對中國友好親善，這無形中對後來的中美雙邊關係有了深遠的影響。事實上，在所有列強之中美國也是唯一放棄對華鴉片貿易者。惟《望廈條約》比中英《南京條約》更進一步之所在，即爲不但兩國官員平等往來，並且兩國平民往來也隨之平等，〔註 23〕故此英爲美國開路，美爲英國拓展，可說是相得益彰的「母子國」。〔註 24〕此後，中美《望廈條約》則進一步成爲中國對外關係的法律母本，影響所及，法國、瑞典、挪威旋即跟進，例如 1847 年（道光 27 年），清廷與瑞、挪兩國建交。〔註 25〕

中美建交後數年，美國在華外交卻遲滯不前，〔註 26〕而且自從中美《望廈條約》以來的十年，華盛頓當局事實上並未下達特別訓令予歷任駐華全權公使，反而讓這些公使具有「極大的自由裁量權」（large discretionary powers），隨機制定政策，只是最後還要看華盛頓是否同意。儘管歷任公使手法不盡相同，但目標一致，亦即中國領土的完整與西方列強均等的商業特權，此即後世的「門戶開放」主義。〔註 27〕惟當時美國對華政策，主要是在維持條約權利與避免對華衝突兩方面保持平衡，如此勢必要求，駐華文官與海軍軍官不僅在處理涉華事務、就連彼此之間都需要智慧與耐心，但是基於個人特質、

〔註 20〕李定一，《中美早期外交史：（一七八四至一八九四）》，頁 178。

〔註 21〕蔣廷黻，《近代中國外交史資料輯要》（臺北：商務印書館，1982），頁 134。

〔註 22〕顧盛即宣稱耆英感受到了美國立約的公允善意。Morse, *The International Relations of the Chinese Empire*, V. I, p. 330.

〔註 23〕Kenneth S. Latourette, *The History of Early Relations between the United States and China, 1784～1844* (New Haven: Yale University Press, 1917), p.142.

〔註 24〕陳志奇，《中國近代外交史》（上）（臺北：南天書局，1993），頁 275。

〔註 25〕Bemis, *A Diplomatic History of the United States*, p. 346.

〔註 26〕一方面因爲公使個人因素，例如繼顧盛來華的首任公使文華業（Alexander Hill Everett, 1792～1847），1846 年（道光 26 年）10 月來華遞交國書，翌年 6 月病逝於任上，其繼任者卻要至 1848 年（道光 28 年）10 月方能履任；一方面復因爲國會之吝嗇，無法供給公使、秘書、領事足夠俸祿、津貼，相較之英國政策，尤顯不足。Bemis, *The American Secretaries of State and Their Diplomacy*, V.V, p. 327.

〔註 27〕Te-kong Tong, *United States Diplomacy in China, 1844～60* (Seattle: University of Washington Press, 1964), p. 36.

矛盾的目標、運氣不佳，卻使得美國海軍與外交人員，在華矛盾迭起，未能一致。〔註 28〕最顯著的特例就是，美國海軍東印度艦隊指揮官奧立克（John H. Aulick，1787～1873）與駐華公使馬沙利（Humphrey Marshall，1812～1872）的衝突。所謂東印度艦隊，通常只有三隻船駐紮在香港，而奧立克在 1852 年（咸豐 2 年）2 月抵港，並負有與日本建交的任務，卻因故被解職，即奉命待在香港，直到下任司令官交接爲止。翌年，馬沙利抵華，尋粵督呈遞到任國書未果，遂擬北上，找南京總督、甚或徑赴北京交涉，因此需要海軍護航。不意，彼認爲已解職的奧立克拒絕配合，並寫信告馬氏：彼只對海軍負責，惟有受命方能合作。馬沙利要求國務院釐清：海軍需幫助駐外使節的角色問題。由於國務院的消極與海軍部的本位主義，兼之中國的太平天國正方興未艾，美國需要格外審愼處理。於是馬、奧衝突並未解決。〔註 29〕外交與軍方的矛盾，在往後的中美關係上還會再擴大，令華盛頓當局焦頭爛額。1855 年（咸豐 5 年），伯駕（Peter Parker，1804～1888）牧師任駐華公使，他鼓吹美國佔領臺灣，不爲美國政府接受，在 1856 年（咸豐 6 年）的中英亞羅號事件時，伯駕與英國合作的策略發展到了極致，卻使得美國面臨兩種選擇：與英國合作，在戰敗的中國分享利益；或幫助中國，使得英國侵略得以停止。事情緊迫，使得華盛頓當局必須立刻做出決策，無暇再諮詢美商或公使意見。〔註 30〕由於此際正值布坎南（James Buchanan, Jr.，1791～1868）總統入主白宮，而他依據其在波克總統時期出任國務卿的經驗，對外交事務嫻熟，遂更改歷任總統做法，首先召回伯駕、代之以列威廉（William B. Reed，1806～1876），並由華盛頓主導，由國務卿凱斯（Lewis Cass，1782～1866）訓令新公使：如果你的交涉無效，就交由政府決定該採取之步驟。如此也就意味者華盛頓經由十年的經驗，開始確立並明瞭門戶開放的重要性。〔註 31〕

不過美國這種對華政策作法的改變，對其追求國家利益則益顯靈活。例如第二次鴉片戰爭之際，布坎南認爲英法聯軍關於公使進京、降低內陸貨品至通商口岸的稅金、增開通商口岸、外人傳教自由、取締海盜等等訴求，皆

〔註 28〕Curtis T. Henson, Jr., *Commissioners and Commodores: The East India Squadron and American Diplomacy in China* (Tuscaloosa: University of Alabama Press, 1982), p. 80.

〔註 29〕Henson, *Commissioners and Commodores*, pp. 86～91.

〔註 30〕Tong, *United States Diplomacy in China*, p. 37.

〔註 31〕Tong, *United States Diplomacy in China*, pp. 37～38.

爲正當合宜，故此美使列衛廉奉令以和平合作的方式，協助英法逞其所圖。〔註32〕列衛廉遂採用兩面手法，一方面通知清廷美國並非參戰國，亦無意干涉中國內政，美國唯一目的在於經商，也無意販售鴉片與中國，可以在中國與英法之間斡旋；另一方面，美國政府又嚴令列使美國向中國之索賠絕對不可假英國之手而獲。〔註33〕在在顯示了布坎南政府處心積慮要在中國維持親善形象的用意。而且美國爲了發展其影響力，首度提出斡旋中國與西方大國衝突的建議。

爾後，在中英《天津條約》談判期間，有學者以爲美國這種保持中立，其實是一種不勞而獲、坐享其成的政策，所謂「華盛頓政府十分樂意讓別人去搖中國蘋果樹，自己安心撿蘋果。」（The Washington government was quite content to let someone else shake the Chinese tree while it gathered the apples.），〔註34〕並趁著清廷疲於應付英法聯軍的窘境，於1858年（咸豐8年）6月與中國簽訂了中美《天津條約》，其第一條就規定：

> 嗣後大清與大合眾兩國並其民人，各皆照前和平友好，毋得或異；更不得互相欺凌，偶因小故而啓爭端。若他國有何不公輕藐之事，一經照知，必須相助，從中善爲調處，以示友誼關切。〔註35〕

這一條文，落實了布坎南政府斡旋中國與西方國家重大衝突善意的精神，爲中國與列強簽訂之條約中，唯一有此條款者，日後中國在與列強遇有重大而緊急事件時，即數次援引，向美國求援，其中也不乏美國主動援華的情形。這一條文，固然讓中國似可在危急時，多一助力，但反之，也讓美國對中國事務有個較其他列強寬廣、可以迂迴的空間。

基督教方面，美國在1830年代就先由裨治文（Elijah Coleman Bridgman，1801～1861）教士首先來中國傳教，至1839年（道光19年），受洗的中國教徒還不到100人。但是《中美望廈條約》簽訂後，美國與中國有了正式邦交，而其國旗與傳教士亦隨之大量湧向中國。美國傳教士在中國口岸，建立學校、醫院，並藉以傳教。由於美國基督新教教士基本上比較溫和，善於攏絡人心，無形中在中國也爲其政府散佈正面的形象。尤其到1860年（咸豐10年）以後，當時清廷還沒有設立大學，幾乎中國的大學都是由美籍教士或美國人所

〔註32〕Bemis, *The American Secretaries of State and Their Diplomacy*, VI, pp.369～370.
〔註33〕Bemis, *The American Secretaries of State and Their Diplomacy*, VI, p.371.
〔註34〕陳志奇，《中國近代外交史》（上），頁351。
〔註35〕王鐵崖，《中外舊約章彙編》，頁56。

創辦，因爲美國人認爲這樣可以吸收高層的中國人入教，〔註 36〕並進而擴大其勢力。同時，美國與中國商務也是與日俱增。

在 1860 年代，美國在中國各項利益原本理應進一步成長。畢竟，中國步入自強運動時期，極需大量的西方技術、顧問，但是美國卻因爲內戰關係，對中國沒辦法經營，各項關係，不進反退。以雙方最重要之商業關係而言，原本 1860 年（咸豐 10 年），美國全國出口貨物價值 4 億美元，進口貨物價值 3 億 6,200 萬美元，但 1861 年（咸豐 11 年）至 1865 年（同治 4 年）間，出口貨物價值平均 2 億 4,800 萬美元，進口貨物價值平均 2 億 7,500 萬美元，跌了大約三分之一；1860 年（咸豐 10 年），美國與中國貿易總額達 22,472,605 美元，到了 1865 年（同治 4 年）降爲 7,799,366 美元，銳減幾達三分之二。〔註 37〕而林肯（Abraham Lincoln，1809～1865）總統的駐華公使浦安臣（Anson Burlingame，1820～1870）卻對中國極爲友善，並富同情心。1867 年（同治 6 年）11 月至 1870 年（同治 9 年）2 月，他反被清廷聘爲中國特使，出訪美國與歐洲列強，在美國他與國務卿西華德（William H. Seaward，1801～1872）〔註 38〕簽訂了中國近代史上第一個對等條約《中美續增條約》（Additional Articles to the Treaty between the United States and the Ta Tsing Empire of June 18, 1858），中國史家稱爲《蒲安臣條約》。美國聲明不干涉中國內政，承認中國是一個平等的國家，並反對一切割讓中國領土的要求。至於中國何時開通電報、修築鐵路，何時進行改革，由中國自行決定。美國亦通過這一條約得到所謂移民的華工，〔註 39〕解決了內戰後修建太平洋鐵路勞動力緊缺的問題。浦安臣的行動，就是其後「門戶開放」政策的序幕，一方面表達了美國保護在華既得權利的意願，另一方面又強調美國不會對中國有領土要求、不干涉中國內政、尊重中國領土完整的決心。而《浦安臣條約》也包含了對歐

〔註 36〕李定一，《中美早期外交史：（一七八四至一八九四）》，頁 620。

〔註 37〕李定一，《中美早期外交史：（一七八四至一八九四）》，頁 396～397。

〔註 38〕西華德國務卿任內，遠東在其外交政策中，及其重要。其對華核心政策即爲列強機會均等、維護中國領土完整、合作保護外僑。惟因某些重要問題，也未完全排除對東亞諸國採用礮艦外交，例如彼曾建議列強共同出動海軍，迫使日本履行 1858 年（咸豐 8 年）之條約義務；又與法國商討出兵朝鮮，爲法國傳教士遭殺害以及美國船難事件索賠。Bemis, *The American Secretaries of State and Their Diplomacy*, VII, p.112.

〔註 39〕Ta Jen Liu, *A History of Sino-American Official Relations 1840～1990* (Taipei: Chinese Culture University Press, 1992), p. 37.

洲列強的嘲諷。〔註 40〕

至於華工的問題，卻引起日後美國與中國雙方嚴重的外交問題，美國針對此約的排華法案所引起之風波，甚至直到 1950 年代才算落幕。相對於在中國因爲基督教教士引起之糾紛，稱爲「教案」，中國因其僑民在美國受歧視所啓之糾紛，則是所謂的「僑案」。總之，「僑案」是美國與中國關係上的不名譽歷史。

到了 1870 年代，中國開始由李鴻章（1823～1901）負責的外交時代。照李鴻章的想法，美國是西方列強中對中國最無領土野心者。雖然美國之前也曾經有伯駕等人吞併中國領土的陰謀，但畢竟是個人行徑，絕非官方政策。李鴻章企望與美國的實業合作，取其資金與技術，發展中國的鐵路與礦藏，這主要是因爲美國實業，不像歐洲同業有其母國政府強力的支持，與美國企業家、工程師若是有糾紛，就遠不可能導致與美國政府的衝突。〔註 41〕但是李鴻章眼中的美國優點卻成了美國實業的缺點，因爲沒有美國政府的資金與外交上的支持，美國實業家要在美國募集足夠的資本參與中國的建設，就變得困難，以致於整個 1870、1880 年代，照說應有營利樂觀前景的美國本土實業界，沒有人敢在中國投資，於是李鴻章想跟美國人合作的理想遂因之破滅了。〔註 42〕

在外交方面，當 1879 年（光緒 5 年）日本吞併琉球時，李鴻章也嘗試用美國卸任總統格蘭特擔任中日兩國之間的調人。於是在同年 5 月，李鴻章在天津會晤了格蘭特，相見甚歡。格蘭特充當中國調人，卻對日本提出中、日瓜分琉球的提議，而他的調處還是失敗了。格蘭特對琉球問題，有他一套美國本位的思想，認爲中日應當結盟，如此歐洲列強就無機可趁。總之，在美國帶領下，東亞就可以抵抗歐洲列強自私的侵凌，保持和平，而且日本和中國都會滿心歡迎美國的保護與教導，而美國身爲無領土野心而且最友善之列強，也最適合、最有義務扮演這個角色。〔註 43〕李鴻章對於格蘭特調處失敗，自是滿懷失望，但是在日後對日本的外交中還是會繼續嘗試用美國人來化解危機。

美國與中國關係，從這個階段直至甲午戰前，表面上除了「僑案」問題繼續衝突之外，美國在華商業持續成長，基督教事業也日益擴大，尤其美國

〔註 40〕Kindermann, *Der Aufstieg Ostasiens in der Weltpolitik*, p.55.
〔註 41〕Cohen, *America's Response to China*, p.362.
〔註 42〕Cohen, *America's Response to China*, p.362.
〔註 43〕Cohen, *America's Response to China*, p. 122.

官方、私人在中日牡丹社事件、中法戰爭、甲午戰爭、庚子事變時皆援引中美天津條約，欲出面調處中國與列強的紛爭，使得中國官民皆感恩戴德，而美國在中國友好的形象也益發深植人心。這就是軟實力的象徵，而軟實力的增長則會伴隨國家影響力的成長。

第二節　美國在十九世紀後期向遠東擴張勢力的原因

從美國本土的內政因素來看，美國在 1865 年（同治 4 年）內戰結束後，進入了整頓內政的「重建時期」（Reconstruction）。「重建」面臨的重大問題就是如何使南方分離各州重返聯邦體系之內，而南方邦聯領導人以及黑人自由民的法律地位等等的解決方式，又引起了美國社會內部紛歧的爭論，這種種問題延續到了 1870 年代晚期，還是未能達到使黑人實質法律平等的地位，而其他社會問題也是叢生不斷。

在此背景之下，美國先是出現了一批新類型的擴張主義者，他們是鐵路巨擘、農業家、支持開鑿巴拿馬運河的人、〔註 44〕大資本家，鼓吹向外發展以紓解國內問題，他們的目標則是加勒比海地區以及亞洲想像中的財富。〔註 45〕而內戰後的美國國務卿西華德更是這種主張的靈魂人物，在他 1861（咸豐 11 年）至 1869 年（同治 8 年）任內，除了內戰時期外，一直極力鼓吹美國需要新的領土，用鐵路、輪船、電報將拉丁美洲、太平洋地區、亞洲與美國商業連結起來，完成美國的太平洋帝國，不過他主張在亞洲用商業方式的手段，而非砲艦外交。他的擴張領土方式之一是在 1867 年（同治 6 年），以 720 萬美元向沙俄購買阿拉斯加，而這筆交易為當代美國人詬病。無論如何，直至 1860 年代結束，亞洲已成了美國擴張主義的目標之一，但是因為美國本身的實力還不足以支持這個目標而暫時沒有重大動作。

美國國內的經濟，也在 1870 年代開始轉變，蓋從 1860 年代實施的各項政策，如國家貨幣、國家銀行、保護關稅、礦產教育、國內交通的改善、海外運輸的增強、外來移民的加入、農業的提升，使得美國在 1870 年代經濟就進入了快速成長的階段。其中國內交通的改善，就是指 1869 年（同治 7 年）

〔註 44〕巴拿馬運河可以連接太平洋與大西洋，節省美國的海運成本。美國從 1820 年代就在醞釀建設方案，但是遲至 1903 年才與巴拿馬簽約開鑿運河。在此之前，法國人在 1880 年就已先開鑿，1889 年宣告失敗。

〔註 45〕Schoonover, *Uncle Sam's War of 1898*, p. 54.

美國環太平洋鐵路之竣工，其構建工程主要就是離鄉背井的華工完成，但是彼等卻還飽受美國社會的排斥，引起前節所言之「僑案」。至於財富也因爲保護關稅的緣故，越來越集中在大企業手裡，開始製造新的社會問題，而這些問題又常伴隨著社會的動盪與騷動。美國經濟在 1873 年（同治 12 年）至 1898 年（光緒 24 年）間，經歷了三次挫敗，1873 年（同治 12 年）至 1878 年（光緒 4 年）、1882 年（光緒 8 年）至 1885 年（光緒 11 年）、1893 年（光緒 19 年）至 1898 年（光緒 24 年）。這些挫敗對美國人的生活有嚴重的影響，不只是衝擊到工業家、資本家、工人，連美國社會的失業者與邊緣人也受到波及，因爲至少還能勉強支持他們生活的社會補助也少了。這種情況持續下來，以致於 1890 年代的政治家、製造業者、資本家、船運業者都在想辦法尋求擴張來刺激貿易與投資，藉以舒緩國內的壓力。〔註 46〕

總之，根據產品生產過剩（Glut）的理論：產品生產過剩就是工廠倒閉、工人失業、社會痛苦的罪魁禍首。數以百萬計的美國人都吃不飽、穿不暖，居住、教育、醫療都成問題，美國國內這樣的生產過剩反而成了消費不足的表示。於是美國的政治家就需用社會帝國主義的方式來回應美國國內的社會問題，意即用國際活動來解決。該理論假設由於美國國內交通之改良，如美國環太平洋鐵路之竣工、港口及河運的改善，皆促使了美國穀物產品在歐洲、拉丁美洲、亞洲找到廣大的市場，可是國內工廠及礦場密集地帶，人口卻還是飢餓乃至營養不良。對此，美國政府就視出口可以刺激國內經濟活動，創造就業機會，就能夠撫平國內的社會問題。而更便宜、更快速的交通又可以增加出口。美國政府爲了讓企業界、勞工階級、資本有立即的出路，獲得利潤，也就需要更多貿易、投資選項、便宜的原物料、安全的交通、機會等等。這樣一來，由於歐洲工業化的國家也面臨類似的問題，美國與之就會在海外有衝突了。〔註 47〕

再從經濟數據來看，美國自從十九世紀後半葉，特別是南北戰爭結束後，政經情況穩定，工業化的進程突飛猛進，迄十九世紀末，工商業生產力已躍居世界頭等強國，以中日甲午戰爭的 1894 年（光緒 20 年）爲例，美國工業總產值爲 94 億 9,800 萬美元，英國則爲 42 億 6,300 萬美元、德國爲 33 億 5,700 萬美元，法國爲 29 億美元。而且一些前所未見工商鉅子的出現，諸如石油大

〔註 46〕Schoonover, *Uncle Sam's War of 1898*, pp. 58～59.
〔註 47〕Schoonover, *Uncle Sam's War of 1898*, p. 59.

王洛克斐勒（John Rockefeller，1839～1937）、鋼鐵大王卡內基（Andrew Carnegie，1835～1919）、銀行大王摩根（John P. Morgan，1837～1913），適足以說明美國工商業的發達，已到了人類史上空前未有之地步。〔註 48〕鋼鐵大王卡內基旗下工廠鋼鐵的總產量，到了 1901 年（光緒 27 年）時，甚至比英國一國產量的總合都還要多。〔註 49〕總之，從 1865 年（同治 4 年）至 1898 年（光緒 24 年），煤的產量增加 800%、鋼軌增加 523%、使用之鐵路軌道里程增加 567%以上、石油原油的產量也從 1865 年（同治 4 年）的 300 萬桶增加到 1898 年（光緒 24 年）的 5,500 萬桶以上。〔註 50〕

而農業的成長，也不遑多讓，例如從 1865 年（同治 4 年）至 1898 年（光緒 24 年），美國穀物的產量增加了 265%、玉米產量增加 222%、精糖產量增加 460%，〔註 51〕交通改善後，美國從芝加哥運輸 1 蒲式耳〔註 52〕的穀物到倫敦的成本，在 1900 年（光緒 26 年）之前的五十年之內，也從 40 美元劇降至 10 美元，如此則其農產品狂銷歐洲，玉米出口在 1897 年（光緒 23 年）到了頂端，銷出 212 百萬蒲式耳、小麥則在 1901 年（光緒 27 年）出口達到高峰，銷出 239 百萬蒲式耳。這股銷售狂潮也包括其他穀類、麵粉、肉類、肉類產品。〔註 53〕

如此一來，美國國內的工業、農業，總是不停施壓政府，爲他們尋求海外市場以及海外的原物料。可想而知，在如此壓力愈來愈沉重的負擔下，自 1890 年代起，任何總統執政的美國政府，都開始將海外擴張當作首要之務，儘管他們明知美國國際貿易的總額還遠遠低於美國國內貿易總額。而在擴張目標中，拉丁美洲已經不再能滿足美國的新需要，而放眼 1890 年代的世界，能夠殖民的地方早被歐洲列強搶光，位於遠東又廣土眾民、天然資源富饒的中國就成爲重要目標。

在美國逐漸從一個半邊陲國家轉變成爲睥睨世界工商業之巨人的過程中，社會氛圍也有了強大的自信，各界人士紛紛提出國家擴張的理論。美國

〔註 48〕福森科著；楊詩浩譯，《瓜分中國的鬥爭和美國的門户開放政策，1895～1900》（北京：三聯書店，1958），頁 1。

〔註 49〕Paul Kennedy, "The Rise of the United States to Great-Power Status," in Thomas G. Paterson and Stephen G. Rabe (eds), *Imperial Surge: The United States Abroad, the 1890s-Early 1900s* (Lexington: D. C. Heath and Company, 1992), p. 9.

〔註 50〕Kennedy, "The Rise of the United States to Great-Power Status," pp. 8～9.

〔註 51〕Kennedy, "The Rise of the United States to Great-Power Status," p. 8.

〔註 52〕蒲式耳（bushel）爲美國度量單位，1 蒲式耳等於 35.238 公升。

〔註 53〕Kennedy, "The Rise of the United States to Great-Power Status", p. 10.

本就是西方國家，其社會很早就瀰漫了達爾文的進化論，一向有人附和進化論的主張。例如美國當代著名的歷史學家布魯克斯·亞當斯（Brooks Adams，1848～1927）就主張：

> 無論何時，只要一個種族被賦予了活力十足的材料，而且該種族又不將它的能量都花在日常生活的奮鬥上，剩餘部份就可以財富的方式儲存起來。而這種儲存的能量又可以或者用征服，或者用經濟競爭上的優越性，在社群之間轉移。〔註 54〕

易言之，亞當斯就是主張美國人是這種活力十足的種族，應該向外擴張，以延伸並鞏固國家的力量。亞當斯的言論，又因爲其家世顯赫，曾祖父爲美國第二任總統約翰·亞當斯（John Adams，1735～1826）、父親則爲美國第六任總統約翰·昆西·亞當斯（John Quincy Adams，1767～1848），使得他的思想得以在當代美國有影響力的人物中，如後來的美國總統西奧多·羅斯福等等，產生作用。

另一方面，1890 年代的美國，也充斥著各種種族優越的理論。像美國移民主體的英國裔移民，就被視爲盎格魯——撒克遜人（Anglo-Saxons），爲世界上最優秀的進化民族。如果以一個滿分 10 分的標準來衡量，盎格魯——撒克遜人則是 10 分，而次佳的民族就是獲得 9 分之條頓（Teautons）民族的德國人。〔註 55〕在這種論調之下，美國各界也有許多人鼓吹美國政府應該分擔吉卜林（Joseph R. Kipling，1865～1936）之「白人的負擔」（White Man's Burden）理論，〔註 56〕參與統治劣等的民族。這種思想，在美國對亞洲、乃至中國的外交中，實則也有相當程度的影響。

1890 年代的美國，也由於其教士在海外的活動，日益頻繁，呼籲政府保護乃至協助他們在中國活動的呼聲也愈來愈高，而且他們有的人士甚至對於腐敗的清廷既歧視、又不滿，訴諸極端，難免有圖謀中國的想法。除了之前伯駕公使的圖謀臺灣，在中日甲午戰爭時，這些教會人士也泰半偏向日本，希望日本能狠狠教訓中國。而美國教士又日漸涉及了中國各地的教案，要求

〔註 54〕轉引自 Paul T. McCartney, *Power and Progress: American National Identity, the War of 1898, and the Rise of American Imperialism* (Baton Rouge: Louisiana State University Press, 2006), p. 53.

〔註 55〕McCartney, *Power and Progress*, pp. 57～58.

〔註 56〕吉卜林爲英國詩人，1899 年發表詩作〈白人的負擔〉，不論其原意爲何，卻被歐美帝國主義者視爲白人有義務統治次等文化背景的人。

美國政府介入，此時的美國政府，也就扮演著越來越活躍的「護教者」角色。例如在 1895 年（光緒 21 年）5 月的成都發生了排外暴動，搗毀了美國教堂，美國的克里夫蘭政府就加派數艘軍艦至中國長江的漢口巡弋，而且不顧清廷反對，派遣駐天津領事、海軍軍官、教士與英、法共組調查團，赴成都調查肇事原因並且參與審判定罪；而同年 7 月福建發生之「古田教案」，也波及到美國教會，美國又協同英國，派出軍艦在福建沿海示威，並派遣自己的調查委員會，參與審判、定罪。〔註 57〕這些行爲不但完全視中國主權爲無物，似乎也代表了向來對華親善之美國，由於國家體質的蛻變，對於中國也顯現了帝國主義的面向。

但是在這些理論之中，最重要的還是當代的美國，實則有國師級的理論大師，爲美國勾勒了在遠東如何發展的遠景。其一爲馬漢，他認爲美國承天景命，勢必在二十世紀成爲一個帝國主義海權國家，向遠東發展，而中國的長江流域更是必須支配的重心。在列強中，英國與美國在中國有著共同的利益，應該團結合作。馬漢最後預言，條頓民族爲主的海權國家，英國、美國、德國，外加日本，會與斯拉夫民族的俄國，在中國爲了利益衝突決一死戰，俄國終將失敗，但不得已時只好讓其擁有滿洲，不過就到此爲止了，海權國家萬不許俄國再進一步向海洋發展。〔註 58〕另一位大師則是前述的亞當斯，他主張國家會負債，一負債就需要找到能吸收其出口商品的市場來彌補赤字，東亞，尤其是中國，就是這個列強必定搶得頭破血流的市場。美國萬不能置身事外。不掌握中國市場，美國甚至有可能在未來解體；若成功掌握中國市場，美國將出落得遠比歷史上的英國、羅馬、君士坦丁堡富強。所以不擇手段，美國都不能見棄於中國市場之外，務必要佔有一席之地。〔註 59〕尤其是馬漢，身爲美國海軍戰爭學院的校長，在 1887 年（光緒 13 年）也認識了羅斯福，常與之討論他的海權思想，而其 1890 年（光緒 16 年）發表的《海權對歷史的影響，1600～1783》，其理論不但使許多美國人折服，就連德國的威廉二世也深受此書的啓發，全力發展海軍。至於羅斯福，他在 1897 年（光緒 23 年）就成爲海軍部副部長，由於海軍部長隆（John Long，1838～1915），長期稱病，放手予羅斯福大權獨攬。羅斯福就在時常跟馬漢請益的情況下，

〔註 57〕福森科著；楊詩浩譯，《瓜分中國的鬥爭和美國的門户開放政策，1895～1900》，頁 89～94。

〔註 58〕馬漢其實輕視中國，認爲其根本沒有自主的能力，只能淪爲列強逐鹿的戰場。

〔註 59〕Howard K Bealey, *Theodore Roosevelt and the Rise of America to World Power* (Baltimore: The John Hopkins University Press, 1956), p. 164.

大力推進美國的造艦能力，提升美國海軍的實力。羅斯福志同道合的朋友，還有洛吉（Henry Cabbot Lodge，1850～1924）參議員、畢普理奇（Albert J. Beveridge，1862～1927）、再加上亞當斯、馬漢等人，就形成了美國政界向外積極擴張理論的活躍份子。雖然這些人對中國的認識都很膚淺，但是他們卻是主張美國將其勢力進一步再伸進中國。有的史家就認爲這些人代表了美國的帝國主義。

作爲美國在海外勢力投射工具的海軍，在 1890 年代，由於追求與其經濟地位相符之地位，也有了突飛猛進的發展。原本在 1880 年（光緒 6 年）就開始的擴建計畫，在 1890 年（光緒 16 年），海軍預算只有 2,200 萬美元，只占了聯邦政府預算的 6.9%，到了 1914 年時，已經成長至 13 億 9,000 美元，占了聯邦政府預算的 19%。〔註 60〕從這個數字看來，至少可以證明美國海軍質量的提升，是全球各國都無法達到的地步。

上述種種因素加起來，吾人可以發現 1890 年代的美國，對於中國事務，已經不可能再做個原本較被動的旁觀者。她已經將中國視爲其工業過剩產品的救贖之地，中國市場關係到了美國的興衰，而其教士在中國的活動，也往往自行加上了「白人負擔」的使命，要徹底教化中國人，而海軍的擴建至少不能反對部分原因是爲了可能發生的「中國大獵」做準備。凡此種種，可說是美國具有向太平洋擴張之「天命」（Manifest Destiny）理論的衍生。因此，美國在成爲經濟巨人的 1890 年代，是不可能自絕於中國事務之外的。

第三節　德意志與中國早期的接觸

德意志與中國最早的接觸，當可上溯至十三世紀，蒙古拔都（Batu Khan，1207～1255）西征歐洲時。根據《元史》之〈列傳第八〉，提到大將兀良合台（Uriyanqadai，1201～1272）就說：

> 兀良合台初事太祖時……丙午，又從拔都討孛列兒乃、捏迷思部，平之。〔註 61〕

無論這段元史如何考證，日期是否確爲丙午年，即 1246 年（元定宗貴由汗元年），或是之前的辛丑年 1241 年（南宋淳祐元年），也無論「孛列兒乃、

〔註 60〕Kennedy, “The Rise of the United States to Great-Power Status,” p. 13.

〔註 61〕楊家駱，《新校本元史並附編兩種識語・列傳第八》，（臺北：鼎文，1979），頁 2979。

捏迷思部」是否爲「孛列兒及捏迷思部」之誤，〔註 62〕「孛列兒」及「捏迷思部」從俄文來解讀，前者爲波蘭，後者俄文爲 немеч（羅馬拼音作 nyemyech）之音譯，就是如今「德意志人」的意思。因此，吾人似可確認此爲德意志地區與中國最早的接觸。

1246 年，教皇英諾森四世（Innocent IV，1243～1254）遣使東來，其中之德意志人史德芬（Stephen）神父，應當就是歷史上第一位到中國的德意志人。〔註 63〕1257 年（元憲宗 7 年），教廷連同法國又派遣使者東來，其中的羅伯魯（G. de Rubrouck，1215～1295）神父，在其著作《出使始末》（Itenearium）則提到在蒙古都城和林所見之不少德意志人，應是拔都西征時的俘虜。〔註 64〕

爾後中西往來漸增，隨著今天義大利地區之耶穌會（Jesuit Order）利瑪竇（Matteo Ricci，1552～1610）神父在明萬曆年間來到中國，在他的《坤輿萬國全圖》這幅世界地圖中，不但首度向中國介紹了美洲，也第一次介紹了歐洲的德意志諸國。到了明末清初之際，來華有名的神父除了來自現今比利時地區之南懷仁（Ferdinand Verbiest，1623～1688）神父，就是今天德國科隆（Köln）出身的湯若望（Johannes Adam Schall von Bell，1591～1666）神父了。湯若望不但在明朝、清朝皆任職欽天監正，而且也爲明廷、清廷鑄造大礮。〔註 65〕其後由於雍正（1678～1735）皇帝禁教，西方教廷與中土來往暫挫，而這些德意志神父與中國的接觸也隨之中斷。

在商業方面，遠在 1718 年（康熙 57 年），神聖羅馬帝國的「皇家奧斯滕德公司」（Die Kaiserliche Ostender Companie）的「尤金親王號」（Prinz Eugen）就來到了廣州。這是第一艘來到中國的德意志船舶。〔註 66〕但是當時歐洲與亞洲的貿易，卻是由英國的「東印度公司」與荷蘭的「聯合東印度公司」（Vereenigde Oost-Indische Compagnie）壟斷，英國與荷蘭都是海上強權，而神聖羅馬帝國又需跟英國妥協，因此「皇家奧斯滕德公司」需要另找政府保護。而普魯士自從進入了腓特烈大帝的時代，對於海外貿易有過興趣，就在

〔註 62〕余文堂，《中德早期關係史論文集》，頁 16～19。

〔註 63〕余文堂，《中德早期關係史論文集》，頁 36～37。

〔註 64〕余文堂，《中德早期關係史論文集》，頁 43～44。

〔註 65〕關於湯若望鑄礮之經過的考證，參見余文堂，《中德早期關係史論文集》，頁 112～122。

〔註 66〕虞和芳，〈中德關係的歷史研究：18～19 世紀中國與德國經貿暨外交關係〉，《歐洲國際評論》，第 8 期，2012，頁 128。

1750 年（乾隆 15 年）與「皇家奧斯滕德公司」船東合作，成立了「普魯士皇家亞洲貿易公司」（Die Königlich-Preußische Asiatische Handelskompanie），並以現今北海的埃姆登（Emden）爲母港，該公司的船隻從 1753 年（乾隆 18 年）起，就從廣州載回中國的茶、絲綢、瓷器運回歐洲販賣，生意興旺，但是由於普魯士與奧國發生了「七年戰爭」，埃姆登港被奧國盟友法國佔領，普魯士遂於 1765 年（乾隆 30 年）解散「普魯士皇家亞洲貿易公司」。〔註 67〕即使普魯士在戰後成爲歐洲強權，但對華貿易一時沒有恢復，直至 1780 年代，只有零星的德意志船隻來華貿易。至於普魯士也與最強大英國一樣，與中國尚無邦交，暫時用委託英國人、美國人的方式，由彼等出任無薪給的領事。由此亦可知德意志地區與中國的貿易尚待發展。

在陸路方面，原本德意志一些產品經由俄國西伯利亞輸入中國，卻因沙俄在 1836 年（道光 16 年）對於過境轉口貨物課稅，也受到阻礙。德意志人自己分析此時對中國貿易不是很成功的原因，就在於德意志人與中國人的喜好不同，而德意志產品大多不符合中國所需。〔註 68〕

但是中英鴉片戰爭後，普魯士即派商務專員葛汝伯（Wilhelm Grube，1795～1845）來中國調查 1842 年（道光 22 年）中英《南京條約》（Treaty of Nanking）簽訂後的狀況，而普魯士在 1847 年（道光 27 年）就任命了第一位在中國行使領事外交的駐廣州領事卡羅維茲（Richard von Carlowitz，1817～1886）。〔註 69〕

隨著普魯士在歐洲大陸越趨茁壯，並且工業革命有所成就，國家正在轉型階段，也開始向海外尋求市場與原料，再鑑於中英《南京條約》、特別是 1844 年（道光 24 年）之《中美望廈條約》對於西方列強的成功，也想在中國依樣畫葫蘆，獲取條約特權，追求利益。故在 1860 年（咸豐 10 年），就派遣艾林波（Friedrich von Eulenburg，1815～1881）東來，率領 4 艘軍艦，要與日本、中國、暹邏（今之泰國）建交。

普魯士使團東來，實則也是歐陸國際政治的延伸，蓋普魯士跟奧地利攸關德意志國家領導權的競爭，非但已臻白熱化，甚且反映在亞洲的外交，如

〔註 67〕虞和芳，〈中德關係的歷史研究：18～19 世紀中國與德國經貿暨外交關係〉，頁 130～131。

〔註 68〕Djen Djang Feng, *The Diplomatic Relations between China and Germany since 1898* (Shanghai: Commercial Press, 1936), p. 2.

〔註 69〕虞和芳，〈中德關係的歷史研究：18～19 世紀中國與德國經貿暨外交關係〉，頁 134～135。

此則何國先在亞洲國家建交成功，自爲重大威望之先聲奪人。是以中國這個亞洲大國成爲普、奧角力的競技場。其中，美國素來不喜奧地利的政治傾向，原本即偏袒普魯士，故而對普魯士使團也盡可能提供協助。

1861 年（咸豐 11 年），艾林波來到中國後，受到英、美、法三國的支持，必要時打算對中國採取礮艦外交，和清廷的三口通商大臣崇厚（1826～1893）、幫辦總理各國事務衙門大臣崇綸（1792～1875）談判。在談判過程中，美國與普魯士的友好關係顯露無疑。當艾林波在日本談判時，就是由於美國駐日公使之運作而成功，在中國，美國駐華公使與領事也在襄助艾林波，例如江蘇巡撫薛煥（1815～1880）就奏稱：

> 據蘇淞太道吳昶秉，據米國領事照會云，布路斯國現派使臣于倫白帶領總兵官孫特華，管駕兵船三隻前赴大清國、暹邏、日本立約通商。有該國駐紮米國大臣耆落知照米國內閣，劄諭該領事查敷襄辦。〔註 70〕

艾林波最終得以在 1861 年（咸豐 11 年）9 月與崇厚、崇綸簽訂《大清國、大布路斯國暨德意志通商稅務公會並模令布爾額水林、模令布爾額錫特利子兩邦、律百克、伯磊門、昂布爾三漢謝城和好、貿易、船隻事宜和約章程》（Der Deautsch-Chinesische Freundschafts-, Handels-, und Schiffahrtsvertrag）。中普的建交條約承認了普魯士的主權國家地位，而且賦予她公使駐京的權利（雖然中方技術上推遲了普使駐京 5 年），〔註 71〕最終普國獲得了英、法、俄、美在中國的大國地位。事實上，艾林波使團得以在中國以及日本立約，也是英國、法國、俄國、美國施壓所致。〔註 72〕值得注意的是，俾士麥的普魯士既與中國先行建交，奧地利則遲至 1869 年（同治 8 年）方能與中國建交，若參酌前述美國剛建國時期，外交上還是受到英國打壓，所以歷任駐柏林代辦都會呈遞到任國書，強調美國是個國家的事實，再觀諸普魯士對華的到任國書以普魯士代表德意志 20 幾個小邦爲由，希望中國接受普王威廉一世爲「德意志國大皇帝」，〔註 73〕同治帝接受了普魯士這種作法。〔註 74〕不知這點是否參考了

〔註 70〕賈楨等纂，〈薛煥奏布路斯艾林波來滬謁見力阻其赴津摺〉，《咸豐朝籌辦夷務始末》，卷 76 （北京：中華書局，1979 年），頁 2831～2832。

〔註 71〕Morse, *The International Relations of the Chinese Empire*, V. II, p. 51.

〔註 72〕Horst Gründer, *Geschichte der Deutschen Kolonien* (Müchen: Schöningh, 1985), p. 97.

〔註 73〕普魯士使節的到任國書解釋：「茲因德意志各國之君，暨自主之三漢謝城，共

美國早期對普魯士外交的做法?至少普君爭取中國承認其爲「德意志國大皇帝」的策略，與美國代辦一再強調普魯士承認其爲獨立國家的做法，實有異曲同工之妙。這個條約另有值得注意的內容，筆者在論及德國在山東發展勢力的章節，再來深究。

既然艾林波這項條約，基本上就是複製了美國的《望廈條約》，因此美國所獲得的各種不平等特權，普魯士可說也成功獲得，但是由下列約文來看：

> 第七款　布國暨德意志通商稅務公會和約各國商船，除約內準開通商之口外，其餘各口皆不準前往貿易。如到別口或在沿海各處地方私做買賣，即將船貨一並入官。
>
> 第二十九款　凡有商人違約與後附通商稅則致有罰銀、抄貨入官之處，應歸中國官收辦。〔註 75〕

可知在北德意志邦聯商人走私、或違約之時，中國政府所能爲之處分只限於沒收船貨，至多罰錢了事，而不及於人。易言之，艾林波沒有在約文中聲明禁止普魯士等德意志各邦販售鴉片予中國之情事、並放棄因此而滋生之治外法權。如此在一昧追求英、美、法已享有之不平等權利時，卻不如美國人道，其至少聲明禁止本國人民販賣鴉片，而且被中國補獲之販賣鴉片的美國人，完全交由中國按中國法律問罪。

在條約簽訂並與中國有正式邦交後，普魯士之商業、傳教在中國都有了新的進展。至於美德雙邊關係在中國，也有了新的演化，此即爲本章第五節的分析重點。

第四節　德皇威廉二世向遠東發展的原因

在德國方面，德皇威廉二世是德國在 1890 年代外交政策最關鍵的靈魂人物，要探討此時期的德國外交政策，必須從他來瞭解。

他的身世高貴，也極其複雜：其父腓特烈三世（Friedrich III，1831～1888）之皇后爲英國維多利亞女王（Queen Victoria，全名爲亞歷山德琳娜·維多利亞，

願復立德意志一統之國，同心公請朕受德意志國大皇帝尊稱」，見寶鋆等纂，〈奕訢等奏布使李福斯面遞國書摺〉、〈布國國書〉《同治朝籌辦夷務始末》卷 80 （北京：中華書局，2008），頁 3248～3249。

〔註 74〕〈給布國國書〉《同治朝籌辦夷務始末》卷 80，頁 3249～3250。

〔註 75〕王鐵崖，《中外舊約章彙編》，頁 163～171。

Alexandrina Victoria，1819～1901）長女維多利亞公主（Princess Victoria Adelaide Mary Louise，1840～1901），因此就母系血統而言，他即爲維多利亞女王外孫，而維多利亞女王之子、後來的英國國王愛德華七世（Edward VII，1841～1910）則爲他的舅舅；再以歐洲皇室相互有血緣關係來看，他也是後來俄國沙皇尼古拉二世（Nicholas II，1868～1918）的姨表兄。這層私人的親戚關係，又讓他在日後外交交涉上有所發揮。

在他 1888 年（光緒 14 年）登基成爲德皇以前，威廉素來仰慕俾斯麥首相，而大權獨攬的俾斯麥也很樂於討好日後的皇上，因此始自 1880 年代中期，在外交方面就已經給予威廉歷練的機會。

俾斯麥的外交，大體言之，就是在德國統一之後，在歐洲大陸上要全力孤立法國，不使之有報復的機會，如此就需要拉攏其他歐洲列強，才能圍堵法國。尤其德國最大的忌諱就是法國與俄國的東西夾攻德國，因此對俄關係就成爲俾斯麥外交政策中的重中之重。俾斯麥先是在 1873 年（同治 12 年）促成了德國、俄國、奧地利三國皇帝之「三帝同盟」（League of the Three Emperors，Dreikaiserabkommen），達到了孤立共和體制法國的目的。而 1878 年（光緒 4 年）召開的柏林會議（Congress of Berlin，Berliner Kongress），自詡爲誠實經紀人（Honest Broker）的俾斯麥，其安排卻使得俄國滿懷怨恨，如此一來，俄國反倒可能與法國結盟。〔註 76〕爲了預防這個同盟失敗起見，俾斯麥又與奧匈帝國簽訂「德奧同盟」（Dual Alliance，Zweibund）這個密約，兩國承諾對方遭到俄國攻擊時出兵援助。不過由於俄國與奧國在 1886 年（光緒 12 年）的巴爾幹半島上衝突，「三帝同盟」已經不可能維繫，因此俾斯麥又選擇了俄國，與之訂立了密約「再保條約」（Reinsurance Treaty，Rückversicherungsvertrag），主要內容就是俄國承諾在法國與德國發生戰爭時，不援助法國，而德國需支持俄國在巴爾幹半島利益。〔註 77〕儘管「德奧同盟」與「再保條約」條文衝突，俾斯麥卻藉這兩個密約，左右逢源，在歐洲大陸獲得孤立法國之和平。

在這個外交戰略下，俄國既然如此重要，俾斯麥就刻意讓威廉王子與俄國皇室有聯絡，根據俄國大臣維特（Sergei Witte，1849～1915）描述他第一次見到威廉王子的情況：當威廉御用火車開抵俄國布列斯特（Brest）時，沙皇

〔註 76〕David Thomson, *Europe since Napoleon* (NY: Alfred A. Knopf, 1965), p.489.
〔註 77〕Thomson, *Europe since Napoleon*, p.490.

亞歷山大三世（Alexander III，1845～1894）在月台迎接。亞歷山大三世原本穿著俄國的大衣，下面又穿了普魯士軍裝。威廉走上月台時，亞歷山大三世喝令哥薩克副官將其大衣拿走，身著普魯士軍服與威廉校閱歡迎的儀隊。整個過程，威廉都像個亞歷山大三世的副官。禮畢，當沙皇喝令哥薩克副官拿大衣來時，對俄文有相當水準的威廉，竟然跑向哥薩克副官拿了大衣，親自幫沙皇穿上。威廉顯然對沙皇威儀感到敬畏。〔註 78〕維特當時就很驚訝，因爲俄國宮廷從來沒有過這種事，他也因此認爲威廉當時如此諂媚的原因，是因爲威廉認爲皇帝就是超人。而之後威廉登基後，也曾親口對維特說亞歷山大三世是個「眞正的貴族與皇帝。」〔註 79〕

而令維特印象深刻的還有：威廉二世又極工於心計。一次，他在與其表弟尼古拉二世會面時，就舉起酒杯說：「大西洋海軍提督向太平洋海軍提督致敬！」〔註 80〕維特以爲這就是明言：「朕尋求支配大西洋；而陛下，我建議您去試著變成太平洋主人，在這個事業上我會助您一臂之力。」而此後沙皇尼古拉二世就很以太平洋主人自詡，維特認爲這都是威廉二世的影響。〔註 81〕不管如何，威廉王子在登基之前與俄國的接觸，卻使得他養成了主宰外交的雄心，〔註 82〕卻沒有俾斯麥能力的情況。在這種背景之下，年方而立之年的威廉二世在 1890 年（光緒 16 年）終於忍不住發揮其雄心的衝動，迫使老成持重的俾斯麥在 3 月 18 日下臺，德國進入威廉二世主掌外交的時代。威廉二世時代的德國，一方面工業發展迅速，一方面社會對立加劇，而壓力集團政治也就益發重要，身處其中的德皇，既無政治韜略，又品行不良，又受到身邊一小撮顧問極深的影響。〔註 83〕

德國自此第一個重大的外交政策轉變就是拒絕了「再保條約」的續約。原本威廉二世在 3 月 21 日還向俄國大使表示沒有不續約的理由，由於德國外交部一撮原本反俾斯麥人馬的運作，而新任首相卡普里維（Georg Leo von Caprivi，1831～1899）、外交大臣馬沙爾（Adolf Freiherr Marschall von Bieberstein，1842

〔註 78〕Abraham Yarmolinsky, *The Memoirs of Count Witte* (Garden City: Doubleday, Page & Company, 1921), p. 402.

〔註 79〕Yarmolinsky, *The Memoirs of Count Witte*, P. 402.

〔註 80〕Yarmolinsky, *The Memoirs of Count Witte*, p. 412.

〔註 81〕Yarmolinsky, *The Memoirs of Count Witte*, p. 412.

〔註 82〕Christopher Clark, *Kaiser Wilhelm II* (Essex: Pearson Education Ltd, 2000), p. 123.

〔註 83〕瑪麗・富布盧克，《劍橋德國簡史》，頁 201。

～1912）也是沒有外交經驗的生手，就被說服用續約對德國不利，因為「德奧同盟」與「再保條約」衝突矛盾的理由，轉而說服了德皇不續約。〔註 84〕這個結果，卻使得俄國反而親近法國，在 1891 年（光緒 17 年）簽訂了針對德國的「法俄同盟」（Franco-Russian Alliance），影響所及，就導致德國日後在全球的外交政策始終籠罩在「法俄同盟」陰影下，在中國也不例外。總之，俾斯麥花了十八年維繫的條約體系，威廉二世可說短短一年就扭轉。

威廉二世又宣稱德國要開始推行「世界政策」（Weltpolitik）。原來在俾斯麥首相時代，德國外交主要都是考量歐洲因素，暫時沒有向外擴展的實力。因此德國在 1890 年代以前，有限度的海外殖民運動都是在英、法等國可以容忍的範圍之內進行，並非單純的帝國主義擴張運動，這點就與英、法的帝國主義有本質上的差異。〔註 85〕而德國的「世界政策」表現在遠東方面，就是除了在中國的巨大經濟利益之外，首先就是藉著中日甲午戰爭的機會，參與遠東政治，而這其中引起的列強關係演變，則是下一章的主題。

欲行「世界政策」，就需要強大的海軍為工具。威廉二世即位之後，下一個關注的重大議題就是海軍的建設。威廉二世之所以關注海軍，係因為 1890 年代的德國，也已經轉型成為工業國家，德國政府就必須為其國內產業尋找海外原物料與市場，尤其德國先天又不如美國具有絕對優異的條件，因此向海外發展就格外重要。前述論及美國的『產品生產過剩』理論一樣適用於德國的狀況。

威廉二世也是美國海權理論大師馬漢的忠實讀者，他不但盡讀馬漢相關的著作，而且也曾經在 1893 年（光緒 19 年）、1894 年（光緒 20 年）英國海軍演習的場合與馬漢會面過，只是受限於媒體壓力，德皇不便與馬漢深談。〔註 86〕但是馬漢的理論：一個國家要成為世界強權，就必須發展海權。海權既是帝國主義的因，也是帝國主義的果。海洋為國際貿易提供了最方便的途徑。在一個商業體系內，殖民地提供了安全的市場，原物料來源，投資機會、海軍基地。掌握海權可以建立並保護殖民帝國，而殖民地的發展反過來又可以資助海軍的發展與活動。〔註 87〕在馬漢理論的影響下，威廉二世就企圖將

〔註 84〕Clark, *Kaiser Wilhelm II*, p. 125.

〔註 85〕周惠民，〈自帝國主義成因看 1890 年前後德國東亞政策之轉變〉，《國立政治大學歷史學報》，8，1991.01，頁 95。

〔註 86〕Terrell Dean Gottschall, *Germany and the Spanish-American War: A Case Study of Navalism and Imperialism, 1898* (Ann Arbor, Mich.: University Microfilms International, 1981), pp. 8～9.

〔註 87〕Gottschall, *Germany and the Spanish-American War*, p. 8.

德國海軍從原本薄弱的近海、只是象徵性的海軍，發展到世界強權的地位。

1890 年，他在召見海軍軍官團的時候，就說：「如同朕之偉大祖父所言：『朕念茲在茲的是朕之陸軍』，朕也向你們保證，朕念茲在茲的是朕之海軍。」〔註 88〕威廉二世並且也是第一位穿著海軍軍服檢閱海軍的普魯士國王、德國皇帝。在他精簡了海軍組織、並自任海軍總司令以後，就開始擴建海軍。

只是威廉二世的擴建海軍念頭，原本只是追求虛榮，卻沒有清晰的戰略或者政治計畫。〔註 89〕他的擴建計畫在 1895 年（光緒 21 年）就停頓。可是在 1896 年（光緒 22 年）因爲與英國關於南非起了衝突之後，德國必須退讓，因爲她沒有強大的海軍可以對抗英國。而中國方面的膠洲灣事件，使得德國感到維持遠洋海軍的必要。在這種情況下，威廉二世在海軍大臣鐵畢子（Alfred von Tirpitz，1849～1930）的慫恿下，在 1898 年（光緒 24 年）推行了龐大的造艦計畫，預計在 1917 年建成 38 艘戰鬥艦、8 艘重巡洋艦、24 艘輕巡洋艦。〔註 90〕只是威廉二世卻不知他的造艦計畫，不可能不引起英國之猜忌：英國不可能無止境容忍德國擴建海軍，直到嚴重威脅到英國支配之海權。〔註 91〕如果威廉的本意是藉由強大的海軍，不戰而屈人之兵，達到與英國共同支配海洋的地位的話，則他的願望會與後來歷史的發展相背。但是最重要的是，當大西洋彼岸之美國也在發展強大海軍的同時，她對德國的擴軍也持敵視態度，尤其當德國政府的世界政策也想在加勒比海地區、拉丁美洲發展經濟勢力、並且日益關注其向巴西、智利等地的德國移民問題，而一些帝國主義團體叫囂要在西半球殖民時，美國豈能不懷疑德國的野心。〔註 92〕

就在野心勃勃威廉二世的推動下，德國不但步入了世界政治的舞台，也程度日深的介入中國，和美國在中國的關係也就日益複雜。

第五節　美德在中國關係的演化

自從普魯士與中國建交之後，她與美國在中國的雙邊關係，隨著下列分期與重大事件而有著不同的變化：

〔註 88〕Gottschall, *Germany and the Spanish-American War*, p. 8.
〔註 89〕Clark, *Kaiser Wilhelm II*, p. 130.
〔註 90〕Holborn, *A History of Modern Germany*, p. 308.
〔註 91〕Holborn, *A History of Modern Germany*, p. 308.
〔註 92〕Jonas, *The United States and Germany*, p. 52.

一、1861年（咸豐11年）至1875年（光緒元年）的密切合作

在這個時期，正如吾人所看到的整個東亞國際關係，可知美國與中國、日本的建交條約，都是具有領事裁判權、最惠國條款者等性質的不平等條約。普魯士基本上都是在美國幫助之下，循著美國的模式，也與中、日兩國建交，而且不平等條約的性質，甚至還要超越美國所立之條約。爲了深化不平等條約的利益，兼之兩國到目前爲止也沒有其他外交的摩擦，在中國也就密切合作，維護所有列強的共同利益。

中國與列強的關係也在演變中，當時中國對於德國在歐洲具體位置都還不太清楚，直至德法戰爭時，李鴻章才表示了興趣，想要藉此機會與法國解決天津的教案，雖然普魯士駐天津的領事拒絕與李鴻章合作，但是李鴻章卻有了與德國接近，藉以限制英、法等國在中國勢力的盤算。只是中國與德國關係還不夠成熟。〔註93〕

再從普魯士的歐洲政策因素來看，在這段時期，她在海外的政策唯海上霸主英國馬首是瞻，凡事不會逾越英國無形中所劃定的範圍，就是爲了爭取英國支持其統一德國的大業，而英國在其歐陸平衡的考量中，一直也都偏愛普魯士，藉以制衡同樣有強大海軍的法國。在中國，也樂於彼此合作。於是以英國爲首，美、德兩國緊緊跟隨。至於其他列強，特別是俄、法，因爲與英國在全球都有利益衝突，在中國也都與英國勾心鬥角，有時也就不若美、德兩國之與英國親善。

在這段時期，美國經歷南北戰爭的重創，對華貿易下跌，而普魯士爲首的北德意志同盟，在中國的貿易量也微乎其微。況且俾斯麥一直苦心於統一德國的三次戰爭，因此他就訓令李福斯公使（Guido von Rehfuss）：

> 普魯士的處境，不允許駐在世界上邊遠地方的代表，追求一種與其他列強背道而馳的行動方式。因此最好考慮盡可能地和這些代表手攜手前進並和這些代表對於發生的事件取得諒解。〔註94〕

但是1870年（同治9年）2月，俾斯麥倒是主動向美國國務卿費什提議，因爲中國沿海有海盜出沒，是否願意與北德意志同盟共派海軍肅清之；〔註95〕

〔註93〕Lee, *Die Chinesische Politik*, p. 7.

〔註94〕施丟克爾著；喬松譯，《十九世紀的德國與中國》（北京：三聯書店，1963），頁72～73。

〔註95〕Baron Gerolt to Mr. Fish, Feb. 19, 1870, *FRUS 1870*, pp. 329～330.

而美國總統格蘭特則答覆：只要不傷害到中國政府的感情、只要不干涉到中國百姓合法的營生、只要不與兩國政府對華友好政策衝突時，美國樂於與北德意志同盟與英國合作。〔註 96〕可知三國在中國之親密。又俾斯麥未邀請法國加入，則在中國亦可見德法戰爭已是山雨欲來風滿樓。

及至同年 6 月間，天津地區因盛傳法國天主教的仁慈堂，拐騙兒童，加以殺害，剖心挖眼，用以製藥、煉銀，民情激憤包圍仁慈堂，後又發生打死法國領事豐大業（H. V. Fontanier）、法國領事館與仁慈堂被焚，法、英、俄、義、比國神職人員、僑民亦被殺害之天津教案。〔註 97〕清朝官方態度，以爲「護庇外國之人，莫要於速罰，並一切慫恿作惡之人，皆宜重治其罪」。〔註 98〕7 月，對於天津教案，同治帝卻諭令：「且查問此案，亦宜有駐札京師各國大臣所選官員，一同坐問，以昭公允。」〔註 99〕同治這種「以昭公允」的作法，卻無意中進一步淪喪中國主權，予列強參與教案審判之口實，影響不可謂不大。天津教案中，普魯士官民皆未受害，其駐天津文領事卻藉口該國商人世昌行東斯道文等六人，原本居住在東門外，且與傳教事務無關，卻受天津教案暴民波及，故此向清廷索賠。〔註 100〕由於文領事要求賠償 15,000 兩，後與天津官員討價還價減至 1,800 兩，但經由中方數次差人密查，發覺與教案無關，純粹是該商人等因夏秋生意虧損，故企圖渾水摸魚，訛詐中國，於是清廷拒絕賠償。〔註 101〕但是中國與外國的談判，由原來的直隸總督曾國藩換成繼任的李鴻章談判，此時德法戰爭已經爆發，中國免於戰禍，〔註 102〕而美國卻擔心若德、法在中國海域交戰，會鼓勵中國危害在華美國人與歐洲人的生命與財產，主動要求德、法在中國停戰或繼續合作，以維護列強的共同利益。〔註 103〕因此，美德雙方在此期間的合作，卻對中國有所不利。這種美德

〔註 96〕俾斯麥又另邀英國加入，而英國也同意。Mr. Fish to Baron Gerolt, Mar. 31, 1870, FRUS 1870, p. 331；同時，美國除了與德國、英國合作，也跟其它列強合作，對付中國的海盜。Bemis, *The American Secretaries of State and Their Diplomacy,* VII, p.154.

〔註 97〕郭廷以，《近代中國史綱》（上）（臺北：曉園，1994），頁 244。

〔註 98〕《教務教案檔》，第二輯（一），（臺北：中央研究院近代史研究所，1994），頁 292。

〔註 99〕《教務教案檔》，第二輯（一），頁 292。

〔註 100〕《教務教案檔》，第二輯（一），頁 360～1。

〔註 101〕《教務教案檔》，第二輯（一），頁 366。

〔註 102〕胡秋原，《近百年來中外關係》（臺北：海峽學術，2004），頁 57。

〔註 103〕Mr. Bancroft to Mr. Fish, Nov. 2, 1870, *FRUS 1870*, p. 398；費卿訓令班使向俾

合作以維護其特殊重大利益的方式，則延續到1875年（光緒元年）才開始有變化。

二、1875年（光緒元年）至1890年代初期的利益衝突

這段時間，恰好可以英、德、美三國在華競爭軍火市場爲例，並以德國公使巴蘭德（Max von Brandt，1835～1920）的任期爲範圍，加以論述。

在這段期間，美國與德國在國際關係上，總的來說，有了變化。雙方因爲薩摩亞問題、商業競爭、關稅問題，使得原本融洽的雙邊關係，有了裂痕，而且鴻溝日益加深，在東北亞乃至中國，也是如此。

首先，列強在此階段皆在競爭發展在中國的勢力，而美國與德國紛紛進入了全球化的轉型期，工業發達，必須尋求海外的市場以及原料。況且，美國自內戰復原以及德國統一後，雙方皆不可能甘心永遠居於英國之下，故呈現了與英國競爭的態勢，而中國市場始終是塊令人垂涎的大餅，更不肯輕易放手，所以在中國的雙邊關係，除了不平等條約的利益所致，仍是一個利益共同體之外，也開始有了競爭關係所引起的質變。也就是說，雙方關係進入一種零和遊戲的狀態，彼此得失不一致。

1875年（光緒元年），德國新任駐華公使巴蘭德上任後，他覺得李鴻章奇貨可居，於公於私都拼命接近，企圖培養出一種友誼。巴蘭德的任期又長，直到1893年（光緒19年）才離開駐華公使的崗位，回去德國，如此更利於他經營關係。根據巴蘭德本人的回憶，由於他時常拜訪李鴻章，以致於李鴻章本人與官府之人皆打趣，謂之儀表堂堂，看起來就像位總督大人。〔註104〕

而巴蘭德不但在釐金問題、中俄伊犁危機時都給予李鴻章幫助，私底下也常常對於中國該如何處理外交、建立西式軍隊、推行現代化等重大議題，爲李鴻章出謀策劃，也在1875年（光緒元年）中國與英國爲了在雲南邊境之英國外交官馬嘉理（Augustus R. Margary）被殺一事，鬧得不可開交

斯麥謀求德意志與法蘭西的敵對行爲須在遠東停止，兩國海軍更應合作保護外僑，因爲「法蘭西與德意志的敵對行爲……會在中國人心中鼓動他們在該帝國禍害歐洲人與美國人的性命。」Bemis, *The American Secretaries of State and Their Diplomacy*, VII, p.155.

〔註104〕Max von Brandt, *Drei Jahre Ostasiatischer Politik, 1894～1897: Beiträge zur Geschichte des Chinesisch-Japanischen Krieges und seiner Folgen* (Stuttgart: Strecker & Moser, 1897), p. 315.

之時，巴蘭德甚至對李鴻章提議，德國可以給予中國 40 至 50 萬英鎊的貸款以及 1,000 尊以上的克虜伯大礮，〔註 105〕這種種善意的表示，眞是令李鴻章把他當作中國最好的朋友。巴蘭德的手腕，可能也是在中國各國外交官中，無人可以比擬，明明靠近李鴻章就是別有用心，爲了德國利益打算，但是他的作風，又無懈可擊，因此無形之中，巴蘭德這種私人關係的建立，對於以後的中德關係不但影響重大，而且甚至牽動到了列強在中國的多邊關係。

反過來講，李鴻章也喜歡中國人慣用的私人關係，當然也有化解英、法等列強在華勢力之考量，所以李鴻章就樂得與巴蘭德親近。李鴻章也嘗試跟美國人建立私人關係，用以解決外交問題。例如美國卸任總統格蘭特。

在巴蘭德運作之下，德籍顧問德璀琳也受到李鴻章的重用。德璀琳何許人也？彼本爲普魯士人，任職中國海關，自 1876 年（光緒 2 年）起就參與了李鴻章的各項洋務活動，常被李召到衙門徹夜長談，以致某位西方人士以爲，二十五年來，他幾乎是中國實際上的外交部長。因而北京的外交使團，要不先來到天津見過德璀琳先生與李鴻章之後，是什麼也幹不了的。〔註 106〕而德璀琳這個外國人所謂的古斯塔夫大王，則謂：李鴻章爲一隻沒有舵的航船，他自己就是李鴻章的舵。〔註 107〕1885 年（光緒 11 年）夏，由於英國決定由赫德（Robert Hart，1806～1875）出任駐華公使，因此李鴻章建議清廷，可由德璀琳任海關總監，致使赫德有所忌諱，竟然放棄出任公使，繼續留在海關。由此可知德璀琳的影響力。〔註 108〕而日後即使巴蘭德返回德國，也可以透過德璀琳與李鴻章聯絡，繼續影響中國的外交。這種私人性質的管道，也爲德國政府帶來了許多好處，因爲既可以在德國政府不方便出面的場合，發揮實質影響力，使中國重大的外交事件可以符合德國的利益，又可以讓列強無法對德國交涉。

當時中國對於西方列強的鎗礮犀利，遠自鴉片戰爭慘敗，中國朝野震驚於西方列強的船堅礮利，第一位主張仿照西方之士爲魏源（1794～1857），建議設局廠，造船礮，並且武科制度增試水師一科，對能造出西方船艦、槍礮

〔註 105〕Brandt, *Drei Jahre Ostasiatischer Politik*, p. 9.

〔註 106〕張暢、劉悅，〈漢納根與德璀琳——兩位並肩在華奮鬥的德國僑民〉《傳記文學》，總 588 號，2011 年 5 月，頁 4。

〔註 107〕張暢、劉悅，〈漢納根與德璀琳——兩位並肩在華奮鬥的德國僑民〉，頁 4～5。

〔註 108〕張暢、劉悅，〈漢納根與德璀琳——兩位並肩在華奮鬥的德國僑民〉，頁 5。

者，賦以功名。〔註 109〕1853 年（咸豐 3 年），蘇松太道吳健彰（1791～1866）就查獲英吉利奸商勒吶吐企圖走私洋槍、彈藥，售予太平天國的羅大綱（1804～1855）。此當爲英商販售洋槍予太平軍的最早證據；〔註 110〕及至 1862 年（同治元年），太平軍忠王李秀成（1823～1864）回援天京，雖遭曾國荃（1824～1890）力抗而退，但曾心有餘悸，嘗言：「賊之火器精利於我者百倍之多，又無日不以開花大礮子打壘內，洋槍隊多至兩萬桿。所以此次損我精銳不少，傷我士卒不少。」〔註 111〕1860 年（咸豐 10 年），馮桂芬（1809～1874）除了主張中國自強，造船製礮，也繼魏源之後，提出用科名仕祿鼓勵人才的辦法。〔註 112〕李鴻章在 1862 年（同治元年）馳援上海，往訪英法兵船，發現「其大礮之精純，子藥之細巧……」，就建議曾國藩（1811～1872），中國須學習。〔註 113〕此時，李鴻章已經認爲培養洋務人才，爲當務之急，並於 1872 年（同治 11 年），上奏皇帝曰：「竊惟歐洲諸國……胥聚於中國，此三千餘年一大變局也。西人專恃其槍礮輪船之精，故能横行於中土……自強之道，在乎師其所能，奪其所恃耳。」〔註 114〕有具體實際認知的則是吳大澂（1835～1902），彼獨鍾德國克虜伯礮廠產品，曾評論：「德國之克魯卜礮，爲近數十年未有之利器，不但中國無此財力，萬不能仿造；即各國之槍廠礮廠，互有優絀，亦未易臻此決詣」；張之洞（1837～1909）擔任粵督期間，即在 1888 年（光緒 14 年）起，向德國訂購製造槍礮的機器，可日產新型毛瑟槍（Mauser）50 枝，年產 7 公分至 12 公分口徑的克虜伯過山礮 50 尊。但因張氏在翌年又調補湖廣總督，故其主張機器改運到湖北，最後至 1892 年（光緒 18 年），漢陽槍礮廠成立，隔年，德國機器運送完畢，廠屋落成；但因經費不足，漢廠至 1895 年（光緒 21 年）才開始造槍，日產量卻減至 30 枝；造礮方面，主要採取德國 5 公分 7 格魯森式，出產小型陸路礮，一度月產 8 尊；福建機器局，本由閩督英桂（？～1879）於 1869 年（同治 8 年）創立，1881 年（光緒 7 年），開始仿製克虜伯礮，1894 年（光緒 20 年）後，則可以出產毛瑟新槍、陸路小

〔註 109〕王爾敏，《清季兵工業的興起》（臺北：中央研究院近代史研究所，1978），頁 23。
〔註 110〕王爾敏，《清季兵工業的興起》，頁 29。
〔註 111〕王爾敏，《清季兵工業的興起》，頁 33。
〔註 112〕王爾敏，《清季兵工業的興起》，頁 41。
〔註 113〕王爾敏，《清季兵工業的興起》，頁 44。
〔註 114〕王爾敏，《清季兵工業的興起》，頁 49～50。

礮；左宗棠（1812～1815）入陝甘西征回亂，也於 1871 年（同治 10 年），建立蘭州機器局，仿造德國的後膛螺絲開花礮以及後膛七響槍；〔註 115〕但左氏其後仍然從上海購運大量洋槍洋礮，蓋其推崇德國後膛螺絲開花礮以及後膛七響槍爲火器之極致；1885 年（光緒 11 年），臺灣巡撫劉銘傳（1836～1896）創辦臺灣機器局，並延聘德國人步特勒（Butler）爲洋監督，製造槍彈。〔註 116〕凡此種種，證明李鴻章大批購進克虜伯礮，也是在中國各地重臣名將的共識下所進行的。同年，李鴻章向克虜伯礮廠就購買後膛大礮 108 尊、後膛山礮 64 尊。而巴蘭德在 1889 年（光緒 15 年）則報告：在過去兩年，克虜伯廠代理人與中國簽定的軍火合同就高達 1,200 萬馬克。〔註 117〕中國與克虜伯廠的交易，則延續到宣統年間。〔註 118〕

而且由於巴蘭德與李鴻章的關係極佳，因爲雙方都可從彼此找到國家利益的實踐，加上德國的軍火業界也在中國駐德公使館大獻殷勤，使得這段時間德國銷往中國的各式軍火，質量龐大，應當是所有列強的首位。〔註 119〕巴蘭德利用自己與李鴻章的密切關係，趁中俄伊犁危機與中法戰爭之際，爲德國的克虜伯礮廠、伏爾鏘船廠推銷了大批軍火。〔註 120〕巴蘭德本人又無論在北京、天津、上海，皆在挑起戰爭的情緒，因爲彼相信，德國身爲殖民地市場的後進國家，可以在中國動亂時獲利；又極力鼓吹中國拒絕修約就是排外運動的開始，最好的解決之道就是一場對外戰爭，外國人在華地位才能改善。〔註 121〕巴蘭德幫助中國從德國獲得大量軍火，例如 1880 年（光緒 6 年）春天，

〔註 115〕王爾敏，《清季兵工業的興起》，頁 110。

〔註 116〕王爾敏，《清季兵工業的興起》，頁 60、95、98、108、110、132、120。

〔註 117〕丁名楠，〈德國與義和團運動〉，《近代史研究》，60，1990 年 6 月，頁 72。

〔註 118〕1904（光緒 30 年）至 1905 年（光緒 31 年）間，中國猶有多筆向克虜伯礮廠購礮紀錄。中央研究院近代史研究所編，《海防檔・甲・購買船礮》，第 685 號，（臺北：中央研究院近代史研究所，1957），頁 1092；第 686、687 號，頁 1093；第 688 號，頁 1094；第 689 號，頁 1095；宣統年間，吉林、黑龍江等東北省份仍在進口克虜伯礮；《海防檔・甲・購買船礮》，第 737 號，頁 1164；第 741 號，頁 1166；第 742 號，頁 1167；甚至發生德國軍火運往伊犁途中遭到俄國扣留之事。《海防檔・甲・購買船礮》，第 767、768 號，頁 1192；第 769 號，頁 1193。

〔註 119〕當時中國海關的貿易統計並不包括軍火，因此要知道德國輸華軍火總額極困難。

〔註 120〕張暢、劉悅，〈漢納根與德璀琳——兩位並肩在華奮鬥的德國僑民〉，頁 15。

〔註 121〕Immanuel C. Y. Hsü, *The Ili Crisis: A Study of Sino-Russian Diplomacy, 1871～1881* (Oxford: Oxford University Press, 1965), p. 117.

克虜伯公司特別派代表來華安排軍火交易。〔註 122〕而英國公使威妥瑪（Thomas F. Wade，1818～1895）就懷疑巴蘭德煽動戰爭的行爲係個人行爲，殊非俾斯麥政府授意，並多次將這點報告倫敦。〔註 123〕也是在巴蘭德的「友誼」感動之下，李鴻章爲了分散向單一國家購買軍備，以免爲其所控，而這個國家正是英國。而當時的美國，海軍不強，其軍備還不在中國的考慮之中。1879 年（光緒 5 年）、1880 年（光緒 6 年）之間，中國正是多事之秋，東有日本滅亡琉球，西北有俄佔伊犁，中國鑒於國防需要，勢得向列強購進大批武器。環顧此時的國際環境，俄、日既與中國爲敵，法國又與俄國修好，因此中國欲購武器，則唯有英、德、美三國而已，而三強也趁勢推廣對華軍火交易，彼此之間明爭暗鬥。

清廷所以籌建現代海軍，與陸軍使用洋槍洋礮一樣，都是受了太平天國的刺激。〔註 124〕在海軍方面，清廷原本看中世界第一海軍的英國，乃透過赫德向之訂購海軍艦艇，但是誠如其駐華公使威妥瑪所言：「改組中國軍隊之權，必須掌握在某一個外國之手，而如果這個國家不是英國，就將『極其有損』英國的利益。」〔註 125〕1861 年（咸豐 11 年），太平軍正盛，英國趁機向中國建議購買海陸武備，並透過海關總監赫德向中國提出 260 萬兩的交易案，討價還價後，在翌年商定向英國購買 3 艘中型輪船、4 艘小型輪船、並雇用英國舵工、礮手，再加上礮械等等，共計 65 萬兩的交易。卻在同時，五口通商大臣兼江蘇巡撫薛煥（1815～1880）也與常勝軍領袖美國人華爾（Frederic T. Ward，1831～1862）議定，購買美國艦艇，並由寶順洋行先後匯銀 22 萬兩。〔註 126〕但是薛煥購艦之事卻由英國參贊威妥瑪於 1862 年（同治元年）8 月告發華爾之弟代向美國購買船礮之事，〔註 127〕而赫德則向清廷施壓，不許向美國購船，最後恭親王奕訢只得決定，購艦全交赫德處理，所有經由華爾向美購艦之事，「暫爲緩辦」，華爾不服，猶待力爭之際卻在與太平軍作戰時陣亡，〔註 128〕兼之兩廣總督勞崇光（1802～1867）也認爲，美國自去年秋冬以來，

〔註 122〕Hsü, *The Ili Crisis*, p. 118.
〔註 123〕Hsü, *The Ili Crisis*, pp. 118～120.
〔註 124〕樊百川，《清季的洋務新政》（二），（上海：上海書店出版社，2003），頁 921。
〔註 125〕樊百川，《清季的洋務新政》（二），頁 787。
〔註 126〕樊百川，《清季的洋務新政》（二），頁 925。
〔註 127〕《海防檔‧甲‧購買船礮》，第 97 號，頁 91。
〔註 128〕樊百川，《清季的洋務新政》（二），頁 926～928。

就因內戰，諸事廢弛，以致於向以美國棉花爲大宗進口的廣東海關，數月以來就因其未進口，稅收大減，因此推論向美國購買槍礮風險太大，美艦售華案乃無疾而終。〔註 129〕不過清廷雖然悉由赫德處理船礮事宜，對於華爾代購船礮猶有絲毫的期待，竟然想出由上海商人捐款湊足尾款的方法。〔註 130〕但無論如何，美國海軍欲在此際向中國發展影響力，因爲英國作梗而功虧一簣，況且美國也忙於內戰，林肯政府也無外交餘力爲此案較勁。惟此事影響深遠，蓋失此先機，從此美國軍火業在清季沒有太大發展的空間。而英國一方面欲控制中國海軍建軍走向，賣給中國大批船小礮大、射擊慢、船不穩的所謂「蚊子船」，限制了中國海軍的作戰能力，但是另一方面，英國不願出售先進艦艇予中國的作法，卻使得德國有可趁之機。〔註 131〕1882 年（光緒 8 年），李鴻章發覺赫德所購英國穹面鋼甲快船有重大缺點，而駐德公使李鳳苞（1834～1887）又回報德製同型艦隻，礮台、機艙等處皆有厚達 10 吋、3 吋的鋼甲，「可在大洋禦敵交鋒」，而且僅需花費 60 餘萬，只有赫德索價的一半。〔註 132〕就買家立場而言，在面對數個賣家時，自是選擇物美價廉者，故不難想見李鴻章自 1880 年代初期量購德國軍火的原因。德國在克虜伯礮廠已同中國陸軍有交易的基礎上，更是動用國家力量，向中國推銷其海軍武備。駐華公使巴蘭德直接與李鴻章交涉，〔註 133〕李鴻章也爲了擺脫英國控制，1870 年代末起，就開始向德國的伏爾鏘船廠（Vulkan-Werft）訂購軍艦，建造北洋水師，最重要的交易就是定遠、鎮遠兩艘鐵甲艦。而且因這次交易影響，李鴻章也以品質較劣卻較便宜的德製毛瑟槍取代英國的馬梯尼槍，連下兩次 2 萬桿的訂單。中國這個轉變的結果，就是德國後來居上，取代英國，成了中國最大的軍火供應商。〔註 134〕對於德國軍火商在中國之成功，英國人卻認爲主要是德國較之世界其他國家皆還專精製造軍備，而且德商還會送回扣打通中國方面的關節。由於英國商人不願從事秘密回扣的交易，因此英國公司就不會與德商競爭。〔註 135〕

〔註 129〕《海防檔・甲・購買船礮》，第 98 號，頁 92～93。
〔註 130〕《海防檔・甲・購買船礮》，第 122 號，頁 106。
〔註 131〕樊百川，《清季的洋務新政》（二），頁 787。
〔註 132〕樊百川，《清季的洋務新政》（二），頁 1014～1015。
〔註 133〕施丟克爾，《十九世紀的德國與中國》，頁 147～148。
〔註 134〕樊百川，《清季的洋務新政》（二），頁 788。
〔註 135〕Dennis K. Moss, *Britons v. Germans in China* (Hong Kong: Hong Kong Daily Press, 1917), pp. 47～48.

俾斯麥首相下台後，繼任的德國政府仍然關注對華貿易的問題。1890 年（光緒 16 年），巴蘭德公使推薦時維禮（P. Scheidtweiler）工程師爲兩湖總督張之洞的幕僚，張之洞在 1892 年（光緒 18 年）又聘請德國鐵路工程師錫樂巴（Heinrich Hildebrandt，1854～1924）爲他工作。這兩位工程師都在德國公使館學過中文，結果積極爲德國鋼鐵業獲得大批訂單，令德國新相卡普里維極爲滿意；德國軍事顧問在中國也極其活躍，積極爲德國軍火業鑽營，而李鴻章身邊也有漢納根（Constantin von Hanneken，1855～1925）等德國軍事顧問輔佐；在廣州，克勒茲許梅（Ernst Kretzschmer）也在 1885 年（光緒 11 年）促成了數百萬馬克的魚雷艇、魚雷、水雷的訂單。所有這些活動，德國公使館在 1890 年代更是積極促進。〔註 136〕

再從清季所翻譯的美國、德國兵書來看，也可發現雙方在此方面的懸殊差距：

表 1　清季翻譯美、德兵書表，1872～1895

年份	美國兵書	德國兵書	翻譯單位
1872 年（同治 11 年）		《克虜卜礮藥彈造法》 《克虜卜造礮藥法》 《克虜伯礮表》 《克虜伯礮操法》 《克虜伯腰箍礮說》 《克虜伯螺繩礮架說》	江南製造局
1874 年（同治 13 年）		《克虜卜礮圖說》	江南製造局
同治間		《布國兵船操練》 《礮準新法》 《克鹿卜小礮簡本操法》	
1880 年（光緒 6 年）	《哈乞開司槍圖說》		天津水師學堂
1890 年（光緒 16 年）		《克虜卜新式陸路礮器具圖說》	天津機器局
1890 年（光緒 16 年）		《克虜伯電光瞄準器具圖說》	天津水師學堂
1891 年（光緒 17 年）		《克虜伯子藥圖說》	天津機器局
1891 年（光緒 17 年）		《克虜卜量藥漲力器具圖說》	天津水師學堂
1895 年（光緒 21 年）		《德國軍制述要》	金陵刻本

〔註 136〕Klaus Mühlhahn, *Herrschaft und Widerstand in der Musterkolonie Kiautschou: Interaktionen zwischen China und Deutschland, 1897～1914* (Müchen: R. Oldenbourg, 2000), p. 77.

光緒間（正確年份不詳者）以及 1896 年（光緒 22 年）以後出版者	《美國水師考》 《美國兵船槍法》 《美國師船表補》 《美國陸軍制提要》	《德國陸軍考》 《克鹿卜子藥圖說》 《德國礮隊馬操法》 《克鹿卜陸路礮行礮表》 《克虜伯演礮彙譯》 《德國陸軍紀略》 《毛瑟槍圖說》 《德國格魯森廠快礮圖說》	

資料來源：王爾敏，《清季兵工業的興起》，頁 205～222。

雖然王爾敏《清季兵工業的興起》所列書目，有所選擇，並未悉數列出，但仍極具代表性。由上表（表 1）可以看出，從 1872 年（同治 11 年）至 1895 年（光緒 21 年）之 32 年之中，中國所翻譯的兵書來看，德國（含普魯士）軍事書籍至少爲 15 本，美國軍事書籍僅僅 1 本，即使加上光緒間（正確年份不詳者）以及 1896 年（光緒 22 年）以後出版者，則爲德國 23 本，美國 5 本。如此反映了德國在華軍事層面的影響力，特別是陸軍方面，遠非美國能比。事實上，彼時德國的軍事影響力，後來居上，爲在華列強之冠。

爲了答謝美國前總統格蘭特調處中日琉球之爭，李鴻章遂向美國訂購了性能略優於毛瑟槍、比之稍貴又較馬梯尼槍便宜的哈起開司槍，共計 5,000 桿。〔註 137〕值得注意的是，德、美的槍支都是在中俄伊犁危機結束之後，方運到中國。這顯示了兩國一方面在中國擴展政經利益，一方面又避免觸怒俄國。易言之，兩國皆欲同時維持與中、俄兩國的友好關係。惟中法戰爭時，由於德國不願得罪法國，既不願意在遠東與中國合作對抗法國，也不願意交付已經造好的軍艦予中國，中國與德國的關係一時之間就冷淡了許多。

至於美德關係，這個時期的特徵，就是雙方開始追求獨立的國家利益，因此在中國分別逐步脫離配合英國在華政策的模式，利益也就有所衝突。這種衝突即反映在 1884 年（光緒 10 年）至 1885 年（光緒 11 年）間的中法戰爭（Sino-French War）之中。原本從 1850 年代，法國就已侵略中國屬國的安南（今之越南），步步進逼，其後雖然德法戰爭使得法國元氣大傷，政體並由君主專制邁向共和，惟自 1873 年（同治 12 年）起，又積極進逼安南，終於在 1883 年（光緒 9 年）先與劉永福（1837～1917）〔註 138〕的「黑旗軍」遭遇，

〔註 137〕樊百川，《清季的洋務新政》（二），頁 789。

〔註 138〕劉永福爲廣西人，原本參與太平天國抗清，失敗後率部遁入安南，被安南阮朝封爲「三宣正提督」，率所部「黑旗軍」抗擊法軍，戰功彪炳。中法戰爭後被清廷召降，解散「黑旗軍」。

又進攻清朝的正規陸軍，中法戰爭正式爆發。

在此背景下，美國爲了追求強國的威望與影響力，而且基於其東亞利益的考量：首先，東亞需保持和平，美國貿易才不會受到干擾；再者，美國自是樂於見到歐洲日益增長的影響力能在東亞消退，否則歐洲勢力挺進東亞就會威脅到中國門戶的開放。在此背景下，美國在一些東亞事務上站到了歐洲列強的對立面，反之，歐洲列強也不認爲美國有資格在她們與東亞的衝突中調處。〔註 139〕美國政府援引中美天津條約約文，雖然名義上用的是斡旋（good offices）字眼，實際上欲出面爲中法兩國調處戰事，〔註 140〕這也是中美關係史上美國政府重要之出面「調處」中國與其他列強的爭端。但是法國不信任美國，因此屢次拒絕美國「斡旋」的提議，這對於美國欲提升其國家威望的企圖，基本上是個打擊。法國會拒絕美國的原因，除了不信任美國之外，也以爲自己船堅礮利，勢必擊潰中國，何況當時中國不信任的俄國在中國北疆虎視眈眈，中國東陲又有法國鼓動的日本要生事，英國又忙於埃及問題，國際大環境對中國不利，故擊潰中國後就可提出苛刻之至的和平條約，一償法國的野心。在戰爭期間，中國卻顯示出了對美國的高度信賴：原來 1884 年（光緒 10 年）8 月，李鴻章基於中法既已彼此宣戰，法國海軍在中國沿海，依照國際法實施封鎖、甚至扣留中國物質，而中國既沒有強大的海軍，故李鴻章深怕屬於江南招商局的一批輪船會被法國奪去，因此欲將此批輪船低價售予美國旗昌洋行，戰後再低價購回。〔註 141〕清廷准奏。但是也在此際，對於美國調處一事，兩廣總督張之洞卻以爲「美雖調處，其國和平，法不懼，獨懼德英軍火接濟」，因此還不如駐德公使李鳳苞以實際利益許之德皇，懇請相助較實際。

對於德國，由於她的友好形象，清廷開戰之始即寄予厚望。如駐德公使李鳳苞就建議，可依照德璀琳的意見，立即在德國雇用海軍傭兵，駕駛中國向德所購、現已完工之兩艘鐵甲艦來華助戰，蓋德國向不干涉其退伍軍人的個人自由。此事由李鴻章上奏朝廷，立刻批准。〔註 142〕但是俾斯麥政府卻不

〔註 139〕Tyler Dennett, *Americans in Eastern Asia* (NY: Barnes and Noble, Inc, 1941), p. 489.

〔註 140〕Dennett, *Americans in Eastern Asia*, p. 493.

〔註 141〕王彥威、王亮編，〈直督李鴻章奏法人開釁招商局輪船擬暫售與美國旗昌洋行摺〉，《清季外交史料》卷 45（臺北：文海，1964），頁 14～16。

〔註 142〕〈直督李鴻章致樞垣據李鳳苞電請雇德人助戰電〉，《清季外交史料》，卷 45，頁 2～3。

願意爲此事惹怒法國，以嚴守國際法中立爲由，船隻、傭兵均不准來華。〔註 143〕另一方面此時德國已漸漸涉足非洲殖民地的大獵，在英、法於埃及對峙之際，卻對法國示好，頗使法國驚喜。俾斯麥爲何如此做？因爲 1884 年（光緒 10 年）的德國，不同於 1871 年（同治 10 年）的德國（以及之前的普魯士），由於全球化的進展快速，國內高度工業化使得德國必須尋找海外基地，因此跟法國合作有好處，又可以消解她在歐陸的敵意。此時德國羽翼已豐，也就較敢嘗試在海外事務上稍稍挑戰英國的權威。而 1884 年（光緒 10 年）9 月，又一度盛傳俾斯麥訪問法國，與法國達成協議，密謀吞併臺灣，清廷大爲緊張。〔註 144〕事後證明純屬謠言。但是俾斯麥的幹練之處在於，爲了讓中國有感於德國的友誼，還是會適度給中國些好處，於是 1885 年（光緒 11 年）元月，德國兩銀行貸款 50 萬英鎊予粵督張之洞，供其接濟在安南、臺灣等地的清軍。〔註 145〕

爾後，戰事變化出於法國估計之外，海戰方面，雖然佔領基隆卻無法攻克臺灣，陸戰方面，清軍又奪回諒山，法國也無力在遠洋之外再戰，因此願意和談。於是法國在 1885 年（光緒 11 年）8 月也表示，願意由英、德、美三國居中調處，與中國議和。〔註 146〕雖然最後還是由英國出面，促成同年的和約，中國不用賠款卻承認法國爲安南宗主國。

中法戰爭對於中國而言，一方面她益發看重美國，認爲該國是個和平而正直的友邦，對中國又無領土野心，這就代表了美國在華軟實力的上升；而此次戰爭，德國俾斯麥政權玩弄兩面手法，故作中立，無形中卻是法國得利居多，使得清廷失望，檢討對德外交，只是因爲巴蘭德的個人因素，德國的影響力仍盛，要到他 1893 年（光緒 19 年）離職後，才會突顯他的離開中國是德國的損失。

最重要的是，這個時期，雖然美、德兩國對華貿易，仍然遠遠遜於英國，但是兩國國力上揚，以致於在中國有不受英國控制的趨勢，各自想要強化自己的對華影響力。只是在此時期，兩國在中國與英國雖然貌合神離，只是爲

〔註 143〕〈直督李鴻章致總署李鳳苞電稱雇員駕艦來華實礙公法電〉，《清季外交史料》，卷 47，頁 6～7。

〔註 144〕〈粵督張之洞致總署德欲助法謀華請餌以租界合謀攻法電〉，《清季外交史料》，卷 48，頁 4～5。

〔註 145〕〈粵督張之洞致樞垣規越援台餉無所出擬借德款並設瓊廉瓊欽電線電〉，《清季外交史料》，卷 51，頁 16。

〔註 146〕〈總稅司赫德致總署法國願得英美德各國調停函〉，《清季外交史料》，卷 46，頁 10。

了維護西方國家不平等特權起見，還是共同合作，私底下早已暗潮洶湧。而美國與德國，此時已發展出了各自重大的在華利益，在中國也一改原本合作的關係，矛盾日深，在1890年代初期，這種趨向更是劇烈，終於在甲午戰爭中爆發了出來。

三、美、德對華貿易概況

要正確統計這時期美國與德國對華貿易的情形，極其困難，因爲雙方皆有太多貨物經由英國船運進入中國。依照中國海關的統計方式，一概只問貨物由何國船隻進口，就屬該國貨品，而不問實際的製造國。但是約莫來看，此時期中國貿易仍是英國獨大，而德國與美國互有勝負，分佔二、三位。

經濟上而言，德國與美國類似，也發展出了中國市場攸關德國出口商業生死存亡之觀點，龐大的中國市場可以滿足德國的出口商品，若不能在中國佔有殖民地，德國就會被排斥在中國市場門外。〔註147〕因此理論上而言，她也很注重中國貿易的經營。

例如從下列表2，就可看出在1860年代末期、1870年代初期，北德意志邦聯對華貿易一度後來居上，僅次於英國，超越美國：

表2　各國對華貿易進出口船隻數量、噸數一覽表（1869～1870）

	進口				出口			
煙臺	1869		1870		1869		1870	
	數量	噸數	數量	噸數	數量	噸數	數量	噸數
英國	228	86,620	252	101,237	231	87,109	250	100,792
北德意志邦聯	162	451,171	98	25,752	166	45,402	85	22,593
美國	136	75,487	134	73,906	137	75,658	133	73,688
	進口				出口			
牛莊（營口）	1869		1870		1869		1870	
	數量	噸數	數量	噸數	數量	噸數	數量	噸數
北德意志邦聯	152	44,877	87	24,845	157	43,924	71	19,566
美國	113	26,482	71	26,482	127	45,398	125	48,638

資料來源：參見周惠民，〈自帝國主義成因看1890年前後德國東亞政策之轉變〉，《國立政治大學歷史學報》，8，1991.01，頁93。

〔註147〕Mühlhahn, *Herrschaft und Widerstand in der Musterkolonie Kiautschou*, p. 70.

普魯士統一德意志地區以後，德國對華貿易也有更明顯的提升，可由表 3 看出：

表 3　各國對華貿易船隻數量、噸數百分比一覽表（1871～1872）

	1871		1872	
國名	來華船隻	噸數	來華船隻	噸數
英國	33.3%	38.6%	32.6%	39.1%
德國	42.9%	37.6%	45.0%	38.2%
美國	5.0%	5.6%	8.1%	10.1%
其他	18.8%	18.2%	14.3%	12.6%

資料來源：周惠民，〈德國租借膠州灣研究〉台北市：國立台灣大學歷史學研究所，1979，頁 22。

由表 2、表 3 可以看出，美國因為南北內戰的關係，對華貿易一時劇跌，而北德意志邦聯及其後的德國卻對華貿易大幅進步，因此超越美國。但是儘管其來華船隻比例在 1871 年（同治 10 年）、1872 年（同治 11 年）這兩年超越英國，成為來華貿易船運最大比例的國家，貿易額仍是遠遜於英國。

再從進出廈門港的船舶國籍來看，1871 年（同治 10 年）至 1883 年（光緒 9 年）之間，德國船舶亦只次於英國，居於第二位。根據統計，1871 年（同治 10 年）德國有雙桅橫帆船（brig）公主號（*Princess*）、三桅帆船（Barque）帕馬號（*Palma*）來到廈門；1872 年（同治 11 年），有雙桅橫帆船索爾基德號（*Thorkild*）、約翰娜號（*Johanna*）、麗蓓嘉號（*Rebecca*）、縱帆船（schooner）中國號（*China*）、三桅帆船堤塔妮亞號（*Titania*）到來；1874 年（同治 13 年）有三桅帆船凱薩琳娜號（*Catharina*）到來；1875 年（光緒元年），復有三桅帆船瑪莉號（*Marie*）、雙桅橫帆船阿德雷德（*Adelaide*）、卡里布里號（*Calibri*）至廈；1876 年（光緒 2 年），則有雙桅橫帆船卡爾・路德維格號（*Carl Ludwig*）、古斯塔夫號（*Gustav*）、三桅帆船奧斯卡・穆耶號（*Oscar Mooyer*）、三桅帆船凱薩琳娜號（*Catharina*）到來；1878 年（光緒 3 年）有雙桅橫帆船彼得號（*Peter*）光顧；1880 年（光緒 6 年）有三桅帆船卡爾・威廉號（*Carl Wilhelm*）、縱帆船尤里安娜號（*Juliana*）抵達廈門港。同一時期的英國船隻，皆為輪船，反映了德國還在工業革命迎頭趕上的階段；另一方面，這份統計資料亦包括了法國、挪威、西班牙、瑞典、丹麥、荷蘭、甚至中國的船隻，惟獨不見美國

的船隻，這可能反映美國經由廈門港的對華貿易，進出口的商品主要由英國航運負責。〔註 148〕

表 4　廈門海關 1884 年稅收表

貨幣：中國海關銀

國家	船隻數量	噸數	海岸貿易稅	船隻噸位稅	鴉片（不記入總額）	進口稅	出口稅	總額（鴉片未計入）
英國	613	500,530	16,939.981	29,775	259,271.9+	103,755.612	136,991.032	287,461.625
美國	24	16,599	723.716	177.8	無	1,749.522	2,201.304	4,852.342
德國	132	60,164	14,555.487	4,222.8	16,986.08	17,852.242	30,140.108	66,700.637
荷蘭	11	15,366	無	2,746.8	2,788.83	5,285.943	37,797.666	45,830.409
西班牙	36	18,076	無	1,155.6	26,091.44	2,804.914	3,791.49	7,752.004
丹麥	5	1,957	462.626	無	無	無	24.584	487.21
瑞典與挪威	3	1,215	244.399	186.8	無	609.718	無	1,040.917
俄國	2	462	14.881	92.4	無	0.15	9.802	117.233
泰國	5	1,606	82.129	387.6	無	1,200.93	930.359	2,601.218

資料來源：*China Imperial Maritime Customs, 1884～85*, p. 517.

表 5　廈門海關 1885 年稅收表

貨幣：中國海關銀

國家	船隻數量	噸數	海岸貿易稅	船隻噸位稅	鴉片（不記入總額）	進口稅	出口稅	總額（鴉片未計入）
英國	671	560,673	23,181.836	30,779.4	276,265.963	105,827.951	143,406.97	303,196.157
美國	17	11,652	453.828	1.8	無	1,518.413	951.101	2,925.142
德國	114	56,924	11,676.45	1,412.8	8,935.07	15,053.955	24,505.614	52,348.819
荷蘭	13	17,096	212.188	2,836	14,012.94	8,039.357	41,998.109	53,085.684
西班牙	23	12,645	無	1,490	18,045.583	2,853.034	4,102.587	8,445.621
丹麥	10	3,736	1,633.494	226.4	無	1.5	2,487.383	4,348.777
泰國	4	1,268	73.102	387.2	無	739.980	821.178	2,021.460
瑞典與挪威	11	4,031	1,981.705	494.8	無	393.273	786.824	3,656.602

資料來源：*China Imperial Maritime Customs, 1885～89*, p. 84.

〔註 148〕*China Imperial Maritime Customs, 1882～85* (Shanghai: Statistical Department of the Inspectorate General Customs, 1898), pp. 284～285.

因此，單從廈門海關 1884 年（光緒 10 年）、1885 年（光緒 11 年）中法戰爭時期的統計（表 4、表 5）來看，英國貿易總額共計約 59 萬兩，德國居次，約 12 萬兩，而美國則尚不足 8,000 兩。這裡的統計數據絕對無法反映美國眞正的商業實力，但是從這兩份統計報告來看，可知美國對華貿易完全沒有鴉片，德國卻還是有向中國出口鴉片貿易的情形。

不過，德國的企業和銀行對於中國的憧憬卻很快破滅，因爲中國方面資本短缺，而其他列強的企業莫不在中國市場競爭激烈。從中國對外貿易的百分比來看，德國從 1880 年代中期的 2.5%辛苦升到 1890 年代中期的 5.1%。在所有外國進口至中國的商品中，德國商品占 9%，雖然基本上名列第二位，卻還是遠不及英國，而且由於 1895 年（光緒 21 年）的馬關條約賠款，使得中國無力再訂購太多德國軍火，德國在華貿易至此大受打擊。〔註 149〕

四、從美、德任中國海關官員人數來看雙方勢力的消長

列強在中國的競爭，多少也可從英國人控制的中國海關看出端倪。自從中國與普魯士暨北德同盟建交後，1863 年（同治 2 年）元月，普魯士首任常任駐華代表李福斯與清廷交換了建交條約批准書之後，在中國執行的是俾斯麥保守的海外政策，亦即以英國之命是從、並與美國在內的其他列強保持合作，追求一種西方一致的利益。當時的時代背景，普魯士尚在統一德國的過程，但是李福斯卻不停向英國要求，希望英國控制的中國海關能多聘用北德同盟人士爲海關官員，也好讓普魯士分享一些控制中國內政的機會，這就是俾斯麥政府的西方共同利益。至於英國在獨占對華貿易之餘，爲求自身在華列強領導地位的鞏固，並且對於普魯士刻意示好，以示攏絡，至遲在 1869 年（同治 8 年），英國海關總監赫德就已進用 14 名北德意志同盟人士出任中國海關的高階官員，另外 8 名人士出任低階官員，使得北德意志同盟人士在中國海關的數目，僅僅次於英國。〔註 150〕由此可見，英國攏絡普魯士之用心。根據《中國皇家海關》（*China Imperial Maritime Customs*）對於外籍官員最早的統計，到 1874 年（同治 12 年）6 月爲止，所有 94 名外籍官員中，英籍官員 57 人，德籍則有 11 人，美籍亦有 8 人，其餘國籍爲法籍 14 人、俄籍 1 人、挪威籍 2 人、瑞士籍 1 人。〔註 151〕

〔註 149〕Mühlhahn, *Herrschaft und Widerstand in der Musterkolonie Kiautschou*, p. 83.

〔註 150〕施丟克爾，《十九世紀的德國與中國》，頁 73。

〔註 151〕*China Imperial Maritime Customs, 1871～'75*, pp. 467～472. 11 名德籍官員爲卜德樂（H. Budler）、德璀琳（G. Detring）、夏德（F. Hirth）、康發達（F.

由此可以進一步看出，大英帝國爲了維護其在華利益的平衡，對於新統一的德國以及內戰後復甦的美國，皆以海關官員的職務優惠，除了跟法國在非洲殖民地成競爭關係，但在中國又有合作利益之外，對於她所忌諱在中國積極發展的沙俄，則僅僅給予一個海關重要官員名額。總之，此時期的海關官員員額反映了美國、德國國力上揚，在中國影響力日益增加的事實。

但是從 1895 年（光緒 21 年）初起，總稅務司申呈總理衙門建議獎賞的外籍海關官員名單來看，90 人之中，英國人占了三分之二強，即 60 人，而美籍官員次之，有史特博士、杜德維、哈巴安等 12 人，德籍人士則有聶務滿、穆麟德、阿里文、夏德、史納機等 5 人。〔註 152〕這似乎反映了自甲午戰爭以來，美國對中國的影響力，急起直追，已經超越了巴蘭德公使離職的德國。

於是在美德雙邊關係方面，儘管德國的對華貿易持續成長，不過到了 1894 年（光緒 20 年），卻由於美國已成長爲實力雄厚的經濟巨人，和德國有太多的同質性，都在尋求擴大在中國的商業勢力，跟德國的商業的競爭關係，也從兩國之間的商業戰爭延伸到了中國，因此兩國關係也有了競爭關係。在這個階段，對華貿易量方面，英國雖然還是獨大，但是德國與美國都在後面急起直追，並且互有勝負。很明顯的，爲了爭奪中國市場，德國與美國從中日甲午戰爭起，都在嘗試用不同的管道介入中國事務，而這個過程也是兩國關係在中國蛻變的開始。

五、從中國派遣至美、德的留學生來看

在培養洋務人才方面，特別是國防現代化人才方面，自 1860 年代起，清廷中央與地方撫督歷經近十年商談，才有了基本方案。而派遣留學生出洋學習的國家之中，美國與德國都被賦予極大的期望。

（一）美國方面

1868 年（同治 7 年），根據中美 1858 年（咸豐 8 年）《天津條約》所修訂的《續增條約》，其第七條規定：

Kleinwächter）、克黎（W. Krey）、穆麟德（P. G. von Moellendorff）、密喇（G. F. Müller）、阿理文（E. Ohlmer）、史納機（J. F. Schönicke）、司愛（F. Specht）、施德明（C. C. Stuhlmann）；八名美籍官員爲杜德維（E. B. Drew）、吉羅福（G. B. Glover）、哈門德（J. L. Hammond）、穆好士（W. N. Morehouse）、施堅吉（W. S. Schenck）、廷得爾（E. C. Taintor）、吳得祿（F. E. Woodruff）。

〔註 152〕*China Imperial Maritime Customs, 1893～96*, pp. 19～28.

> 嗣後中國人欲入美國大小官學，學習各等文藝，須照相待最優國之人民一體優待；美國人欲入中國大小官學，學習各等文藝，亦照相待最優國之人民一體優待。美國人可以在中國按約指准外國人居住地方設立學堂，中國人亦可在美國一體照辦。〔註153〕

李鴻章認爲「如輿圖、算法、步天、測海、造船、製器等事，無一不與用兵相表裡，凡遊學他國得有長技者，歸即延入書院，分科傳授，精益求精」，而同治帝感到心動，又因中美前述約文之故，乃准鴻章所議。〔註154〕同時在中國國內，由於中國最早留美學生容閎（1828～1912）積極推動，並受到曾國藩、丁日昌（1823～1882）、李鴻章等重臣的支持，於1872年（同治11年）起，每年選拔30名讀過中國書數年的聰慧幼童，共120人，赴美學習。對於人選，總署衙門特別要求「不分滿漢子弟」，但選擇結果卻是廣東83人、江蘇22人、浙江8人、安徽4人、福建2人、山東1人，主要原因就是八旗子弟不肯遠適異國。〔註155〕而且這批學生的年齡，小者8、9歲，大者14、15歲，主要年齡層則在9、10歲至12、13歲之間。而曾、李對彼等學習目標，就在於培養通曉西方軍政、船政的洋務人才。基本上，期待這些赴美幼童學成歸國時，不過30歲左右，年力方強，正可即時報國。〔註156〕1872年（同治11年），容閎修書耶魯大學校長波特（Noah Porter，1811～1892），表明中國留學生的目的在於學習軍事、海軍、醫學、法律、土木工程，不得入美國籍或滯美不歸，將來要在中國政府各部門工作。〔註157〕容閎除了管理幼童之外，赴美也有考察軍事工業的使命，彼就向李鴻章回報荷波根船廠新近造有世上無敵之鐵甲艦，惟船價需百萬兩且維修費用亦鉅。李鴻章認爲此超出中國預算，不敢再議。〔註158〕1874年（同治13年），李鴻章爲表中美親善，特地命容閎購買50尊格林礮，並於隔年5月即運抵中國。〔註159〕

〔註153〕王鐵崖，《中外舊約章彙編》（一），頁263。

〔註154〕李鴻章著；吳汝綸編，〈論幼童出洋肄業〉卷1（臺北：文海出版社，1979），《李文忠公全集・譯署函稿》，頁20～21。

〔註155〕樊百川，《清季的洋務新政》（一），頁633～634。

〔註156〕李鴻章，〈論幼童出洋肄業〉，《李文忠公全集・譯署函稿》，卷1，頁21。

〔註157〕珠海市委宣傳部編，《容閎與留美幼童研究》（珠海：珠海出版社，2006），頁222。

〔註158〕李鴻章，〈論購槍彈船炮〉，《李文忠公全集・譯署函稿》，卷2，頁51。

〔註159〕《海防檔・甲・購買船礮》，第622號，頁1001。這是整部《海防檔》僅有之1909年（宣統元年）以前，中國向美購礮記錄，由於《海防檔》也未能詳

曾國藩、李鴻章則委由容閎在美國負責安排這批清廷公費留學生的入學、生活事宜。但是容閎的管理辦法，卻是複製當年美國傳教士帶他及另外兩名幼童赴美留學的模式，亦即將第一批學生全部分散寄住美國人家中，雖有利幼童學習英語並融入美國文化，但卻忽略了這批尚不懂事幼童的愛國教育，以致彼等反而生出鄙視中國的心理。〔註 160〕長此以往，幼童赴美學習在中國國內飽受抨擊，最後由於 1880 年（光緒 6 年），容閎因爲數生程度已高，要求國務院准許彼等進入陸軍、海軍軍校就讀，卻遭到國務院以「此間無地可容中國學生」拒絕。〔註 161〕於是清廷在失望之餘，遂於隔年即將赴美公費生全數召回，1881 年（光緒 7 年），即使容閎發動美國前總統格蘭特修書李鴻章，而耶魯校長波特並全體教授簽名上書總理衙門，希望挽回召回中國留學生一事，未果。〔註 162〕至於這批學生最出名者則是已經大學畢業的詹天佑（1861～1919），未來的「中國鐵路之父」。

（二）德國方面

1872 年（同治 11 年），沈葆楨（1820～1879）就已主張派學生至歐洲學習海軍科技，交由總署衙門、左宗棠，李鴻章等人研究，再因 1874 年（同治 13 年）日本侵略臺灣的影響，中國日益重視海防問題，並在翌年將沈葆楨升任兩江總督、南洋通商大臣、南洋海防大臣，並與北洋海防大臣李鴻章共主海防。1876 年（光緒 2 年），李鴻章因鑒於去年美國提督額伯敦來訪，與之在美國使館相談甚歡，欣羨美國各種軍校制度的優點，而額伯敦之後也爲李鴻章設計軍校章程，惟因費用非中國所能負荷，李鴻章覺得不如先選拔軍官赴國外學習較爲實在，又鑒於德國陸軍槍礮操法最爲擅長，而海軍鐵甲兵船日新月異，與英國相當，兼之巴蘭德公使復允諾德國必定善待中國軍官，因之而開啓中國赴德軍校學習的先河。〔註 163〕

1877 年（光緒 3 年），中國派出第一批 35 人的留歐學生，由於英國海軍

記清季每一筆軍火交易，這項記錄彌足珍貴。可以想見，李鴻章購礮居心在於中國留學幼童能夠學習美國軍事科技，因此購礮同美國人拉攏關係。不知是否受挫於中國學生日後未能進入美國陸、海軍校深造，直至宣統年間，中國皆無對美重大軍火交易。

〔註 160〕樊百川，《清季的洋務新政》（一），頁 637。

〔註 161〕樊百川，《清季的洋務新政》（一），頁 645。

〔註 162〕《容閎與留美幼童研究》，頁 234。

〔註 163〕李鴻章，〈議派弁赴德學習〉，《李文忠公全集·譯署函稿》，卷 4，頁 39～40。

冠天下，李鴻章主要派遣學生赴英學習，也有部分學生赴法學習。學生學習項目大抵達到中國要求，尤其駕駛、造船兩項，更爲重要，以致於 1878 年（光緒 4 年）起，中國國內開始與留美學生做比較，「皆咎容純甫（容閎字）與美素習，若早改赴英、德，費省而實效可收。」〔註 164〕此爲中國官派學生赴歐之使。但是中國因爲向德國購置軍艦，在同時也派有數人在德國監造軍艦、並且學習的情形。

1882 年（光緒 8 年），中國則派出第二批只有 10 人的學生赴歐，其中魏暹、陳伯璋、陳才鍴至德國刷次考甫水雷廠學習魚雷修造等法，但魏暹因病改赴法國學習，而陳伯璋卻因爲自費購買試藥，未受到中國駐德使館援助而負債過多，遂自盡身亡。〔註 165〕此外，同年 6 月，李鴻章復派劉步蟾（1852～1895）、邱寶仁、林履中等人赴德國照料鐵艦工程，一方面學習觀摩，並於 1885 年（光緒 11 年）幫忙駕駛定遠等 3 艦回國；一同赴德國者，尙有陸麟清、余貞順、梁祖全、楊兆鋆、胡瀅、陳伯勛、丁應濤等人。彼等爲赴歐留學生名單以外的留學生。〔註 166〕

1886 年（光緒 12 年），又派出第三批學生，共計 34 人，惟此次無人赴德國學習。1890 年代起，因爲英國刁難，而清廷又經費短缺，赴英不成，而赴法 6 人也於 1900 年（光緒 26 年）召回。

有鑒於中國自 1871 年（同治 10 年）開始購買德國克虜伯礮，而克廠也於 1873 年（同治 12 年）爲中國代聘德國軍官李勵協來天津訓練礮隊，成效令李鴻章、沈葆楨滿意，沈即建議李派遣陸軍武弁（軍官）以及槍礮匠人赴德學習。李鴻章深以爲然。1875 年（光緒元年），德使巴蘭德向李鴻章建言：「他日若欲派人赴泰西學習船政、軍政，他國縱有吝嗇，彼國必當盡心幫助。」〔註 167〕而德國來華教官李勵協所擬定的赴德學習章程，期望甚高，第一條甚至說需備妥體面中國衣冠，晉見德皇威廉一世；至於預定學習的三年，內容紮實，舉凡戰略戰術、礮臺畫圖、化學等知識先得學習，再分赴陸、海軍官校，陸軍學習臨陣調度、操演大法，海軍則學習水雷、礮臺、軍艦之事。〔註 168〕隔年，李鴻章就派遣卞長勝等 7 名軍官赴德留學，並委由回國的李勵協以

〔註 164〕樊百川，《清季的洋務新政》（一），頁 657～658。
〔註 165〕樊百川，《清季的洋務新政》（一），頁 660。
〔註 166〕樊百川，《清季的洋務新政》（一），頁 660～661。
〔註 167〕樊百川，《清季的洋務新政》（一），頁 668。
〔註 168〕李鴻章，〈致德使巴蘭德〉，《李文忠公全集・譯署函稿》，卷 4，頁 40～42。

及巴使之兄巴蘭德將軍照料。但是到了德國後，卻因文化隔閡，兼之卞長勝自恃爲花翎頂戴二品游擊，在德國軍營應受優待，而德國軍營則認爲卞某等人來此爲學習，自當視同一律，無分貴賤。雙方摩擦遂起，最後由李勵協及其他德國軍官將卞長勝等 3 名軍官驅逐出營，改爲安排在博鴻機廠學習，後再經中方調查、交涉，改爲在德國海軍的威廉港學習。但李鴻章自知這些軍官年紀較長、不通德文，能在德國學有小成，回國教練就足矣。〔註 169〕後則因爲成效不彰，乃召回卞長勝等 2 名軍官；其餘 4 人留在德營，繼續學習。至 1881 年（光緒 7 年），7 人全部回國，而學習成效未臻原先理想。1888 年（光緒 14 年），李鴻章再派天津武備學堂畢業生 5 人赴德學習，效果不詳，但其中段祺瑞（1865～1936）則爲日後北洋軍閥時代的皖系要角。

（三）綜合上述，筆者試著對於清廷赴美、赴德的留學生做一比較

1. 美國方面

由於中美之間訂有《天津條約》之《續增條約》，顯示美國在中國的軟實力已經增長到爲中國派遣學生學習西方各項先進技術的首選，因此懷抱極大希望，特於 1870 年代初前後遴選 120 名幼童，留學美國，深望彼等學成後能在盛年爲國效勞，爲中國的開發建設起關鍵作用。卻由於美國國務院在 1880 年（光緒 6 年）拒絕中國學生進入陸、海軍軍校學習，復因整體評估留學成效不彰，終於召回這些留學生。此事顯示美國的國家利益與中國的國家利益有所矛盾，蓋美國之利益應在於藉由深植中國之軟實力，在華耕耘商機，在中國市場佔有領先之地位，卻不願中國學習太多的軍事技術，而中國之利益則恰恰相反，希望藉由向美國學習逐步達成富國強兵的目標。國家利益既然衝突，清廷派遣留學生的任務遂告失敗。

2. 德國方面

由於德國公使巴蘭德的關鍵影響力，更由於李鴻章在德國發現似乎能滿足其富國強兵願望的樂土，在中德軍火貿易密切的氛圍下，清廷乃陸續派遣陸、海軍武官，赴德學習軍事科技，雖然這些軍官只是短期深造，有的又因年事較高，未能善盡學習職責，但不可否認的則是，在日後的甲午戰爭中，至少培育出如劉步蟾等幹練的海軍武官。就中德兩國國家利益而言，清廷向

〔註 169〕李鴻章，〈論武弁在德國學藝情形〉，《李文忠公全集・譯署函稿》，卷 7，頁 30～31。

德國大肆購買陸海武備，復膚淺的學習德國制度及技術，至少獲得初步的成功，惟日後因中國本身的各種積弊，未能切實整軍經武，殊爲可嘆；至於德國的國家利益，因爲中國成爲其武器最大購買國，雖然難以統計實際的交易數目，爲了維繫中國市場，故對中國施以一定恩惠，助其軍備現代化，自爲必要之手段，相較之其他列強，可知德國能在中國軍火市場獨占鰲頭，其來有自。

3. 比較之下，吾人實不難做出結論

在 1870 年代至 1895 年（光緒 21 年）爲止，在對中國影響力的競爭方面，德國應是居於上風，優於美國。固然美國在此期間，對華軟實力有所滋長，對華貿易也在列強中漸趨重要，惟其實業界未能對中國大舉投資，無法滿足中國對富強的渴望；反之，德國藉由其源源不絕輸入中國的武備，雖然在整體貿易方面仍遜於英國，但是對中國的政治影響力，日益關鍵，不可輕忽。

第四章　遠東競爭的劇烈化

在進行本章的探討之前，先行背景說明，回顧十九世紀末期列強國家發展的各項數據。

表 6　列強總人口數量暨都市化人口數量表，1890～1910

（單位：百萬人口）

	1890		1900		1910	
	總人口	都市化人口	總人口	都市化人口	總人口	都市化人口
英國	37.4	11.2（29.9%）	41.1	13.5（32.8%）	44.9	15.3（34.9%）
美國	62.6	9.6（15.3%）	75.9	14.2（18.7%）	91.9	20.3（22%）
德國	49.2	5.6（11.3%）	56.0	8.7（15.5%）	64.5	12.9（20%）
俄國	116.8	4.3（3.6%）	135.6	6.6（4.8%）	159.3	10.2（6.4%）
法國	38.3	4.5（11.7%）	38.9	5.2（13.3%）	39.5	5.7（14.4%）
日本	39.9	2.5（6.3%）	43.8	3.8（8.6%）	49.1	5.8（10.3%）
奧匈帝國	42.6	2.4（5.6%）	46.7	3.1（6.6%）	50.8	4.2（8.2%）
義大利	30.0	2.7（9%）	32.2	3.1（9.6%）	34.4	3.8（11%）

都市化人口一欄裏面的百分比數字，表示都市化人口數目占總人口數目的百分比。

資料來源：Paul Kennedy, *The Rise and Fall of the Great Powers* (NY: Random House, 1987), pp. 199～200.

由表 6 可知，1890 年代的美國，人口已比德國多約 1,200 萬，而其都市化人口的比例，亦較德國高出 4 個百分點，如果我們考量美國本土比英國、德國本土加起來都還要大上許多的因素，就可以知道這是何等驚人的比例。同時，西歐殖民主義列強持續藉由東南亞撲向東亞，俄國也跨越西伯利亞大肆向中國北疆擴張，而十九世紀的美洲大陸也發生了第三波同樣指向太平洋

而具有重大歷史意義的運動，這就是美國的崛起。〔註 1〕

表 7　列強鋼鐵生產量統計表，1890～1913　（單位：公噸）

	1890（生鐵）	1900（鋼）	1910（鋼）	1913（鋼）
英國	800	500	650	770
美國	930	1,030	2,650	3,180
德國	410	630	1,360	1,760
俄國	95	220	350	480
法國	190	150	340	460
日本	2	–	16	25
奧匈帝國	97	110	210	260
義大利	1	11	73	93

資料來源：Kennedy, *The Rise and Fall of the Great Powers*, p. 200.

從表 7 的數據資料顯示，美國 1890 年（光緒 16 年）的生鐵產量已經達到 930 噸，已是全球第一強，而同期的英、德兩國分別爲 800 噸與 410 噸；到了 1900 年（光緒 26 年），美國的鋼鐵產量更是驚人，已達 1,000 多噸，更是遠遠高過於英、德兩國。因此可知在本書探討的時間範圍內，美國的重工業生產能力遠遠超過任何國家，如此可以想像德國面對美國競爭時所承受的壓力。

表 8　列強工業潛力對照表，1880～1913　（以 1900 年的英國為 100 分）

	1880	1900	1913
英國	73.3	100	127.2
美國	46.9	127.8	298.1
德國	27.4	71.2	137.7
俄國	24.5	47.5	76.6
法國	25.1	36.8	57.3
日本	7.6	13	25.1
奧匈帝國	14	25.6	40.7
義大利	8.1	13.6	22.5

資料來源：Kennedy, *The Rise and Fall of the Great Powers*, p. 201.

由表 8 可以推算，1900 年美國工業潛力的發達程度。

〔註 1〕Kindermann, *Der Aufstieg Ostasiens in der Weltpolitik*, p.51.

表 9　列強世界製造業產出相對百分比統計表，1880～1913

	1880	1900	1913
英國	22.9	18.5	13.6
美國	14.7	23.6	32
德國	8.5	13.2	14.8
俄國	7.6	8.2	8.8
法國	7.8	6.8	6.1
奧匈帝國	4.4	4.7	4.4
義大利	2.5	2.5	2.4

資料來源：Kennedy, *The Rise and Fall of the Great Powers*, p. 202.

表 9 顯示了自 1880 年（光緒 6 年）起，美國製造業產出始終勝過德國。

若以純商業而論，德國方面資料則顯示，從十九世紀中葉德國全球化開始，到了 1913 年，德國不但成爲出口貿易的工業頭等強國，在世界商業中，她占了 12.3%的比重，幾乎趕上英國的 14.2%，卻優於美國的 11%。〔註 2〕

第一節　美國、普魯士—德國對日本、朝鮮的經營

在探討甲午戰爭之前，有必要先釐清日本、朝鮮〔註 3〕在 1854 年（咸豐 4 年）至 1894 年（光緒 20 年）中日戰爭前夕，這四十年之間與美國、德國的三角關係，如此才能從更寬廣的面向理解甲午戰爭的本質。

一、日本方面

簡言之，在其西化過程中，日本對於美、德兩國懷有獨特的情感：美國具有熱誠襄助日本爭取法權自主（judicial autonomy）、完整主權（complete sovereignty）；對德國則因爲其國家體制與日本類似，故國內極爲贊同師法德

〔註 2〕Boch, *Staat und Wirtschaft im 19. Jahrhundert*, p. 101.

〔註 3〕筆者案：本書中，凡論及韓國者，皆以「朝鮮」稱之，蓋清季的外交公文中，往往是朝鮮、韓國、高麗三者並用，例如李鴻章在 1895 年（光緒 21 年）上奏光緒皇帝，論及《馬關條約》第一條約文爲「中國認明朝鮮國確爲完全無缺之獨立自主」，可知朝鮮爲正式名稱，參見〈全權大臣李鴻章奏中日會議和約已成摺〉，《清季外交史料》，卷 109，頁 8～11；又如李鴻章在 1884 年（光緒 10 年）對總署的報告，可參見其標題〈直督李鴻章致總署韓亂黨用事恐有挾王叛華之意函〉，《清季外交史料》，卷 49，頁 29。至於高麗，偶有用之，惟朝鮮李朝係推翻高麗王朝而立，故決不允許外人以高麗稱之。

國模式。〔註 4〕而日本方面，筆者擬從日本修約運動以及軍界影響力來說明。

（一）日本修約運動

日本與西方列強的關係，也是錯綜複雜。在十九世紀前半葉，執政而鎖國的德川幕府在對外關係方面有兩大隱憂，一是沿庫頁島南下的沙俄勢力，二是也在醞釀用艦礮打開日本國門的英國。針對這種情形，荷蘭國王威廉二世在 1844 年（道光 24 年）就曾修書日本幕府大將軍（shogun），以鴉片戰爭後中國的慘狀爲戒、並說明了西方列強蒸氣輪船的進步，敦促日本莫再鎖國，否則招致西方列強敵意，下場恐怕會與中國一樣，但是德川幕府不爲所動，拒絕與荷蘭立約建交。〔註 5〕不過荷蘭仍持續提供西方列強對日本動向的情報。直至 1850 年代中期，由於英、俄、法都膠著在克里米亞戰爭，無暇東顧，而普魯士則持審慎的中立態度，並無參戰。對美國而言，卻是一個打開日本國門的良機，因此在 1853 年（咸豐 3 年）派遣美國東印度艦隊司令培理（Matthew C. Perry，1794～1858）東來，在其船堅礮利威脅下，日本學者及官員鑑於鴉片戰爭時中國的教訓，覺悟自身軍事實力不足，處於不利之地位，反倒應該與美國人貿易，藉以獲取增強國防所需經費，且在日本軍事科技趕上西方列強時，不宜開戰。〔註 6〕執政之德川幕府遂打破原本兩百多年的鎖國局面，被迫在 1854 年（咸豐 4 年）3 月與美國簽訂所謂的《日美親善條約》（Convention of Kanagawa），此約基本上是一個不平等條約，培理建議雙方簽定與中美《望廈條約》相同的條約，遭到日本拒絕，但是美國卻得以在下田派駐領事，〔註 7〕而且日本在開放下田、箱館（函館）兩個口岸通商之外，美國也取得了議定關稅權、片面最惠國待遇等等特權。但是無論其動機爲何，培理卻未將任何領事裁判權的文字載入約文之中。〔註 8〕很諷刺的一點，美國的領事裁判權卻是在同年 10 月英國與日本簽訂的條約中，因爲英國要求了領事裁判權之後，援引最惠國條款而獲得。當西方列強紛紛與日本簽訂類似的條約後，原本認爲日本這個島國，不甚依賴與外國的商業關係，地位卻日趨重要，〔註 9〕於是 1861 年（咸豐 11 年），普魯士東來的艾林波使團，「可能是

〔註 4〕Vagts, *Deutschland und die Vereinigten Staaten in der Weltpolitik*, V.II, p. 939.
〔註 5〕Dennett, *Americans in Eastern Asia*, p. 256.
〔註 6〕Kindermann, *Der Aufstieg Ostasiens in der Weltpolitik*, p. 48.
〔註 7〕Kindermann, *Der Aufstieg Ostasiens in der Weltpolitik*, p. 48.
〔註 8〕Dennett, *Americans in Eastern Asia*, p. 269.
〔註 9〕Rolf-Harald Wippich, *Japan und die Deutsche Fernostpolitik, 1894～1898: vom*

史上首度幾乎全德意志邦聯的代表」（Erstmals konnte es als Repräsentant fast des gesamten Deutschen Bundes auftreten.），〔註10〕就是在美國總領事哈里斯（Townsend Harris，1804～1878）的斡旋下，與日本達到建交的目的，也簽定了具有領事裁判權、議定關稅權等特權的不平等條約。在這個階段，美國可說是與日本立約建交的先驅，而普魯士則是美國的跟隨者，而且需要美國援助才能與日本建交。

從日本角度而言，在經歷了與西方列強一連串不平等條約之後，德川幕府一直想要修改條約，但是列強以英國爲首，皆持強硬態度，反而要求更多不平等特權，只有美國較具同情心，考慮做些讓步。不過1860年代中期，美國因爲內戰，根本無力顧及日本情勢，而同期的普魯士仍在崛起的過程之中，在日本凡事皆與英國同一陣線。到了1868年（同治7年）元月，一方面明治天皇在京都宣布其爲日本中央政府，發起「明治維新」運動（めいじいしん；Meiji Restoration）；另一方面，德川幕府在江戶（現之東京）仍保有統治實力，日本內戰已是不可避免。因此與各國簽約的德川幕府，不敢提修約之事，只是要求英、法、美、荷、義大利、普魯士等列強勿干涉日本內政，而列強也依舊承認德川政權，靜觀其變。德川政府並且在1月17日許諾由美國人建設江戶至橫濱的鐵路。〔註11〕

當天皇陣營將要獲勝之際，明治政府就著手如何取回外交權利，由於1868年（同治7年）2月的「神戶事件」、3月的「堺事件」〔註12〕處理讓列強滿意，再加上明治政府宣布一概繼承德川幕府與各國所定條約，因此列強同意將日本內戰的兩方視爲交戰團體，保持中立，如此一來，德川幕府原本向美國訂購的「石牆號」（Stonewall）軍艦也不得進口，戰局益發對天皇有利。及至1869年（同治8年）1月，各國正式承認明治政府之後，2月，明治政府

Ausbruch des Chinesisch-Japanischen Krieges bis zur Besetzung der Kiautschou-Bucht: ein Beitrag zur Wilhelminischen Weltpolitik (Stuttgart : F. Steiner, 1987), p. 32.

〔註10〕Wippich, *Japan und die Deutsche Fernostpolitik*, p. 32.

〔註11〕信夫清三郎；天津社會科學院日本問題研究所譯，《日本外交史》（上）（北京：商務印書館，1992），頁117。

〔註12〕「神户事件」由於備前藩軍隊毆打外國人，引起列強海軍先封鎖神户，觀察明治政府如何處理後續。明治政府立即道歉，並且命令備前藩隊長切腹自殺，以示懲處；「堺事件」則是大阪士兵槍擊法國測量的水兵，造成11死5傷的事件，明治政府立刻道歉、賠償15萬美元、並下令20名士兵切腹自殺謝罪。這兩個事件使得列強極滿意明治政府的態度，有助於承認天皇政權。

就與普魯士駐日總領事巴蘭德簽定《日本國德意志北部聯邦修好通商航海條約》，但是此約更加確定了普魯士方面的領事裁判權，也就更強化了不平等性。〔註 13〕後來明治政府鞏固了國際地位之後，在 1872 年（同治 11 年）初就任命岩倉具視（1825～1883）爲特命全權大使，率領木戶孝允（1833～1877）、大久保利通（1830～1877）、伊藤博文（1840～1909）至美國、歐洲各國，婉言嘗試修改條約，皆遭峻拒。

此時統一後的德國，卻在對日外交方面有了優勢。由於日本科班出身的外交官青木周藏（1844～1914），留學德國，爲日本的「知德派」，〔註 14〕因此德國外交部遂發展出了「我們最優先的事項總是青木先生留任」（Die Hauptsache für uns ist immer, daβ Herr Aoki bleibt.）的對日政策。〔註 15〕誠然，青木無論是駐紮德國或是擔任外務大臣，與其他日本外務大臣比較，確實較能兼顧德國利益，這點可從甲午戰爭、庚子事變時期的日本外交文書中看出來。雖然德國具有這種獨特的優勢，但是德國並未盡可能的利用，因爲受限於俾斯麥的大陸政策，孤立法國的方式之一就是在海外與英國合作，不去碰觸英國的逆鱗。而英國始終對日本修約的要求嚴厲反對。因此德國就亦步亦趨的跟隨英國，在 1890 年代以前，也反對日本修約。

1873 年（同治 12 年），日本外務卿（1885 年、光緒 11 年起改稱外務大臣）寺島宗則（1832～1893）上任後，亦亟思修改條約，因故在 1878 年（光緒 4 年）才對美國與歐陸列強展開第一次修約談判，目的則是先收回關稅自主權。而美國既爲最同情日本之列強，已先一步主張外國人在日本須遵守日本行政法令。現在因爲日本戰略地位在美國東亞政策中的提昇，兼之日本復以新開港口爲條件，何況美日當時貿易額每年不到 300 萬日圓，就以其他列強同意爲但書，同意日本關稅自主。〔註 16〕但是歐洲列強，特別是英國反對，英國公使巴夏禮（Harry S. Parkes，1828～1885）也串聯德國公使反對，因此日本第一次修約談判以失敗告終。

〔註 13〕信夫清三郎，《日本外交史》（上），頁 127。

〔註 14〕青木周藏爲日本長州人士，留學德國，並娶德國貴族之女 Elisabeth von Rhade 爲妻。1870 年代至 1880 年代，長期擔任日本駐德國代理公使、公使；1889 年 12 月至 1891 年 5 月首度擔任外務大臣，爲日本首位外務省（外交部）出身的外務大臣；1892 年至 1898 年，任駐德兼駐英大使；1898 年 11 月至 1900 年再出任外務大臣；1906 年擔任駐美大使。

〔註 15〕Wippich, *Japan und die Deutsche Fernostpolitik*, p. 48.

〔註 16〕米慶餘，《日本近代外交史》（北京：新華書店），1988，頁 73。

井上馨（1836～1915）1879 年（光緒 5 年）繼任外務卿後，鑒於日本與列強的多起不愉快事件，〔註 17〕於是在 1880 年（光緒 6 年）提出了收回部分關稅自主權、部分治外法權（領事裁判權）第二次修約談判，雖然美國依然同情日本，但是英國再次聯合德國等歐洲列強，找盡藉口行反對之實，是以井上外務卿的修約談判也告失敗。及至 1888 年（光緒 14 年）2 月，外務大臣大隈重信（1838～1922）雖然提出更爲靈活的第三次修約談判，企圖先收回部分關稅自主權與治外法權，並且於新約締結之後五年完全收回治外法權，但是由於還是允許列強先保留治外法權，卻遭到日本國內反對，修約無成，大隈也因暴徒炸傷而下臺。不過這次修約談判，除了原本較支持的美國以外，德國立場也有所鬆動，唯獨英國依然不動如山。1889 年（光緒 15 年）年底，在長洲出身之軍、政元老山縣有朋（1838～1922）組閣下，青木周藏擔任外務大臣後，對英國交涉較預期順利，而德國也因爲青木之故，至少須給其面子，在修約立場上更鬆動，但青木很快就因爲山縣內閣解體而隨之下臺，第四次修約亦無疾而終。

從 1890 年（光緒 16 年）起，日本修約的企圖卻因爲國際局勢的變化而有所斬獲。由於英俄在全球對立，1880 年代英國就已對俄國在朝鮮的活動有所警覺，因此基本上是聯合中國來對抗沙俄，日本原本就對沙俄勢力東來感到不安，但是沙俄自 1890 年代初期開始建構的西伯利亞大鐵路，在英、日看來就是日後吞併朝鮮的先聲，於是兩國有了互相利用的盤算。1890 年代初期，西方列強就已評估日本軍事實力至少不下於中國，因此英國對日本有了新的認識，認爲可供其抵擋俄國勢力，而日本則是想要拉攏英國作爲盟邦，侵略朝鮮、中國時可無後顧之憂。

就在這種背景之下，1894 年（光緒 20 年）的陸奧宗光（1844～1897）外務大臣，就先以英國爲第五次談判修約的對象，雖然幾經周折，日本終於成

〔註 17〕先是英國人哈特利（J. Hartly）走私鴉片進日本，1882 年 2 月，英國領事法庭卻判決無罪；然後 1879 年 7 月，德國輪船「赫斯培利亞」號在英國公使巴夏禮唆使下，仗著軍艦護航，從流行霍亂的中國硬闖橫濱港，完全無視日本法令，目的則是向美國前述外國人須遵守日本法令的主張示威。至同年底，據說日本死於霍亂者已達十萬人。這也是英德聯手壓迫日本的一例。參見信夫清三郎，《日本外交史》（上），頁 175～176。通商口岸的橫濱，其山下公園也成了「日本人不得入內」禁地；1886 年，英國貨輪「諾曼敦」號駛離因爲失事，船長放棄二十五名日本乘客，致使全部罹難，而英籍船員全數獲救，事後英國領事法庭在日本抗議下，才將船長輕判三個月苦役。參見米慶餘，《日本近代外交史》，頁 75。

功與英國在 1894 年（光緒 20 年）7 月 16 日簽定了《日英通商航海協定》，基本上廢去了領事裁判權的不平等條款，並在原則上收回了部分關稅自主權。〔註18〕7 月 25 日，日本就發動了豐島海戰，甲午戰爭遂不宣而戰。由此可知，《日英通商航海協定》對中國的負面影響。

至於美國與德國，由於頑固的英國終於妥協，原本同情日本的美國也在同年 11 月與日本簽訂新約，而之前美國採取與所有歐洲列強相反的同情政策，至少對英國構成了壓力，可說是促使日本成功修約的關鍵因素。而德國卻在 1896 年（光緒 22 年）才與日本簽訂新約，卻還保有許多德國人在日本擁有土地特權的條款。〔註19〕

（二）德國在軍界的影響力

日本明治維新的過程中，培養現代化軍隊是極關鍵的一個環節。日本陸軍原先是學習法國軍制而建，並且雇用法國軍事顧問指導，故在 1873 年（同治 12 年）以前，鮮有普魯士人、德國人在日行動。不過山縣有朋在 1869 年（同治 8 年）赴歐考察時，在普魯士就經由青木周藏翻譯，對普魯士陸軍制度留下深刻印象；而同年底被譽爲「日本現代陸軍之父」的大村益次郎（1824～1869）辭世，法國陸軍也就失去主要的支持者，而且日本軍界也覺得法國陸軍「欠缺紀律與軍事嚴肅性」。〔註20〕

德法戰爭後，日本陸軍軍官赴德留學者日益增多，蔚爲主流，也使得德國有深入培養影響力的良機。1878 年（光緒 4 年），日本改革軍制，在柏林歸來之陸軍中校桂太郎（1848～1913）建議下，先是仿效德國的參謀本部（Generalstab）（大陸譯作總參謀部），也成立了只接受天皇命令的參謀本部，首任參謀本部長則由山縣有朋出任。這是日本陸軍不受政府節制，步向軍國主義的開始。〔註21〕1882 年（光緒 8 年），日本進一步模仿德國成立戰爭學院，雇用德國顧問傳授戰術戰略，梅克爾（Jacob Meckel，1842～1905）少校，1885 年（光緒 11 年）至 1888 年（光緒 14 年）在東京講學就是著名的例子；〔註22〕

〔註18〕米慶餘，《日本近現代外交史》（北京：世界知識出版社，2010），頁 58。

〔註19〕米慶餘，《日本近代外交史》，頁 88。

〔註20〕Sven Saaler, "The Imperial Japanese Army and Germany," in Christian W. Spang and Rolf-Harald Wippich (eds), *Japanese-German Relations, 1895～1945: War, Diplomacy and Public Opinion* (New York: Routledge, 2006), p. 24.

〔註21〕Saaler, "The Imperial Japanese Army and Germany," p. 24.

〔註22〕Wippich, *Japan und die Deutsche Fernostpolitik*, p. 43.

事實上，在日本瘋狂西化的過程中，此時亦將德國視作採用西方文明之「適應的母體」（Adaptationsmatrix），舉凡各種科學、醫學、哲學、音樂等等，皆在學習德國，而1889年（光緒15年）的《大日本帝國憲法》，更是學習德意志帝國之作。〔註23〕可見德國影響之深。

而德國軍界如何看待日本呢？軍界人士就認爲：「日本忠實保留了普魯士制度，而且所有的軍事事項唯獨依靠普魯士——德國。」〔註24〕

綜合上述，可知至1894年（光緒20年）止，德國照說擁有比其他列強、包括美國在內，對日本有更大的影響力。但是當德國爲其歐洲政策所制約，在甲午戰爭時必須結好俄國，干涉還遼，以免1890年（光緒16年）威廉二世廢除「再保條約」的效應擴大、俄法更密切合作的情況下，就犧牲了與日本的良好關係，從而也就失去了對日本的影響力，相對的，美日關係則更緊密的發展。長遠看來，對中國益發不利。

二、朝鮮方面

在當時中國地緣政治之中，朝鮮是最爲重要的外圍藩屬國家，若能控制朝鮮則滿洲（東北三省）就有了屏障。故有清官員對於朝廷龍興之地的安危乃格外重視，對於朝鮮也就賦予重大的意義。朝鮮之引起國際關注與競爭可說是由於其戰略重要性：她是溝通亞洲大陸與日本的橋樑；她在陸地與中、俄兩國接壤，海陸則與日本相鄰；她擁有不凍港，可以開通或阻礙俄國向太平洋的出口。而朝鮮政府的脆弱、腐化、分裂，可說大大鼓勵了列強的勢力角逐。〔註25〕不過中國對朝鮮的利益之所在，卻和美國在朝鮮發展勢力之企圖、兼之其後日本也開始染指朝鮮的圖謀，有所衝突。而中國喪失對朝鮮宗主權，可分爲三個階段：（一）從明治維新到1876年（光緒2年）日朝《光華條約》；（二）從《光華條約》到1885年（光緒11年）中日《天津條約》；（三）從《天津條約》到1895年（光緒21年）中日《馬關條約》。〔註26〕

〔註23〕Wippich, *Japan und die Deutsche Fernostpolitik*, pp. 42～43.

〔註24〕Wippich, *Japan und die Deutsche Fernostpolitik*, p. 53.

〔註25〕George A. Lensen, *Korea and Manchuria between Russia and Japan,1895～1904* (Tallahassee: The Diplomatic Press, 1968), p.2.

〔註26〕梁伯華，《近代中國外交的巨變：外交制度與中外關係變化的研究》（香港：商務印書館，1990），頁90。

蓋美國素來希望擴展其對遠東之貿易，而朝鮮之李朝始終藉口為中國之藩屬，無權決定通商，對於西方國家亦如同日本，採取閉關鎖國政策。1845年（道光25年）美國紐約州議員兼眾議院海軍委員會主席普拉特（Z. Pratt）就向眾議院提交過《開放朝鮮的議案》；1853年（咸豐3年）元月一艘美國船隻駛入朝鮮東萊府的龍堂浦。直至1863年（同治2年），朝鮮係由史稱興宣大院君的李昰應（1820～1898）把持政務，他乃是李朝高宗李熙（1852～1919）之父。其人守舊保守，不願與西方國家來往。又發生所謂「舍門將軍號事件」。〔註27〕1866年（同治5年）、1867年（同治6年）之間，美國幾度派出軍艦試圖尋找舍門將軍號，未果。1868年（同治7年），則有美國人全根司（F. B. Jenkins）發掘平壤之王陵，盜竊殉葬之金銀珠寶。〔註28〕1871年（同治10年）6月10、11日之間，美朝之間又爆發「辛未洋擾」事件，〔註29〕而經歷這些事件以後，大院君益發固執其鎖國的念頭，以致於美國想打開朝鮮的門戶仍然是不得其門而入。整個事情必須在十一年之後，才有了突破。

但是從這些美國與朝鮮的衝突來看，美國未對朝鮮的宗主國中國有太多交涉，而中國很顯然因為面對西方列強，自身都是多事之秋，故對於藩屬國之問題，無力處理，因此也就抱著一種多一事不如少一事的心態。

1870年（同治9年）8月底，李鴻章授直隸總督，未幾又加授北洋通商大臣，中國正式進入李鴻章主政外交關係的時代。此後一連串與日本關係的演變，背後則有著美國隱而未顯的影響力，卻也關係到中美在朝鮮的關係：首先，在李鴻章主導之下，1871年（同治10年）之秋，清廷與日本外務大臣柳原前光（1850～1894）談判、繼而與其繼任者伊達宗城（1818～1892）簽訂了《中日修好條約》、《中日通商章程：海關稅則》。《中日修好條約》之「第

〔註27〕在1866年8、9月之間，美商普雷斯頓（W. B. Preston）將美式的兩帆船舍門將軍號（*General Sherman*）改裝為武裝商船，企圖赴朝鮮貿易，一探究竟。舍門將軍號之船長及駕駛員均為美國人，水手多為中國人，並有李八行為筆談翻譯，英國人何各斯（George Hogarth）為韓文翻譯，英國聖公會傳教士崔蘭軒（Rev Robert Thomas）亦乘該船赴朝鮮逕行傳教。舍門將軍號自中國煙臺出發，抵達朝鮮大同江之後，不顧朝鮮官員之阻攔，執意溯江而上，於是和朝鮮官員發生衝突乃至激戰，最後連崔蘭軒在內，所有船員都喪生。在其航行過程，據說崔蘭軒還曾上岸欲盜掘朝鮮王陵。

〔註28〕王芸生輯，《六十年來中國與日本》（一）（上海：上海書店，1991），頁330。

〔註29〕原因就是美國政府為了追究「舍門將軍號事件」，這次派出艦隊攻打並登陸江華島，而美軍卻在夜間遭到當地居民襲擊而撤退。

一條：嗣後大清國、大日本國被敦和誼，與天壤無窮。即兩國所屬邦土，亦各以禮相待，不可稍有侵越，俾獲永久安全」、「第二條：兩國既經通好，自必互相關切。若他國偶有不公及輕藐之事，一經知照，必須彼此相助，或從中善為調處，以敦友誼」，第一條即是為了預防日本對朝鮮之野心；第二條則希望保障兩國間的和平，日本人雖然不願意，但形勢比人強，只得簽字。由此亦可見李鴻章在談判過程中，拋棄了中國固有之上國思想，願與日本國交平行，互派使節，但堅拒將最惠國條款納入。李的著眼點即在於日本「距中國近而距西國遠，攏絡之或為我所用，拒絕之則必為我仇。」也就是說，此時李鴻章已經注意到了日本的發展，勢成中國之隱憂，必須審慎應對。尤其在 1871 年（同治 10 年）間，就有傳言，日本兵船將隨同美國兵船前往朝鮮，調查「舍門將軍號事件」，這使得李鴻章憂心美國和日本在朝鮮合作的可能性，並向總理衙門表示一旦日本成為朝鮮直接的威脅，朝鮮將難以對抗。〔註 30〕再者，牡丹社事件的發生，頗出於李鴻章意外，牽涉到了琉球與臺灣兩地。〔註 31〕三者則是日本與朝鮮的一個不平等條約《江華條約》、日本名《日朝修好條規》的簽訂。先是 1873 年（同治 12 年）12 月，朝鮮王妃閔妃及其外戚集團策動宮廷政變，自興宣大院君處奪得政權。相較興宣大院君之嚴格的鎖國政策，閔妃集團傾向於開放國門，而日本方面在前述「牡丹社事件」成功獲得了中國 50 萬兩白銀的賠款，得寸進尺，又想在朝鮮製造事端，再次試探中國底線並準備以武力打開朝鮮國門。1875 年（光緒元年），

〔註 30〕金基赫，〈李鴻章對日本和朝鮮政策的目的，1870～1882 年〉，收入劉廣京、朱昌峻編，陳絳譯校，《李鴻章評傳：中國近代化的起始》（上海：上海古籍出版社，1995 年），頁 180～181。

〔註 31〕原來亦在 1871 年 10 月，琉球國一艘向日本上繳年貢船隻，回航時因遭遇颱風漂流至臺灣屏東之九棚灣牡丹社，登陸者遭原住民殺害，虎口餘生者後在當地漢人營救下前往臺灣府，由清政府官員安排轉往福州，乘船歸國。當時，此類事件按慣例皆由中國政府撫卹並送回琉球王國，原本與日本政府無涉。可是由於琉球既為中國屬國，復朝貢於日本，這就使得問題複雜化。因為此時日本一方面欲試探中國底線，一方面又要為其國內提出「征韓論」之激進份子尋求發洩管道，遂在 1874 年 5 月興師問罪，直撲牡丹社。中國也隨之動員軍隊，中日戰爭一觸即發。後在英國調停下，日本派內務卿大久保利通來華談判，簽訂《北京專約》，李鴻章為息事寧人，承認日本出兵為「保民義舉」並給予 50 萬兩撫卹之賠償。此後，日本依此斷定清廷不否認琉球是日本的屬地，在 1875 年進行所謂「琉球處分」，令琉球終止向中國朝貢，更在 1879 年將琉球改置沖繩縣，而中國則從未放棄琉球宗主權對日本提出抗議，時至二十一世紀的今日，仍為中日間懸案。

日本派出「雲揚號」等三艘軍艦到朝鮮首都漢城（今韓國首爾）附近之江華灣，大肆尋釁燒殺，史稱「雲揚號事件」；日本政府並以黑田清隆（1840～1900）爲全權辦理大臣，井上馨爲副全權辦理大臣，率軍艦重兵赴朝鮮江華島，準備與朝鮮官方交涉，表面上追究「雲揚號事件」的責任，事實上則是利用此機會打開朝鮮的國門。由於日本還不太確定中國身爲朝鮮的宗主國，將對日本挑釁朝鮮作何反應，同時亦派森有禮（1847～1889）前往北京，試探清廷的態度，而中國之總理衙門居然答覆：「朝鮮雖隸中國藩服，其本處一切政教禁令，向由該國自行專主，中國從不與聞，今日本國欲與朝鮮修好，亦當由朝鮮自行主持。」〔註32〕對於朝鮮，清廷則勸告其息事寧人，不要與日本發生戰爭，蓋李鴻章告之：「密致朝鮮政府一書，勸其忍耐小忿，以禮接待或更遣使赴日本報聘，辨明開礮擊船原委，以釋疑怨，爲息事寧人之計。」〔註33〕朝鮮在無奈之餘，唯有與日本立約修好，被迫允讓日本人自由貿易、免征關稅、貨幣使用權、領事裁判權等權利。法國史學家貝斯漢德（Roger Bersihand）謂之：「日本人既竭力企圖廢除歐洲人在日本的治外法權，卻要求在朝鮮得到此特權，而且不准朝鮮人也擁有對等權利。」〔註34〕

總的來說，李鴻章之所以採取息事寧人的政策，處處對日本退讓，實是因爲中國內有幕後有英、俄支持的新疆阿古柏（Muhammad Yaqub Bek，1820～1877）之變，該叛亂自1865年（同治4年）持續到1877年（光緒3年），中國已是疲於奔命，其後又因沙俄趁阿古柏之變出兵占有伊犁，在1879年（光緒5年）、1880年（光緒6年）間窮於對俄交涉，根本無力顧及海外的琉球；另一方面，自1870、1880年代開始，各方皆謠傳沙俄的勢力不但深入朝鮮，而且將要取代中國控制朝鮮，因此中國方面在權衡得失之後，認爲若能在各國承認中國對朝鮮宗主權的前提下，使朝鮮與列強建交，則可收防堵沙俄、日本之效，例如恭親王等即上奏光緒帝：「東洋三國：曰日本，曰琉球，曰朝鮮……而朝鮮尤爲中國東三省屏蔽，實有脣齒相依之勢……查本年五月據丁日昌條陳海防事宜摺內，聲稱『朝鮮不得已而與日本立約，不如統與泰西各國立約。日本有吞噬朝鮮之心，泰西無滅絕人國之例。將來兩國啓釁，有約

〔註32〕郭廷以、李毓樹等編，《清季中日韓關係史料》（二）（臺北：中央研究院近代史研究所，1972），頁271。
〔註33〕李鴻章，〈論日本派使入朝鮮〉，《李文忠公全集・譯署函稿》，卷4，頁30～31。
〔註34〕Kindermann, *Der Aufstieg Ostasiens in der Weltpolitik*, p.65.

之國皆得起而議其非。日本不致無所忌憚』」；〔註 35〕李鴻章則對朝鮮高宗之太師李裕元曉諭：「況日本諂事泰西，各國未嘗不思借其勢力侵侮鄰邦。往歲西人欲往貴國通商，總見拒而去，其意終未釋然。萬一日本陰結英法美諸邦，誘以開埠之利，抑或北與俄羅斯勾合，導以拓土之謀，則貴國勢成孤注，隱憂方大……若貴國先與英德法美交通，不但牽制日本，並可杜俄人之窺伺，而俄亦必隨即講和通好也」；〔註 36〕李鴻章在前述恭親王等人之後約一年半復上奏光緒帝：「臣維朝鮮久隸外蕃，實爲東三省屛蔽，與琉球孤懸海外者形勢迥殊。今日本既侵滅琉球，法國又割據越南沿海六省，中國已有鞭長莫及之勢。我藩屬之最親切者莫如朝鮮。日本脅令通商，復不允訂稅則，抑勒把持，計甚陰狡，非先與美國訂一妥善之約，則朝鮮勢難孤立；各國要求終無已時。」〔註 37〕也就是說，在李鴻章等人之盤算下，認爲西方列強之中，最友善之邦自爲美國，因此若能藉美國之力，必能帶動列強，也就保障了朝鮮，何況日本必定受制於美國，在朝鮮問題上也就有所節制，而沙俄也會因爲被迫加入列強與朝鮮修約的行列，不敢蠢動。若朝鮮得以保全，則中國之滿洲也就安全了。在這種考量下，李鴻章處處與日本爲善，爲的就是中國與日本能在朝鮮問題上攜手合作，當然其亦有著日本不如沙俄強大，必要時還可以加以控制的想法。

這十來年間（1871 年、同治 10 年至 1882 年、光緒 8 年）東亞地區的各種事件發展，美國官方自是密切關注其雖然經歷了幾任總統之更迭，對於打開朝鮮之門戶始終興趣不減。至於美國與日本之間，有著一種奇妙的心理作用，因爲美國首先以艦礮外交開啓日本門戶，自此日本走上維新之路，事事學習西方列強，進步迅速，這點極令美國人引以爲豪，誠如漥田文三在其《支那外交通史》所言：「美國認爲日本人的成功，就是美國人子弟的成功。」〔註 38〕在前述美國之於中日關係背後隱密的影響力，則是美國對臺灣也產生過興趣，1840 年（道光 20 年）至 1846 年（道光 26 年），美國長老會（American Presbyterian）牧師赫普伯恩（J. C. Hepburn，1815～1911）就在臺灣實地調查；

〔註 35〕蔣廷黻編，《近代中國外交史資料輯要》（中卷）（臺北：臺灣商務印書館，1959），頁 374～375。

〔註 36〕蔣廷黻編，《近代中國外交史資料輯要》（中卷），頁 376～378。此外，中方亦有逕寄朝鮮王廷之駐日參贊黃尊憲的〈朝鮮策略〉，力勸其與美國修約建交。

〔註 37〕蔣廷黻編，《近代中國外交史資料輯要》（中卷），頁 379～380。

〔註 38〕林子候，《甲午戰爭前夕中日韓三國之動向》（嘉義：大人物，2001），頁 184。

敲開日本國門的培理，也在1854年（咸豐4年）來過基隆，建議美國政府奪取臺灣；1867年（同治6年），由於美國船隻「海盜號」（Rover）事故，7名水手在臺灣南部屏東的傀仔舟登陸，被當地生藩（原住民）殺害，美國就派遣海軍兩隻艦艇來報復，又被擊退，改由美國駐華公使對清廷交涉，並由美國駐廈門領事李仙得（Charles W. Le Gendre，1830～1899）會同清官員來屏東調查，李仙得雖然與原住民交涉只能取回美國死者遺物，卻藉機瞭解了當地地形。當1874年（同治13年）日本決定出兵臺灣時，李仙得不但爲日本引路，提供臺灣地圖給日軍，而且又引來了美國海軍大規模的參與，美國陸、海軍高層指揮日軍，更有許多美籍軍人參與日軍行列。不過整起事件，卻由美國駐日公使平安（J. A. Bingham，1815～1900）出面阻止日本出兵，理由是臺灣既爲美國所承認之中國領土，所以反對日本雇用美國人員與船隻進攻臺灣。〔註39〕1880年（光緒6年）6月，中日緊張之際，赫德甚至得到情報，日本一旦主戰派得勢，將派遣4萬外國訓練的軍隊，30艘礮艦，68艘輪船，猛撲廈門，甚或中國更北方之某處。故自該年元月起，李鴻章甚爲憂心中國將在半年之內遭受俄國與日本的夾攻。〔註40〕其實，美國對臺灣之覬覦，若放大來看，就可以發現其東亞政策是希望中國、日本、朝鮮三個國家互相矛盾，不要團結在一起，才符合美國利益。誠如其駐日公使德朗（C. E. Delong，1832～1876）1872年（同治11年）回報國務院所言：

> 因此，我一向認爲西方國家的外交代表們的眞實政策，應當是鼓勵日本採取一種行動路線，使日本政府徹底反對這種主義（指閉關自守或與中朝聯盟），使日本朝廷與中國及朝鮮政府相疏隔，使它成爲西方列強的一個同盟者。
>
> 在目前形勢下，我深信已經發現了一個執行我這些計畫的機會。可能用不著流血，但是如果要動干戈，可以使那個戰爭成爲把臺灣和朝鮮莊嚴的領土放在一個同情西方列強的國家的旗幟之下的戰爭，……使日本從國內混亂中解脫出來，並鞏固當今日本天皇的進步的和開明的統治。〔註41〕

〔註39〕這個事件的經過，記載於王芸生輯，《六十年來中國與日本》（一），頁104～109。

〔註40〕Hsü, *The Ili Crisis*, p. 116.

〔註41〕Treat, *Diplomatic Relations between the United States and Japan*, V.1, pp.476～477；翻譯轉引自王芸生輯，《六十年來中國與日本》（一），頁106。

現在美國政府眼見日本師法美國人，用一樣的手法敲開朝鮮國門，自是躍躍欲試，於是在 1878 年（光緒 4 年）底，決定派遣海軍中將薛斐爾（Robert W. Shufeldt）率艦東來，再訪朝鮮諮商建交事宜。在 1880 年（光緒 6 年）之間，薛斐爾先開赴朝鮮釜山，要求通商，遭到朝鮮的拒絕，再謀求日本方面，居間代爲協調建交通商，終歸枉然。後來薛斐爾又轉赴中國駐長崎領事館，請求中國協助，由於促使朝鮮與美國建交正符合中國此時的東北亞戰略考量，李鴻章先是邀請薛斐爾至天津相會，商討相關事宜。最後在中國斡旋之下，朝鮮同意與美國建交。在 1882 年（光緒 8 年）5 月 22 日，清廷官員馬建忠（1845～1900）、丁汝昌（1836～1895）的監理下，由朝鮮代表申櫶、金弘集與薛斐爾締結《朝美修好通商條約》（Treaty of Amity and Commerce）。這個條約基本上仍然是片面的不平等條約，美國得以享有治外法權、片面最惠國待遇、並損害了朝鮮的關稅自主權，不過較之《江華條約》，已是平和許多。此時問題卻在於中國宗主權方面。由於美國堅不承認中國與朝鮮有藩屬關係存在，只認定朝鮮是個獨立自主的國家，李鴻章的盤算就失算了。原本約文第一條，就須明定朝鮮爲中國屬邦，不過「薛斐爾……談及約內第一條，彼終謂有礙平行體統，且電復未至，斷難擅允。詢以何天爵（Chaster Holcombe，1844～1912）〔註 42〕在京所譯第一條洋文，則謂未經攜來，亦並不知所譯是何言語。詞意之間，甚爲決絕。若必以此條例入約中，勢將以固執費事。不得已議令朝鮮國王，於約外另備照會一通，聲明爲中國屬邦……則美國於此條雖未允列約內，而約先既許聲明，似即與認明朝鮮爲我屬邦無異。」〔註 43〕誠然，李鴻章等人爲此所謂折衷之計，由朝鮮之高宗李熙另備照會一通，聲明：

> 大朝鮮國君主爲照會事，竊照朝鮮素爲中國屬邦，而內治外交，向來均由大朝鮮國君主自主，今大朝鮮大美國彼此立約，俱屬平行相待。大朝鮮國君主明允將約內各款，必按自主公例，認眞照辦。至大朝鮮國爲中國屬邦，其分內一切應行各節，均與大美國毫無干涉。除派員議立條約外，相應備文照會。需至照會者。右照會大美國伯理璽天德。大朝鮮開國四百九十一年，即光緒八年三月二十八日。〔註 44〕

〔註 42〕由於時任美國公使館參贊的何天爵，被清廷認爲刁鑽難纏，李鴻章日後甚至向美國聲明不接受何某繼任公使。

〔註 43〕蔣廷黻編，《近代中國外交史資料輯要》（中卷），頁 383。

〔註 44〕蔣廷黻編，《近代中國外交史資料輯要》（中卷），頁 382～383。

對於這樣的聲明，美國方面雖然未當場反對，也收下這份照會，但是在其官方檔案之中，也未加以收藏。而從其後的行動觀之，美國官方是絕不承認中國之宗主權，其在當時列強中，是唯一與日本採取相同步調，與朝鮮互派公使級之外交代表。另一方面，李鴻章又爲自己的失算之處，有所開脫，向總署解釋：「蓋西洋屬邦有所謂半主之國：通商稅則可自訂立，朝鮮自與英德美商定稅則……按之西例半主屬邦，尙無不合。若必令將中華屬國載在約內第一款，朝鮮即可遵行，美爲合眾聯邦，尙不可允，英德龐然自大，更無允行之理。彼與中國朝鮮皆係立約平行。若朝約內明載中屬，自覺有礙體面，我亦未便強令更正。但有照會另行聲明載在盟府，日後各國設相侵陵，或朝鮮有背釁之處，中國儘可執義責言，不至竟成法越覆轍。」〔註 45〕儘管中、美之間對於朝鮮是否爲中國藩屬的問題，存在重大歧見，但是李鴻章仍然願意以變通的方式促成此約，就在於他認爲如此一來，一者中國可以聯合美國制止日本對朝鮮的侵略，二者也可將朝鮮帶入國際社會。〔註 46〕

不過若設身處地，從李鴻章之處境來看，英、德、法、俄等歐洲列強確實也是不容許中國在約文開宗明義就指出中國乃朝鮮之宗主國，否則彼等豈非連日本之地位猶不如。是以，繼美國與朝鮮立約建交之後，英國、德國、義大利、俄國、法國、奧匈帝國等列強比肩而來，援引美國之例，旋即與朝鮮也簽訂了類似條約，朝鮮自此門戶洞開。在美國與朝鮮建交談判期間，其他列強也在密切觀察，特別是英、德、法三國。三國之中，英國率先行動，駐華公使威妥瑪要求李鴻章介紹英國海軍提督威爾斯（George Willes）赴朝洽談建交立約，同時威妥瑪、法國公使寶海（Albert Bourée，1838～1914）、德國公使巴蘭德又要求代理直隸總督張樹聲（1824～1884）寫介紹信，好與朝鮮建交。〔註 47〕於是英國繼美國之後，於 1882 年（光緒 8 年）6 月初由威爾斯與朝鮮建交立約，而德國在此方面，可說是緊緊跟隨英國，也於同月底由巴蘭德與朝鮮完成建交條約。朝鮮在對英、德條約中，如同美朝條約第一條，也由朝鮮國王修書與英國維多利亞女王（Queen Victoria，1819～1901）、德皇威廉一世，聲明其爲中國屬邦。這些條約也都是以美朝條約爲藍本而修訂。

〔註 45〕蔣廷黻編，《近代中國外交史資料輯要》（中卷），頁 385～387。

〔註 46〕Feredirick Foo Chien, *The Opening of Korea: A Study of Chinese Diplomacy, 1876～1885* (Hamden: The Shoe String Press, 1967), p. 92.

〔註 47〕Chien, *The Opening of Korea*, p. 122.

不過朝鮮與德國所定之約，多了兩條美朝條約沒有的規定：（一）第十二條規定法文與中文、德文並爲三種官方語言；（二）在交換照會裡也規定，只要其他列強開始與朝鮮貿易，無須德國批准，德國商人即可在朝鮮貿易。〔註 48〕但是英、德對於原本條約有所不滿，便圖修約。1883 年（光緒 9 年）9 月，英國新駐華公使巴夏禮履新上任，與巴蘭德商量之後，就在 10 月會同德國駐橫濱總領事查普（Eduard Zappe）共赴朝鮮，談判修約。朝鮮國王李熙爲此修約問題，請教美國駐朝公使福德（Lucius Harwood Foote，1826～1913）的意見。三方於 11 月簽訂了新的條約，其中較之原本的美朝條約，多出了下列條文：英、德國人得以入內地遊覽；通商港口的規定；英、德國人得以在通商口岸建立工廠、購買土地，並從事其宗教信仰行爲；禁止在進口運往內地的商品再行課稅等等。〔註 49〕顯然的，英國與德國對於美朝條約原本的內容，有所不滿，認爲其放棄太多列強應得而未得的特權，因此進行修約工作。而德國在談判期間，依附在英國羽翼之下，是很明顯的事實。中國在整個修約談判期間，經由李鴻章指示駐朝道員陳樹棠告知朝鮮王廷如何應對，而中國所關心者則是英、德承認朝鮮爲中國屬邦與否的問題。結果這個中、朝、英、德四方的修約問題，就在英、德承認中國宗主權以換取特權利益的情形下，各取所需，犧牲的則是朝鮮的權利。總之，李鴻章藉列強與朝鮮建交牽制日本的計畫，至少獲得初步的成功。此時英國爲何承認中國宗主權呢？蓋其認爲維護中國的宗主權對她有利，因爲其同俄國在朝鮮曾有各占港灣、島嶼的衝突，後由中國化解，因此就以領事派駐朝鮮，向北京公使報告的方式，默認中國的宗主權；而一向跟隨英國的德國，在這件事則採取了彈性的做法，就是以領事派駐朝鮮、卻向柏林報告的方式，至少表面上也承認了中國的宗主權。也有學者認爲：美國承認朝鮮爲完全獨立自主的國家，而歐洲列強則以其駐北京代辦兼任駐朝鮮首都的外交代表，藉以迴避中國與朝鮮的關係問題。〔註 50〕總之，德國在內的歐洲列強認爲，若朝鮮在中國支配之下開放通商，則列強在中國的優越地位也可延伸到朝鮮；反之，獨立自主的朝鮮則符合美國期望，爲一個「公平的比賽條件」（a fair field and no favor，原意即爲公正而沒有偏袒的球場）。況且，一個藩屬國若能脫離腐敗而專制的母國獨立，

〔註 48〕 Chien, *The Opening of Korea*, p. 123.

〔註 49〕 Chien, *The Opening of Korea*, pp. 125～126.

〔註 50〕 Kindermann, *Der Aufstieg Ostasiens in der Weltpolitik*, pp.65～66.

也符合美國的理想與利益。〔註 51〕美國與朝鮮的建交條約，日本則意見分歧，贊成者認爲是對其朝鮮政策的堅強支持，而美國此後雖然沒有出力支持朝鮮獨立，卻始終堅持這個主張；〔註 52〕反對方面，從政府乃至民意，皆憤怒質疑美國爲何棄六年來用善意行爲與外交技巧致力於維持對朝鮮友善復日益擴大關係的日本不顧，竟爾選擇對朝鮮及其事務向來漠不關心之中國的協助？而日本對美朝條約尤其厭惡者，有兩者：（一）該約第一條聲明朝鮮爲中國藩屬國；（二）該約第十二條言明：此爲朝鮮所談判之第一個條約，如此則否認了日朝《江華條約》爲促使朝鮮開國的首個條約。〔註 53〕如此一來，不可不謂之爲中國牽制日本的勝利。

1886 年（光緒 12 年）6 月，李鴻章詢問駐朝通商大臣袁世凱（1859～1916）朝鮮局勢後，發現閔妃一黨，正向各列強挑撥，企圖牽制中國，因此認爲事態嚴重，上報總署。〔註 54〕於是清廷加強了對朝鮮的監視，其效果就是同時朝鮮與法國所立之建交通商條約，「按照英德已有之約，訂定條約通商章程稅則，並將聲明屬國一節，另行照會，以爲憑信。」〔註 55〕如同英國、德國，法國也接受這種安排，相對於美國、日本派遣駐朝鮮公使的用意，清廷此際爭取到法國對其宗主權的支持，也是外交上的勝利。但是極爲諷刺的一點則是，朝鮮並未允許法國傳教，教案因之也就無由滋生。至此，中國推動朝鮮與列強建交之初衷，基本上可謂達成，惟朝鮮之情勢也正式進入了列強勢力競相角逐的時代，對中國而言，則是福禍難料。

就朝鮮之內政來看，甫與各個列強簽訂建交條約之後，原本失勢閒賦在家之大院君李昰應卻在 1882 年（光緒 8 年）7 月發動「壬午兵變」（Imo Revolt），結果卻對日本有利。〔註 56〕事已至此，清朝遂打算正式朝併吞朝鮮之途邁進，

〔註 51〕Marilyn B. Young, *The Rhetoric Empire: American China Policy, 1894～1901* (Cambridge: Harvard University Press, 1968), p. 17.

〔註 52〕Payson J. Treat, "The Good Offices of the United States," *Political Science Quarterly*, V. 47, no. 4, Dec. 1932, p. 548.

〔註 53〕Chien, *The Opening of Korea*, pp. 89～90.

〔註 54〕〈直督李鴻章致總署韓閔黨挑撥各國制華電〉，《清季外交史料》，卷 67，頁 11～12。

〔註 55〕〈禮部奏朝鮮與法國立約情形摺〉，《清季外交史料》，卷 68，頁 3。

〔註 56〕李昰應企圖奪回政權，由於暴動士兵和市民先攻入日本公使館，日使花房義質（1842～1917）出逃，又殺入朝鮮王宮，殺死閔妃之兄，而閔妃則趁隙逃亡，此事件已然引發國際政治糾紛，清廷爲了徹底控制其最後一個藩屬國，特派朝鮮事務大臣吳長慶（1834～1884）、袁世凱率 3000 大軍赴朝平亂，並

爲強化控制起見，與朝鮮簽訂一系列條約，不但獲得了領事裁判權和海關監管權，並在仁川、元山、釜山等港口城市設立了中國租界。至於朝鮮高宗李熙卻在危機之後，在其身旁閔妃黨派人士的建議下，反而開始了親俄路線之政策。1883 年（光緒 9 年），閔泳翊（Min Yeong-ik）即向高宗進言：「俄國在歐洲特別強大，所有歐洲國家皆畏懼之。很快俄國就會將其侵略之手伸入亞洲，也會影響到朝鮮。吾國之基本國策非但得應付日本與中國，且勢需更進一步，接受俄國之保護」；〔註 57〕而其他大臣則曰：「日本因爲對於中國與俄國之畏懼，不敢併吞朝鮮，但一直伺機侵略。若他國侵略我國，則中國無力保護朝鮮，但若朝鮮與日本的條約有任何問題，則想要將朝鮮納爲其保護國。至於俄國卻是舉世最強之國，爲所有國家恐懼，卻能站在我國這邊，幫助我們。」〔註 58〕於是朝鮮就此生出結交俄國，以求保護之心。另一方面，適逢李鴻章爲加強對朝鮮控制，思考先將朝鮮海關整合併於中國海關，遂派遣任職中國海關之德國人穆麟德（Paul Georg von Möllendorff，1847～1901）來朝，主掌其海關。穆氏原本 1869 年（同治 8 年）即進入中國海關任職，1874 年（同治 13 年），則離開海關進入德國外交部工作，官至德國駐天津副領事，又曾襄助李鴻章自德國購買軍火，特別是對克虜伯兵工廠之聯絡，更是重要人物。亦爲傑出的語言學家，其編著之《滿文讀本》至今仍是學習滿文之經典著作。1883 年（光緒 9 年），又獲得赫德、李鴻章之支持，派去朝鮮整頓其海關，蓋中國試圖將朝鮮海關併入中國海關。穆麟德至朝鮮後，深受高宗李熙賞識，而他卻趁此機會鼓動朝鮮與俄國親善：

> 自從進入太平洋以來，俄國和中國即有正常之外交關係，又一直是日本之敵。所以，它深感興趣於維持朝鮮之獨立，以作爲其與日本的緩衝國。沒有其他國家能扮演這個角色。美國太遙遠，而且軍事上又不夠強大。前進至印度支那的法國，因爲同中國在一八八零年有過戰爭，爲中國反對。德國又不是很積極參與世界政治。而只要提到遠東，英國則是俄國的敵人，又是日本天然的盟友。〔註 59〕

將大院君帶回中國直隸之保定軟禁十年。可是日本公使花房義質也率領 1500 日軍和 4 艘軍艦，回到漢城，趁機逼迫朝鮮政府簽訂所謂《濟物浦條約》（Treaty of Chemulpo），賠償損失，日本也趁亂確立其在朝鮮駐軍之權。

〔註 57〕Bae Kichan, tr. by Kim Jin, *Korea at the Crossroads: The History and Future of East Asia* (Seoul: Happy Reading Books, 2007), pp. 232～233.

〔註 58〕Bae, *Korea at the Crossroads*, p. 233.

〔註 59〕Bae, *Korea at the Crossroads*, p. 234.

朝鮮王廷深受其鼓動影響，努力謀求與俄國駐天津領事韋貝親近，甚至傳出朝鮮與俄國簽訂密約，這一切歸根究底，可說皆由穆麟德一手促成。1885 年（光緒 11 年）起，俄國軍事顧問開始進駐朝鮮，中國不安。〔註 60〕而且同年 2 月，德國駐朝領事卜某人向中國駐朝道員陳樹棠建議：朝鮮既與各國建交立約，中國不必固執視之爲藩屬國，日本亦不得相爭，而解決之道，何妨中、日、俄立約，朝鮮歸三國共同保護，若有別國侵略，則三國共爲援助，如此可保朝鮮長期和平。對於德國領事此番言論，陳樹棠但覺荒謬，甚至懷疑幕後受到日本蠱惑唆使；〔註 61〕德國卜領事更進一步，直接遊說朝鮮總理外務（外交部長）金允植（1835～1922），表示：歐洲有數小國，由歐陸列強互相立約保護，例如 1870 年德法戰爭時的瑞士。因此比照歐洲成法，朝鮮也可由中、日、俄立約保護，永保和平。若清日開戰，朝鮮只要保持中立，自可無事。若朝鮮請清國添兵，則日本也會增兵，反而拖累朝鮮云云。〔註 62〕

中、日兩國對於俄國勢力皆感忌諱，卻因爲日本於 1884 年（光緒 10 年）底，發動「甲申事變」欲成立親日政權，被清軍鎮壓，中、日兩國遂於 1885 年（光緒 11 年）4 月，於天津談判，關於中國在朝鮮軍事顧問的問題，伊藤博文直指：日本官民對此極爲猜忌，就如中國本國聘請甚多德國顧問，以致英法等國妒忌猜疑。何況中國既與日本素怨未解，因此中國顧問在朝只會徒增嫌隙。對此，李鴻章答以：中國既學習德國軍事，而今朝鮮欲學中國，次以中國需派軍官教朝鮮德國軍事。〔註 63〕（筆者案：當代中國對日本認識畢竟不夠深入透徹，李鴻章未以日本陸軍也在學習德國陸軍爲例，駁斥伊藤博文，日本是否也遭致英法等國猜忌，從而力爭中國在朝軍事顧問之地位。）至於往後中日間爭端，伊藤博文則建議美國總統辦事最公道，又與中日兩國皆關係親睦，故可請美國作爲中間人調處爭端。李鴻章則謂：如此有失體面，何必小事大作，請西方人出面調解，淪爲其笑柄。但是伊藤很堅持這點。〔註 64〕李鴻章與日本簽訂《天津條約》的國際背景因素，尚有中法安南之戰仍在

〔註 60〕1886 年（光緒 12 年）9 月，袁世凱又因爲其培養的眼線閔泳翊自朝鮮王廷竊出的致俄文書，證明了朝鮮與俄國的親近。見〈直督李鴻章致總署朝鮮請俄保護尋出實據與徐相雨筆談並函勸該國王書〉，《清季外交史料》，卷 68，頁 28。

〔註 61〕郭廷以、李毓樹等編，《清季中日韓關係史料》（四），頁 1659。

〔註 62〕郭廷以、李毓樹等編，《清季中日韓關係史料》（四），頁 1742～1743。

〔註 63〕郭廷以、李毓樹等編，《清季中日韓關係史料》（四），頁 1733。

〔註 64〕郭廷以、李毓樹等編，《清季中日韓關係史料》（四），頁 1751。

進行中，國庫兵備皆極空虛，不得不與伊藤博文妥協，〔註 65〕雙方乃簽訂了《中日天津條約》，內容主要爲：(一) 議定兩國撤兵日期；(二) 中、日均勿派員在朝教練；(三) 朝鮮若有變亂重大事件，兩國或一國要派兵，應先互行文知照。〔註 66〕

中國史家向來檢討之重點即在於，日本獲得隨時可以向朝鮮派兵的特權，日後即因之發動了中日甲午戰爭。惟中日簽定《天津條約》在西方國家看來，卻是中國喪失了她與朝鮮的藩屬關係。〔註 67〕不過此約對於美國在朝勢力之發展，卻有了正面之影響。因爲李鴻章與伊藤博文此次立約的重心之一則是如何遏止俄國勢力的發展，在日本方面想要以承認中國對朝鮮宗主權的方式，以中國來牽制俄國，史家較易忽略之處則是第二條約文內，所謂「兩國均允勸朝鮮國王教練兵士，足以自護自安。又由朝鮮國王選雇他外國武弁一人或數人，委以教演之事。」〔註 68〕這個中、日兩國彼此同意之第三國軍事顧問雖未明言是何國，從李鴻章與伊藤博文之談判卻可看出就是美國。〔註 69〕

惟穆麟德在朝鮮官拜外署協辦（外交部副部長），除了致力郵政發展，更積極整頓軍隊，而且諷刺的利用前述中日《天津條約》第三條規定，開始引進俄國的軍事協助，而俄國同意的條件就是朝鮮允許俄國使用其不凍港元山。〔註 70〕結果李鴻章召回穆麟德，卻仍聽由其繼續在中國海關任職，但是最後卻將之調作寧波稅務司。穆氏曾企圖重返朝鮮。〔註 71〕但是俄國從 1887（光緒 13 年）起，在朝鮮對日友好，支持日本反對中國，因爲反對中國就是反對中國背後的英國，可以坐收漁利。〔註 72〕

〔註 65〕李劍農，《中國近百年政治史》（臺北：商務印書館，1998），頁 161。

〔註 66〕王鐵崖，《中外舊約章彙編》，頁 465。

〔註 67〕Young, *The Rhetoric Empire*, p. 18.

〔註 68〕王鐵崖，《中外舊約章彙編》，頁 465。

〔註 69〕Young Ick Lew, *Early Korean Encounters with the United States and Japan* (Seoul: The Royal Asiatic Society Korea Branch), pp. 28.

〔註 70〕Kindermann, *Der Aufstieg Ostasiens in der Weltpolitik*, pp.66～7.

〔註 71〕1888 年（光緒 14 年）6 月初，被召回中國的穆麟德又請假，逕赴朝鮮，袁世凱起了戒心，立即將他召回，並上報美國人德尼一直勸朝鮮獨立自主，且有招納穆麟德共事的意圖。見〈直督李鴻章致總署聞德尼勸韓自主電〉，《清季外交史料》，卷 76，頁 13。

〔註 72〕趙佳楹，《中國近代外交史，1840～1919》（太原：山西高校聯合出版社，1994），頁 387～388。

穆麟德之後在 1901 年（光緒 27 年）病故於寧波。其在朝鮮的行爲是否爲德國官方授意，現今仍不得解，蓋一者有關他的資料太少，尤其德國因一次世界大戰之故，許多外交史料毀損佚失，而中國方面，關於李鴻章的史料也大量毀於庚子戰火，因此研究穆麟德在朝鮮的角色就極困難；二者當今德國學者提到穆氏，也只能說他在朝鮮有兩重功用，「一方面逾越其職權範圍，一方面又推行親俄政策」；〔註 73〕二者德國對於德國人士在中國海關任職，其外交部在庚子事變之際就說此爲對德國經濟利益的照顧，〔註 74〕而德璀林也曾經多次建議德國外交部、甚至德皇如何自中國「租借」膠州灣，〔註 75〕由此可知，列強公民在清季海關任職，除了促進母國商業機會，也伺機爲母國謀取各種重大利益。穆麟德也不外如此；三者，若從 1880 年代的德國外交角度來看，俾斯麥政府政策重心仍是結好俄、奧兩國，在歐洲大陸孤立法國，英國方面，也因爲德國皇室與英國皇室的姻親關係，隱隱然也有種俾斯麥並未認眞以待的同盟關係存在，〔註 76〕如此德國也無須憂心英、法的結盟，而反映在朝鮮方面，對德國最好的結果就是不觸怒英國，又能將俄國注意力轉移至遠東。畢竟，沙俄在歐洲大陸始終是德國潛在的威脅。綜合這三點，筆者推論普魯士貴族出身的穆麟德，在朝鮮所以推動親俄外交，其實反應了德國政府一石數鳥的外交利益，背後多多少少應有德國政府秘密支持。也正是由於其中國官員的身分，一旦事敗，表面上與德國政府無關，純爲其個人行爲。此時由於美國、日本介入，導致李鴻章召回穆麟德，已經初步反映了美國與德國在遠東角逐勢力範圍的現象。

結果就是穆麟德在朝鮮的遺缺，李鴻章改以美國人墨理賢（Henry F. Merrill，1853～1935）出任朝鮮海關總稅務司、前美國駐天津領事德尼（Owen N. Denny，1838～1900）出任外交顧問。然而此時的高宗李熙一心想擺脫中國的控制，又請此兩位美國顧問爲其延攬各領域專家至朝鮮。詳見表 10：

〔註 73〕 Schmidt, *Gustav Detring*, p. 135.

〔註 74〕 *Die Grosse Politik*, V. XVI, p. 362.

〔註 75〕 Lee, *Die Chinesische Politik*, pp. 123～127.

〔註 76〕 在此所謂的英德同盟，一如前述，是因爲威廉二世之父腓特烈三世娶維多利亞女王長公主爲妻，故兩國有同盟關係，而人們預期德國可能民主化，但 1888 年腓特烈三世僅在位九十九天就因病駕崩，德國史家謂之與英國同盟的結束。Heinrich Pleticha, *Deutsche Geschichte*, V. 10 (Gütersloh:: Lexikothek, 1987), p. 44.

表 10 1885 年～1894 年間朝鮮政府雇用之美國顧問一覽表

姓 名	任職單位	職 稱	任 期	年 薪
Henry F. Merrill（1853～1935）	海關	總稅務司；財政部顧問	1885/10/3～1889/11	三萬六千兩（四六零八零美金）
Owen N. Denny（1838～1900）	內政部；外交部	副部長；局長	1886/5/28～1890/5/28	一萬二千兩（一五三六零美金）
Charles W. LeGendre（1830～1899）	內政部	副部長	1890/4～1894/7/30	一萬二千美金
Clarence R. Greathouse（c. 1845～1899）	內政部；電信/郵政局	副部長；副局長	1890/8/3～1894/7/30	一萬二千美金
William M. Dye（1831～1899）	軍事訓練學校	總講師及戰爭部副部長（將軍）	1888/4/7～1889/7/30	五千墨西哥幣
Edmund H. Cummins	軍事訓練學校	副講師（上校）	1888/4/7～1889/9/18	三千墨西哥幣
John G. Lee（1858～?）	軍事訓練學校	副講師	1888/4/7～1889/9/18	三千墨西哥幣
F. J. H. Nienstead（?～1899）	軍事訓練學校	副講師及戰爭部顧問（上尉；上校）	1888/5～1893/12	三千墨西哥幣
George W. Gilmore（1858～?）	皇家學院	教師	1886/7/5～1888/7/5	一千二百墨西哥幣
Homer B. Hulbert（1863～1949）	皇家學院	教師	1886/7/5～1891/12	一千二百墨西哥幣
Delzell A. Bunker（1853～1932）	皇家學院	教師及財政部顧問	1886/7/5～1894/2	一千二百墨西哥幣

備註：1885 年時，中國貨幣 1 兩相等於 1.28 美金。原資料並未註明墨西哥幣幣值。
資料來源：Young Ick Lew, *Early Korean Encounters with the United States and Japan*, pp. 32～3.

此後，美國顧問可說一時雲集朝鮮，培養美國影響力。尤其德尼出任朝鮮外交顧問後，主張朝鮮「結洋獨立」，於是 1887 年（光緒 13 年）9 月初，朝鮮王廷派遣駐美公使和駐歐洲五國使，直接挑戰了中國的宗主權。蓋朝鮮未向中國請示，擅自派出全權大臣朴定陽（Park Jong-yang，1841～1904）出使美國，袁世凱特地與各國駐朝領事會晤，英國總領事貝德祿（E. C. Baber）、日署使高平小五郎（Takahira Kogoro，1854～1926）、德國總領事口麟（F. Krien）一致反對，袁遂生「韓交涉大端之權亦可漸入中國」之念。〔註77〕諷刺的是，朝鮮方面力主此舉之人，竟是先前爲袁世凱竊取朝鮮與俄國往來文書的閔泳翊，其主張爲「清素畏洋，我派使結洋，清必畏我。」〔註78〕中國嚴責朝鮮，朴定陽被迫召回，卻引起美國憤怒，認爲朝鮮使日，中國不得干涉，乃向中國抗議：「華待美異於日，非和好意。」〔註79〕中國即在袁世凱報告下，由李鴻章與美國談判朝鮮使節問題，但是美國反對中國干涉，美國駐朝公使丹士謨（Hugh Anderson Dinsmore，1850～1930）向袁提出照會、駐華公使田貝也向總署照會，皆在抗議中國干涉。〔註80〕最後中美對於朝鮮遣使美國的爭議，還是在李鴻章妥協的態度下結束：朝鮮迎合中國心理，凡遣使外國一律請示中國，使得中國仍感到自己宗主地位的穩固；朝鮮仍然得以派遣使者出使美國，展開自主外交。甚至該公使到達美國後，復託病不肯先至中國公使館拜見中國公使張蔭桓（1837～1900），更遑論由張陪同拜晤國務院，呈遞到任國書。面對中國質問，韓廷故作悔疚狀，卻絲毫不讓步。〔註81〕；美國仍然堅持美朝條約爲一平等條約，從不承認中國宗主國的地位。而清廷在顧全中美關係大局考量下，只有退讓，也促成了朝鮮方面突破中國宗主權的一次勝利，但是由於英、德、法等歐洲列強的支持，清廷旋即制止朝鮮再派全權公使出使其他國家，至少在歐洲保住了宗主國的地位。惟德尼後來更引進問題人物李仙得進入朝鮮，爲中國益增事端。〔註82〕影響所及，中美關係頗生波瀾，例如1889年（光緒15年）5月，由於風聞美國將派曾任駐華使館頭等參贊、署理公使等職的何天爵接任美國公使，李鴻章、張蔭桓等皆反對，恐其狡猾，難以駕馭；〔註83〕國

〔註77〕林明德，《袁世凱與朝鮮》（臺北：中央研究院近代史研究所，1970），頁160～161；〈直督李鴻章致總署據袁世凱電韓派全權大臣各國不以爲然電〉，《清季外交史料》，卷73，頁1～2。

〔註78〕〈直督李鴻章致總署據袁世凱電韓派全權大臣各國不以爲然電〉，《清季外交史料》，卷73，頁1～2。

〔註79〕陳志奇，《中國近代外交史》（下），頁713。

〔註80〕林明德，《袁世凱與朝鮮》，頁161。

〔註81〕〈直督李鴻章致總署韓使美人員不來見華使已令袁世凱詢韓廷惟深引咎電〉，《清季外交史料》，卷74，頁20～21。

〔註82〕王芸生輯，《六十年來中國與日本》（一），頁330。

〔註83〕〈直督李鴻章致總署何天爵使華恐難駕馭請酌辦電〉，《清季外交史料》，卷80，頁19。

務院在接獲中國不歡迎何天爵的訊息後，又擬派在朝鮮的德尼接任駐華公使，總署特地命令駐美公使張蔭桓向國務院交涉，表明中國亦不歡迎德尼。〔註84〕而且1889年(光緒15年)，朝鮮在德尼及其駐美公使朴定陽運作下，向美國某銀行團貸款200萬美金，並以其關稅爲保，駐朝總理袁世凱破壞之，中國並重申宗主權以及對朝鮮海關的掌握。〔註85〕

約莫在穆德麟事件同時，1885年(光緒11年)，英俄爆發巨文島事件。該事件也是朝鮮甲申政變後，中國首度以宗主國身分積極介入朝鮮外交。〔註86〕此事出於英俄在阿富汗對抗，俄國欲趁勢南下佔領朝鮮的永興灣(Port Lazareff)，爲了防堵，英國乃佔領巨文島(Port Hamilton)。〔註87〕穆麟德趁機執行德國助俄向遠東發展的政策，暗中慫恿朝鮮聯俄。〔註88〕日本深怕英俄爭奪朝鮮，因此積極鼓動中國以宗主國介入，就是認爲朝鮮若維持在中國手裏，還有可取之機。〔註89〕駐英公使曾紀澤(1839～1890)回報總署：英國聲明只要中國能讓俄國、日本以及其他西方列強簽定公約，保證不佔領朝鮮土地，英國即歸還巨文島。〔註90〕一者要列強簽定公約，難度極高；二者朝鮮既爲中國屬邦，憑何還需列強公保。〔註91〕中英就在這種矛盾中，往來年餘，最後由於中國折衝的結果，還讓英人滿意，認爲維持中國的宗主權，較有利維持其與俄國的在朝均勢，遂於1887年(光緒13年)元月歸還巨文島。值得注意的是，李鴻章曾指示北洋水師丁汝昌率德製定遠、鎮遠兩鐵甲巨艦，巡弋巨文島海面，而穆麟德也隨行。〔註92〕甫下水服役的德製鐵甲艦展現強大威力，至少讓海上霸主的英國覺得中國有能力保護朝鮮。

在海軍戰備方面，李鴻章等中國官員對於日本強施於琉球那種「滅人國、絕人祀」的做法，深以爲戒，遂加快中國強兵救國的計劃，積極組建北洋海

〔註84〕〈總署致張蔭桓聞美將派德尼使華請阻止電〉，《清季外交史料》，卷80，頁26。
〔註85〕陳志奇，《中國近代外交史》(下)，頁716。
〔註86〕陳志奇，《中國近代外交史》(下)，頁699。
〔註87〕黃正銘，《中國外交史》，頁161。
〔註88〕傅啓學，《中國外交史》(上)，頁128。
〔註89〕陳志奇，《中國近代外交史》(下)，頁694。
〔註90〕〈使英曾紀澤致總署英人謂如各國不占韓地英還巨文島電〉，《清季外交史料》，卷65，頁2。
〔註91〕〈總署奏英人退還朝鮮巨文島片〉，《清季外交史料》，卷69，頁33～34。
〔註92〕李鴻章，〈朝鮮國王來書〉，《李文忠公全集・譯署函稿》，卷17，頁20～21。

軍。遠在 1875 年（光緒元年）元月，清廷即諭令北洋大臣李鴻章創設北洋水師，李鴻章乃先通過總稅務司赫德在英國訂造 4 艦，1879 年（光緒 5 年），再向英國訂造揚威、超勇兩艘巡洋艦。從 1880 年代初期，在李鴻章的督導之下，中國官員李鳳苞、曾紀澤、許景澄（1845～1900）即先後赴歐洲考察各國工業，特別是英國與德國的海軍造艦，最後在李鴻章通盤外交的考量之下，認爲中國購買西方鐵甲艦不宜專倚靠某一特定國家，宜先分散來源，俾能預防中國之內政外交受制於人，其中也不乏與德國交好的盤算，因此，即使英國與德國的海軍艦艇會有規格不相同的技術問題，但他仍指示中國駐德國公使許景澄：

> 不能強之合一，洵爲圓通無滯。海軍甫設，不妨並存其式，他日駛行既久，利病自見，再專擇其一推廠仿造可也。〔註 93〕

隨著中國向英國、德國購置的鐵甲艦陸續完工，並由北洋水師接艦回中國服役，中國的海軍開始具有恫嚇日本的規模。例如 1886 年（光緒 11 年）北洋水師丁汝昌提督率領鎮遠、定遠、威遠和濟遠四艦前往日本長崎進行「親善訪問」，當時中國海軍艦隻總噸數遠勝日本，尤其定遠、鎮遠兩艘德國製造的鐵甲艦，更爲當時日本所無之龐然大物，威鎮東瀛，不過這應當是中、日海軍盛衰的轉捩點，蓋日本經受此次刺激，從此傾全國之力勵精圖治，在海軍建軍上死命追趕中國。1890 年（光緒 16 年）4 月，日本陸、海軍在東京大演習，受邀參觀的列強武官，皆認爲中國海軍恐非日本對手。〔註 94〕1891 年（光緒 17 年）7 月 9 日，中國「循日本政府之邀請，李鴻章特派丁汝昌率定遠、鎮遠等六艦駛往東京灣正式報聘。〔註 95〕但更爲致命的一點卻是，亦在同年，中國戶部即上奏朝廷，先停止購買海軍軍械三年，而原有的海軍經費又被挪作他用，例如慈禧太后之修繕頤和園等，致使北洋艦隊軍火無著，又全無新艦之購置，無論從何角度觀之，在甲午戰爭爆發之時，面對日本海軍已處不利之局面。

〔註 93〕謝世誠，《李鴻章評傳》（南京：南京大學出版社，2006），頁 256。

〔註 94〕謝世誠，《李鴻章評傳》，頁 282。

〔註 95〕中國艦隊「一時軍容之盛，國際側目……」，貌似威武壯盛，後爲日本聯合艦隊司令的東鄉平八郎卻在中國旗艦定遠號上參觀時，發現中國水兵在兩尊主礮礮管上晾曬衣服，藐視武裝。故東鄉歸語同僚，謂中國海軍終不堪一擊也。日人進一步得窺中國海軍虛實，見唐德剛，《晚清七十年：甲午戰爭與戊戌變法》，（臺北：遠流，1998），頁 79～80。

至於以下筆者所編製的北洋艦隊附表（表 11），並沒有包含所有的北洋艦隊之船艦，但大抵可以看出中國向英國、德國所購置軍艦的概況。

表 11　北洋海軍主力艦隻簡表

艦 名	特 色	結 果
定遠	德國伏爾鏘船廠製造鐵甲艦；7,220 噸；6,200 匹馬力；14.5 節航數；22 門炮；主炮口徑 4 門 305mm；船員 330 人；1882 年下水。	1895 年自毀殉國於劉公島
鎮遠	德國伏爾鏘船廠製造鐵甲艦；7,220 噸；7,220 匹馬力；15.4 節航數；22 門炮；主炮口徑 4 門 305mm；船員 330 人；1882 年下水。	1895 年於劉公島被俘
濟遠	德國伏爾鏘船廠製造穹甲巡洋艦；2,300 噸；2,800 匹馬力；16.5 節航數；23 門炮；主炮口徑 2 門 210mm；船員 202 人；1883 年下水。	1895 年於威海被俘
致遠	英國阿姆斯特朗船廠製造穹甲巡洋艦；2,300 噸；5,500 匹馬力；18.0 節航數；23 門炮；主炮口徑 3 門 210mm；船員 202 人；1886 年下水。	1894 年於黃海戰沉
靖遠	英國阿姆斯特朗船廠製造穹甲巡洋艦；2,300 噸；5,500 匹馬力；18.0 節航數；23 門炮；主炮口徑 3 門 210mm；船員 202 人；1886 年下水。	1895 年於威海戰沉
經遠	德國伏爾鏘船廠製造裝甲巡洋艦；2,900 噸；5,000 匹馬力；16 節航數；14 門炮；主炮口徑 2 門 210mm；船員 202 人；1887 年下水。	1894 年於黃海戰沉
來遠	德國伏爾鏘船廠製造裝甲巡洋艦；2,900 噸；5,000 匹馬力；16 節航數；14 門炮；主炮口徑 2 門 210mm；船員 202 人；1887 年下水。	1895 年於威海戰沉
平遠	中國福州船政局製造海防巡洋艦；2,640 噸；2,400 匹馬力；10.5 節航數；10 門炮；主炮口徑 1 門 260mm；船員 145 人；1888 年下水。	1895 年於劉公島被俘

備註：1894 年（光緒 20 年）9 月 17 日，在中日黃海海戰中，北洋艦隊提督丁汝昌一開戰即在旗艦振遠號上負傷，由定遠號艦長劉步蟬接替指揮，各艦猛攻日本旗艦松島號，該艦負傷累累，卻因爲中國方面的砲彈未爆炸而未遭擊沉。後來中國雖敗，日本卻始終無法擊沉德國製造的鎮遠、定遠兩艦，雙方各自撤兵。平遠號意義非凡，爲中國第一艘自行設計建造之全鋼甲軍艦。在黃海海戰中，雖然受創，亦未遭擊沉。此表爲筆者參考謝世誠，《李鴻章評傳》，頁 253～7 以及維基百科 http://zh.wikipedia.org 之「北洋水師」編制而成。

三、最後總結本節所述美、德兩國在日本、朝鮮的外交發展，可知

（一）美國在克里米亞戰爭期間，趁著歐陸列強膠著在戰局的良機，派遣培理強行敲開日本國門，成爲與日本簽約建交的第一個西方國家。而中國在鴉片戰爭後與英國所立之《南京條約》，成爲美日談判時的借鏡，雙方在各取所需時簽訂了《日美親善條約》，較之中英《南京條約》、中美《望廈條約》，可說較爲溫和，儘管仍是不平等條約。而德國跟隨英國，也在之後與日本立約建交，其中美國領事協助普魯士使節團與日本建交，與在中國情形如出一轍。雖以美日條約爲藍本，但英、德皆不滿美約之溫和，故所立條約遠較美約爲苛。隨著日本歷史的發展，美國傾向扶植日本，與歐洲列強立場相左，甚爲歐陸強國詬病，惟及至中日甲午戰爭前夕，美國所帶來之壓力促成了英國首先與日本修改不平等條約，繼而影響所有列強，卻對中國至爲不利。

（二）在國家影響力方面，德國在日本勝過美國，蓋日本有計劃學習德國陸軍，復派遣大批留學生赴德深造，包含各學門領域，連憲法制度也深受德國影響，遠較中國膚淺的學習計劃深邃而透徹，惟德國並未充分利用此優勢，特別是甲午戰爭後因爲國家利益的盤算，參與干涉還遼，反而種下與日本的嫌隙。

（三）在朝鮮方面，美國因爲中國聯美制日的考量，遂於 1882 年（光緒 8 年）成爲第一個與朝鮮建交的西方國家，卻因美國不承認中國對朝的宗主權，而李鴻章等又選擇忽略此事，卻在往後中美關係造成嚴重矛盾。同樣的，《美朝條約》也成了英、德等列強的藍本，卻也因爲太過溫和，致使英、德再行修改更爲不平等的條約，不過彼等至少模糊承認中國的宗主地位。而後隨著朝鮮局勢的變化，脫離中國的掌握，如德國因其國家利益一再鼓動朝鮮親近俄國、美國也鼓勵朝鮮的平等自主，雖然美德在朝鮮因爲俄國也有利益衝突，但這些皆違背李鴻章的本意。

第二節　美國官方施壓召回德璀琳使團

1894 年（光緒 20 年），歲次甲子，3 月的時候，朝鮮全羅道發生「東學黨之亂」（Donghak Rebellion）。〔註 96〕朝鮮高宗大爲驚恐，乞援於清廷，請求

〔註 96〕所謂東學黨，其教義就是以儒學爲本，號召農民排斥西洋基督教及日本勢力，同時也反對朝鮮腐敗官吏的運動。叛亂一起，農民們發檄征討日寇、驅逐權奸，情勢一發不可收拾。

出兵平亂。4 月，清軍在直隸提督葉志超率領下，急赴朝鮮，並駐屯於牙山，同時中國依天津條約對日交涉，卻發覺日本堅持不承認中國爲朝鮮宗主國。〔註 97〕6 月中，李鴻章誤判情勢，尚且以爲「駐華各國公使調處，斷不致遽裂。」〔註 98〕同時，美、英、法、俄等列強（德國除外），受到朝鮮王廷請託，初步調處，要求中、日「同時撤兵，解紛釋難，請裁酌照辦，保全大局。」〔註 99〕日本既已完成對其稱霸亞洲之假想敵中國所有的敵情偵測以後，認爲此乃千載難逢之良機，早就派出大軍登陸朝鮮。在山縣有朋的《攻擊策案》中，就以普魯士爲原不及日本八分之一國土的小國崛起歐洲爲例，鼓勵日本向外發展（第一編第三項）；而清國陸軍八旗兵、綠營、蒙古兵、勇兵，合計 117 萬人，卻爲有名無實之兵員（第一編第四項），而且清國兵費約 7,500 萬圓，與德國陸軍定額 7,800 多萬圓相比，不過小差，卻如救助貧民無實用（第一編第六項）；而清國海軍戰力，合北洋、南洋水師，不過 9 艘戰艦有實戰能力，至於人員，則從艦長到士官人員，乏於學術（第一編第八項）；作戰計劃則要攻陷北京，擒拿清帝（第二編第一項）；善後處理方面，則要在日本併吞中國大片國土之外，再將中國分割成多個獨立的小王國（第三編第二項）；對於列強可能的干涉，山縣樂觀以爲可以與如豺狼之白人國家經由外交妥協，使得日本佔有大塊中國，剩下國土或由彼等瓜分（第三編第七項）。〔註 100〕在此前提下，縱使東學黨之亂很快就趨於平靜，且中國在 5 月就要求日本與中國同時從朝鮮撤兵，不過日本方面卻要求中日兩國繼續屯師朝鮮，以共同改革朝鮮內政，事實上已準備尋釁生事。清廷答覆：若日本視朝鮮爲中國藩屬，則請尊重中國不干涉藩屬國內政的慣例；若是朝鮮爲一獨立自主國家，則日本更無由粗暴干涉該國內政。此答覆極爲合理。〔註 101〕6 月，日軍又衝入朝鮮王宮，囚禁國王李熙，並要求大院君李昰應主持改革。中國方面，此時才感到事態嚴重，開始加派大軍至朝鮮，同時北洋大臣李鴻章自知中國本身太多積弊存在，軍隊其實無法對抗西化成功的日本軍隊，仍企圖以外交手段來解決問題，卻在

〔註 97〕〈直督李鴻章致總署准韓請派兵保護已電汪使知照又日本不認韓爲我屬邦電〉，《清季外交史料》，卷 91，頁 2～3。

〔註 98〕〈直督李鴻章致總署報葉軍由陸路移紮平壤請商各國公使調處電〉，《清季外交史料》，卷 91，頁 11～12。

〔註 99〕〈直督李鴻章致樞垣袁電日駐仁川兵調漢城並干預韓政美英法俄員同請中日同時撤兵電〉，《清季外交史料》，卷 91，頁 15～16。

〔註 100〕詳見林偉功，《日藏甲午戰爭秘錄》（北京：中華書局，2008），頁 14～25。

〔註 101〕Kindermann, *Der Aufstieg Ostasiens in der Weltpolitik*, pp.67～68.

朝廷受盡誹謗，反對者甚且抨擊其子李經芳（1855～1934）曾在日本納妾，爲日本駙馬，故鴻章既爲日本姻親，始終言和。〔註 102〕在 6 月中，美國駐日公使譚恩（Edwin Dun，1848～1931）就回報：日本派遣如此大軍至朝鮮，若說是爲了保護其外交人員以及國民，難以置信。至少這是向中國示威，展現其立即動員大軍到朝鮮的能力。由於日本長期以來，普遍妒嫉中國對朝鮮的影響力，故中國若繼續干涉朝鮮事務，恐怕會使日本做出危害兩國和平之事。〔註 103〕日本務求對中國開戰。〔註 104〕

中國在 7 月 13 日就要求華盛頓當局加入列強，調處中日緊張，國務卿格萊星姆婉拒，卻建議中國可採取列強的通則，將衝突交由友邦仲裁。〔註 105〕7 月 25 日，日本聯合艦隊在朝鮮豐島海域，不宣而戰，偷襲中國運兵船，而且擊沉了英籍運兵船隻高陞號商輪，雖然一度引發國際事件，英國畢竟接受了日本道歉與賠償，未再追究。這就是豐島海戰的經過。9 月 17 日，日本聯合艦隊又在黃海海戰中重創北洋水師。從軍事角度觀之，日本聯合艦隊的「扶桑」、「比睿」、「葛城」、「大和」、「武藏」、「高雄」、「天龍」、「摩耶」、「鳥海」等艦，亦配備德國的克虜伯各式火礮，〔註 106〕其中浪速號是英國的阿姆斯特朗礮與德國克虜伯礮混合配備；而旗艦松島號與嚴島號則配備法國的哈乞開斯礮。〔註 107〕至於北洋水師，德製「鎭遠」、「定遠」艦，驍勇耐戰，「定遠」

〔註 102〕羅惇曧，《中日兵事本末》（北京：北京古籍出版社，1999），頁 51。

〔註 103〕Treat,"The Good Offices of the United States,"p. 550.

〔註 104〕例如信夫清三郎在其《日清戰爭—其政治的、外交的觀察》一書中，即坦言日本千方百計就是要將軍隊留在朝鮮，伺機蠢動，故 6 月 15 日，陸奧宗光外相即訓令日本駐朝鮮大鳥圭介（1833～1941）公使：「內閣決定與中國合作改革朝鮮政府之紛議，爲此目的，決議迫中國政府任命共同委員，明日（十六日），本大臣將向中國駐日公使提議此事，此事屬極機密，袁世凱自不必論，對任何人皆不得洩漏，與中國商議此事時，在其談判過程中，及使用任何 XX（藉口），也要將我軍隊留置於漢城，此事至爲重要。因爲李鴻章極費苦心要日本撤兵，似甚至願以撤中國軍達到此目的，至於我延遲撤兵之理由，閣下可以最公然而表面之方法派遣公使館館員或領事館館員前往暴動地從事實際調查，此項調查應盡量 XX（緩慢），其報告，要設法 XX（故意）寫成 XX（相反）於和平的狀況最爲理想，必要時可派警察隨行。……如果朝鮮政府以恢復和平與秩序爲理由要求我撤兵，可回答因日本政府及閣下本身仍感不滿，特派員作實際調查，請能等到所派官員回來再議。」參見陳鵬仁，《從甲午戰爭到中日戰爭》（新店：國史館，1997），頁 11。

〔註 105〕Treat,"The Good Offices of the United States," p. 556.

〔註 106〕林偉功，《日藏甲午戰爭秘錄》，頁 59。

〔註 107〕Vladimir, *The China-Japan War* (New York: Charles Scribner's Sons, 1896), p. 87.

艦獨戰日艦五艘，且幾乎擊沉日本旗艦「松島」號。兩艦因爲鋼甲厚實，最後重傷之下仍逃脫日艦圍剿。〔註 108〕陸戰方面，7 月 28 日深夜，日本陸軍也採用不宣而戰的方式攻擊牙山的清軍，中國方面節節敗退，撤回平壤。至 8 月 1 日，中日方彼此正式宣戰，甲午戰爭引燃戰火。

戰事初起之時，美國與歐洲列強基本上尚且以爲中國具有較大之勝算，暫且保持中立，密切關注戰局之發展。而美國的民情事實上同情日本。《紐約時報》就報導俄亥俄州的克里夫蘭有 70 名「勇敢的」當地青年簽署意願書，志願赴朝鮮爲日本作戰，他們並且將其簽名的文件寄給華盛頓的日本公使；而在賓州也有 500 名從事可樂製造而罷工的斯拉夫工人，表示如果日本政府能提供交通與裝備，亦自願加入日軍作戰。這些工人並非對中國有所憎惡，只是覺得日本較可能接納他們。〔註 109〕總之，日本的勝利極令美國人歡心，因爲此證明了美國人認爲文明歷史爲直線進步的信念。〔註 110〕德國方面，甲午戰爭進行之際，其軍界也是密切關注，對於戰爭結果基本上持保留態度。由於日本勝利極早就已決定，頗出德國軍界意外，致使參謀總長瓦德西元帥也爲戰事之不可測感嘆。另一方面，德國官方從威廉二世以降，卻又難掩日本勝利的喜悅，慶祝梅克爾主導建軍的日本新式陸軍的成功，感同德國本身的成功。〔註 111〕

對於中國要求調處，美、德仍持觀望態度。甚至因謠傳美國在戰時販售軍艦予日本，清廷令楊儒公使查證，證明歐美列強皆嚴守中立，知名船廠軍艦皆未出售予日本。〔註 112〕英國由於在華有著最大的經貿利益，最恐懼中國變成混亂局面，1894 年（光緒 20 年）10 月就向歐洲列強、美國建議，由列強出面調停戰爭，代價是朝鮮獨立與中國賠款。雖然英國在列強之中最忌諱俄國，但是俄國在中國也有巨大利益，因此彼此暫時消弭成見，共思調處戰事。美國基於自身利益，表面上拒絕，時則企圖暗自運作中日媾和，而德國也有自身利益考量，尤其認定日本不會輕易接受列強調處，此時出面勢必徒勞無功，故也婉拒英國的提議，尤其詢問英國若日本拒絕調處，列強該當如

〔註 108〕羅惇曧，《中日兵事本末》，頁 53。
〔註 109〕NYT, Aug. 6, 1894.
〔註 110〕Young, *The Rhetoric Empire*, p. 22.
〔註 111〕Wippich, *Japan und die Deutsche Fernostpolitik*, p. 143.
〔註 112〕〈使美楊儒奏尊陳外洋近日購船情形及查明美國並無軍船出售摺〉，《清季外交史料》，卷 105，頁 27～28。

何？英國副外交大臣柏蒂（Francis Bertie，1844～1919）原本建議列強海軍聯合示威，以迫使日本就範，卻旋即自此立場撤退，改口英國只能友善勸說。〔註 113〕葛萊星姆國務卿在同月初召見楊儒，急於解釋美國之不願應中國請求加入調停，是因爲不信任英國與俄國，蓋彼等只想利用中國慘狀獲利，而美國則是眞心關切中國福祉。〔註 114〕11 月，美國復告知中國，「須獲一大勝，議和方得體」，否則易遭歐洲列強看輕，彼等勢必進一步覬覦中國、朝鮮的土地。〔註 115〕但美國似乎也曾企圖從別的管道介入中日戰事：如同年底，2 名美國人，一名宴汝德，一名郝威，據說具有海軍奇技欲來華助戰，原本途經日本遭扣留，經保釋後偷渡至上海，最後到了煙臺求見北洋水師提督丁汝昌，貢獻 10 種秘技供中國實驗，丁汝昌確認攻防皆具莫大效果後，向清廷請示可否與彼等簽約，用於戰場。〔註 116〕李鴻章也支持丁汝昌，主張中國雇用彼等。〔註 117〕戰爭期間甚至傳出有些美國人士，其中包括田貝公使，密謀由日本推翻滿清，由李鴻章登基成爲分裂後中國的皇帝，成立一個排斥歐洲人的美日共榮圈。美國政府似未介入此陰謀，而李鴻章則是忠於清廷，不作此念。〔註 118〕德國方面，隨著遠東局勢的變化，有許多棘手問題要處理，因此靜觀事態的發展，同時也探詢英國設若中國遭致瓜分命運時，是否同意德國也可主張擁有中國某部分領土，對此英國外交大臣金柏里男爵（Earl of Kimberly，1826～1902）未表態。而德國也決定其本身不會率先發動瓜分中國的信號，而是要等其他列強都有所行動後才會主張「相等的賠償」。德國大使哈茲菲爾德爲此奉命再探詢倫敦：如果列強皆希望德國共同干涉時，德國所獲的代價將是甚麼？金

〔註 113〕Erich Brandenburg, tr. by Annie Elizabeth Adams, *From Bismarck to the World War, 1870～1914* (London: Oxford University Press, 1927), p. 54.

〔註 114〕Young, *The Rhetoric Empire*, p. 20.

〔註 115〕〈使美楊儒致總署北洋電請美國會同英俄調處美盼中國獲一大勝意甚關切電〉，《清季外交史料》，卷 99，頁 3。

〔註 116〕〈胡燏棻丁汝昌致李鴻章據美國人所陳水戰防口各款試驗有效候示電〉，《清季外交史料》，卷 102，頁 14～15。

〔註 117〕〈直督李鴻章致軍務處劉含章報美國人秘法試驗有效並經丁汝昌詳詢奉諭畫押已飭遵電〉，《清季外交史料》，卷 102，頁 15～16。由於此事記載，目前筆者僅見於《清季外交史料》這兩則史料，況且也沒有宴汝德、郝威二人的英文全名，徒增查詢的困擾。目前僅能推測這兩人具有美國海軍的背景，卻不知現役與否，但顯然彼等引起日本的關切，才會在日本被扣留。至於清廷有否雇用彼等的問題，由於資料厥如，筆者未敢定論，只能說似乎沒有，也無以深究背後原因。但此事件卻徒增美國在甲午戰爭中眞實角色的疑雲。

〔註 118〕詳見 Young, *The Rhetoric Empire*, pp. 27～30.

柏里只是回答英國無意將德國排除在問題的解決方案之外。這樣的態度使得柏林當局認爲不宜再提起德國干涉的代價問題，這就促使了德國在 1895 年（光緒 21 年）3 月首先勸阻日本放棄在中國大陸獲取領土的動機之一。〔註 119〕而遠在柏林的巴蘭德也密電李鴻章，指出此時議和，日本勢必要求朝鮮、臺灣以及巨額的賠款，列強未必能幫助中國，還不如中國力戰下去，等到日本疲乏時，列強再出面調處爲宜。李鴻章深以爲然。〔註 120〕

惟甲午戰爭的慘敗遠出於清廷所料，慈禧太后（1835～1908）與恭親王奕訢（1833～1898）等都急於設法使日本同意停戰，李鴻章在這種情形之下，覺得或許可以先用其素來信任倚重的德國人德璀琳持節出使扶桑，先求停戰。李鴻章之所以考慮德璀琳，根本的原因即在於他和德國方面的聯繫。一如前述，德國前駐華公使巴蘭德在其駐華任內，就已和李鴻章發展出了良好的關係，在其於 1893 年（光緒 19 年）離任之後，跟李鴻章還是保持著聯絡。在 1894 年（光緒 20 年）9 月的鴨綠江之役後，清廷即在李鴻章建議下，要求巴蘭德出任中國的全權大使，爲中國在列強之間奔走以求得彼等之干涉中日戰事。巴蘭德雖然拒絕此要求，卻樂於充當中國在柏林之秘密顧問，不但爲中國出謀劃策，還撰寫多篇文章，廣在德國、乃至英國、法國發表，不但說服了德國大企業，若彼等支持日本就會下注到錯誤的馬，最後更導致了英國商界的不安，並促成了後來德國與法國支持俄國反對日本併吞中國領土之政策。〔註 121〕不過吾人必須注意一點，巴蘭德雖然是德國極爲資深的外交官，又是東亞事務的權威，但是他不必然代表德國官方的立場，這中間有著極大的模糊空間，但是他推動的每件事卻又符合德國的利益，或許這正是德國政府有意爲之。尤其同月，德皇又表示擔憂，深怕英俄合作瓜分中國，則英可取上海，俄索別地。如此，則德國必須索求臺灣。〔註 122〕因此，更不可排除德國外交部在幕後藉由德璀琳操縱中日和談。

顯然，經由巴蘭德的建議，李鴻章選擇了德璀琳來擔任這個和談試探的工作。德璀琳時已在中國天津海關稅務司任官 20 年，在之前中法安南戰役後

〔註 119〕Brandenburg, *From Bismarck to the World War*, p. 58.

〔註 120〕〈直督李鴻章致軍務處日欲奢必取償割地不如集款力戰再請各國調停電〉，《清季外交史料》，卷 100，頁 7～8。

〔註 121〕J. O. P. Bland, *Li Hung-Chamg* (London: Constable & Company Ltd., 1917), pp. 176～177.

〔註 122〕William L. Langer, *The Diplomacy of Imperialism, 1890～1902* (Cambridge: Harvard University Press, 1956), p. 177.

的談判訂約中，就已出任李鴻章顧問，爲李效勞。於此中國國難之際，李鴻章需要用他，遂於 11 月 13 日上報恭親王，曰：

> 竊意此時事機十分緊迫，誠如聖諭，需亟籌救急之方。現各國雖允出爲調停，深恐遠不濟急。……目下彼方志得氣盈，若遽由我派大員往商，轉慮爲彼輕視。鴻章與樵野（張蔭桓字）等再三斟酌，唯有揀擇洋員之忠實可信者前往，既易得彼中情僞，又無形跡之疑。查有津海關稅務司德璀琳，在津供差二十餘年，忠於爲我。六年俄事，十年法事，彼皆暗中襄助。十一年伊藤來津與鴻章訂約，該與伊藤幕友某英員相識，從旁贊導，頗爲得力，若令其前往察酌辦理，或能相機轉圜。……如以爲可，擬由鈞處迅速請旨派往，以重事權。〔註 123〕

清廷迅速同意李鴻章的建議，派遣德璀琳赴日。在出發之前，深諳中國官場之道的德璀琳，爲求提高自己的官職與地位，以利於和日人周旋，乃向李鴻章請授頭品頂戴，鴻章爲求事滿，權宜授之，事後才向恭親王奕訢說明原委。李鴻章的政敵翁同龢（1830～1904）對李鴻章越權的行爲，則嚴加斥責！11 月 22 日，德璀琳一行人，包括了其秘書英人泰勒（Brent Taylar）、私人朋友立嘉（Alexander Michie）在內，備妥清廷之外交照會與李鴻章致伊藤博文書函，自大沽搭乘德輪禮裕號出發，11 月 26 日到達神戶，當夜即往訪兵庫縣知事周布公平，表明其係代表中國之謀和使節，要求面見伊藤博文並遞交清廷外交照會、李鴻章書函。周布不敢怠慢，次日一早立刻報告外務大臣陸奧宗光。

對於德璀琳使團的到來，日本高層此時正研究如何因應，遂命周布公平於 11 月 27 日先行調查中國使團的虛實。因之，周布奉命詢問德璀琳三個問題：（一）李鴻章書函係官方或私人書函？德璀琳解釋爲官方急件；（二）德璀琳的身分資格？答之以其爲中國的頭等官員，奉皇帝之命而來；（三）德璀琳一行人有何人隨同？所有人的國籍爲何？德璀琳說明其使團無其他中國官員；其爲德國人、另有秘書泰勒、私人朋友立嘉 2 名英國人、以及 3 位中國籍隨員。〔註 124〕其後直至 11 月 28 日，德璀琳由於苦候仍不見伊藤表達接見的意

〔註 123〕李鴻章，〈擬令洋員赴東探議〉，《李文忠公全書・譯署函稿》，卷 20，頁 56～7。

〔註 124〕戚其章主編，《中日甲午戰爭》（九）（北京：中華書局，1994），頁 471。

願，爲了表示其使命的目的在於「傾聽中國是否能得到（伊藤）閣下之媾和條件，而結束目前這種不幸的戰爭狀態」，並以此內容電告李鴻章，通知中國皇帝，而「獲得皇帝所授全權之後，即在條約正文前頁簽字」；〔註 125〕並一併附上李鴻章所寫之外交照會：

> 照得我大清成例，與各國交際素尚平安。現與貴國小有齟齬，以干戈而易玉帛，未免塗炭生靈。今擬商彼此暫飭海陸兩軍罷戰，本大臣奏奉諭旨：德璀琳在中國當差有年，忠實可靠，著李鴻章將應行籌辦事宜，詳細告知德璀琳，令其迅速前往東洋妥辦。並隨時將現議情形，由李鴻章密速電聞。等因欽此，遵即令頭品頂戴德璀琳立即馳赴東京齎送照會。應若何調停復我平安舊例之處，應請貴總理大臣與德璀琳籌商，言歸於好。〔註 126〕

李鴻章的私函則提及之前與伊藤博文在天津會晤的私誼、東亞和平之大局，並說：「雖闊別多時，想貴爵大臣當不忘昔年情事，相印此心也。」〔註 127〕盼能動之以情，使伊藤接見德璀琳。

日本探詢完德璀琳使團的性質之後，對於接見與否，首相伊藤博文與外務大臣陸奧宗光之間，意見相左。伊藤深恐因日軍大勝之餘節節進逼，中國不僅無一人維持政府，而且行將瓦解，北京已處於無政府狀態，因此李鴻章不能再離開天津；若德璀琳一行人要聽取日本的媾和條件，應該要設法避免中國陷入無政府狀態。〔註 128〕易言之，爲了先穩住中國局勢，以免造成無政府之混亂狀態、最後甚且無人可以談判的局面，伊藤是主張接見德璀琳，至少先安撫一下中國。因此他要求陸奧宗光迅速啓程，與他在德璀琳所在之兵庫縣以外的適當地點，當面磋商。至於陸奧，卻由於日本正在戰場上連戰連勝，還有更多豐碩的戰果可奪取，認爲日本須待掌握更有利的籌碼後，才可與清廷媾和；另一方面，陸奧的眼光放得很遠，他亟爲憂心列強隨時可能的干涉，處心積慮就是要避免這種不利之情形。因此，他自始就竭力反對首相伊藤博文接見德璀琳。陸奧宗光先是在收到前述兵庫縣知事周布公平關於德

〔註 125〕戚其章主編，《中日甲午戰爭》（九），頁 472。
〔註 126〕戚其章主編，《中日甲午戰爭》（九），頁 473。
〔註 127〕陸奧宗光著；陳鵬仁譯，《甲午戰爭外交秘錄》（臺北：海峽學術出版社，2005），頁 93。
〔註 128〕戚其章主編，《中日甲午戰爭》（九），頁 472。

瓘琳使團到達神戶之報告後，再三斟酌，同日即電告伊藤首相：

> 有關德瓘琳事，經過較全面地考慮後，我想您或日本政府接待他，或接受李鴻章給您的信都是不合適的。在目前情況下，除非在中國政府預先發出通知後，派出其合適的、有資格的全權代表，否則是不能與中國政府之官員進行交往的。如果德瓘琳帶著任何受我方鼓勵之跡象回到中國，則要導致德瓘琳本人或羅伯特·赫德被任命爲將來談判的全權代表。
>
> 而任命外國人爲全權代表，無論如何都必須拒絕。因此，這樣做不僅不理想，而且可能給列強國一個間接干涉之機會。所以，我堅決建議，您不要接見他，或接受李鴻章的信，而應簽署命令，使德瓘琳在限定時間內離開日本。〔註129〕

此時的伊藤首相還在猶豫，正要求面晤陸奧諮商。11月28日的上午，德國駐日公使哥屈米德（Felix von Gutschmid）打電話給外務大臣陸奧宗光，間接「建議」日本政府接見德瓘琳一行人。陸奧深恐此乃列強干涉之開端。〔註130〕哥屈米德的舉動顯然落實了陸奧的疑懼，也影響了原本還在考慮接見德瓘琳與否的伊藤首相，於是由兵庫縣知事周布公平於當日按照訓令，傳達口信於德瓘琳，謂之「今日之場合，如非具備相當資格，不得面會，故現不能會見德瓘琳。」〔註131〕

德瓘琳對此未發一語，只是說明他已接獲恭親王奕訢11月26日經天津德國領事館發至德國神戶領事館轉交之電文，告以日本已接受美國仲裁，故無須再停留日本，而李鴻章致伊藤博文之書函，已郵寄處理。因之，他會立即返華。〔註132〕事實上，伊藤博文對於德瓘林使團未必怠慢，爲求慎重，又刻意派遣姪兒往見，但因德瓘琳已經起身返華而未及會晤。〔註133〕於是德瓘琳使團遂於11月29日踏上歸途，所負使命一無所成。

事實上，德瓘琳早已經知道自己日本一行是註定無結果的。他業已接到了恭親王奕訢要求他返回中國之電報，而恭親王何以發此電報？這是由於美

〔註129〕戚其章主編，《中日甲午戰爭》（九），頁470。
〔註130〕戚其章主編，《中日甲午戰爭》（九），頁473～474。
〔註131〕戚其章主編，《中日甲午戰爭》（九），頁474。
〔註132〕戚其章主編，《中日甲午戰爭》（九），頁474。
〔註133〕〈直督李鴻章致總署據德瓘琳報文函經致伊藤並聲明奉飭回滬俟回津面陳電〉，《清季外交史料》，卷101，頁6。

國駐華公使田貝在北京施壓的結果。德璀琳出使議和，原本清廷也認爲係德國政府介入的表示，寄以厚望，而李鴻章出使時的代理直隸總督王文韶（1830～1908）就認爲德璀琳嚴重誤導李鴻章，致有今日局面，王文韶也上報總署勿爲德璀琳所誤。〔註 134〕

蓋此時美國開始單方面正式介入中日戰爭之「斡旋」，〔註 135〕在 12 月，美國國務卿格萊星姆對中國駐美公使楊儒表達了趕快遣使議和息兵的關切，並說明克里夫蘭總統也極爲在意此事。〔註 136〕田貝則至總理衙門施加壓力，要求中國方面立刻將德璀琳召回。田貝公使因爲中國派遣德璀琳而感到自己被嚴重侮辱，而且又怕德璀琳使團會使得他的「斡旋」工作一無所獲，於是向總理衙門抗議：

> 這是一個公開的秘密，（李鴻章）總督大人年事已高又不堅定，身邊總圍繞著一派本地和德國的投機份子、不懂外交的人，而這些人唯一明顯的目的就是要將事情弄得符合他們的利益。〔註 137〕

最後，田貝公使還聲稱德璀琳使團對於美國政府是個侮辱，也是田貝個人無法容忍之事，所以要求中國方面必須立刻將德璀琳召回。〔註 138〕清廷則命令德璀琳「如不能遽回，必不致與田貝所議兩歧。」〔註 139〕田貝事後也回憶：「當我開始代表中國來謀求和平談判時，中國政府立即召回德璀琳先生。」〔註 140〕清廷原本的企圖是越多列強捲入，對中國就更有利，希望能多管齊下，只要能達到有利的和平條件就好。而今在美國公使田貝的壓力之下，只得照辦，

〔註 134〕〈署直督王文韶致總署德璀琳因不准隨李鴻章出洋意殊怏怏恐搖惑上聽電〉，《清季外交史料》，卷 108，頁 25～26。

〔註 135〕對於美國涉入甲午戰爭一事，美國官方的說法謂之「斡旋」（good offices），而非「調處」（mediation）。就國際法而言，所謂斡旋就是第三國在交戰國之間，忠實傳達雙方的意見，只是擔任信差的角色，完全不加入自己意見；相對地，所謂調停就是第三國在交戰國之間，建議雙方該如何達成和平。兩者之間的界線其實在國際法實務上極爲模糊。不過所有的中文相關著作，幾乎都將「斡旋」與「調處」混爲一談，可能也反映了中、美人士對國際法的認知有所出入。

〔註 136〕〈使美楊儒致總署美外部勸中日早息兵電〉，《清季外交史料》，卷 101，頁 15。

〔註 137〕Schmidt, *Gustav Detring*, pp. 66～67.

〔註 138〕Schmidt, *Gustav Detring*, p. 67.

〔註 139〕〈直督李鴻章致總署據德璀琳報文函經致伊藤並聲明奉飭回滬俟回津面陳電〉，《清季外交史料》，卷 101，頁 25～26。

〔註 140〕Jeffery M. Dorwart, *The Pigtail War: American Involvement in the Sino-Japanese War of 1894～1895* (Amherst: University of Massachusetts Press, 1975), p. 79.

奕訢惟有召回德璀琳。此事實乃美德在中國競爭影響力的外交角力。

至於德璀琳使團失敗一事，後來日本政府爲了掩飾其不願接見德璀琳之眞正動機，乃向西方媒體解釋伊藤博文首相只願接見中國北京政府任命之使者，不會與李鴻章總督個人的信使聯絡。〔註 141〕日本政府之後更由駐美公使栗野愼一郎（1851～1937）以「非正式」的方式澄清。他先是說明目前在《泰晤士報》以及美國各報所流傳之消息，皆是中國政府有心散播，目的在於證明日本不想要和平，反而出於卑鄙的動機要貫徹其勝利；至於伊藤博文首相未能接見德璀琳的主要原因則是 11 月 26 日德某人抵達神戶當天即被中國召回，是以伊藤首相沒有機會檢驗李鴻章書函，栗野更進一步指出，中國當局之召回德璀琳使團就是因爲其沒有充分授權來締結和約，而日本之同意與獲得中國皇帝詔令授權的使節議和，適足以駁斥中國私下影射日本沒有信義。〔註 142〕

對於德璀琳出使東瀛一事，陸奧宗光在其回憶錄則說英國發行之《黑木》雜誌，有所謂僑居東洋之特別撰稿者（有人說就是德璀琳本人），發表〈日本與列強關係〉一文，指出德璀琳使日目的在於：「（一）觀察日本政府果眞有意媾和，俾予清國及助清國之各國以籌謀之餘地；（二）若認爲日本政府有意媾和，研究媾和談判之道；（三）若旅順口陷落，尋求無法避開必落於李鴻章身上之攻擊之道。」〔註 143〕

第三節　美國前國務卿科士達與《馬關條約》

美國官方之介入中日戰爭，則是日本在黃海海戰、平壤戰役獲勝之後，又攻下了旅順，就開始透過美國來與中國接洽。1894 年（光緒 20 年）11 月初美國駐日公使譚恩與駐華公使田貝開始介入中日戰爭，擔任美國克夫蘭總統的「斡旋」使命。11 月 21 日，美國駐華公使田貝前往拜會總理衙門，表明美國的「斡旋」政策，清廷表示願以「朝鮮自主，並賠償兵費」爲議和條件。〔註 144〕但是日本卻不滿意這個條件，要求中國需派出有資格談判的全權大臣後，才可商量議和條件。11 月 28 日，美國駐華公使田貝前往總理衙門，解釋日本

〔註 141〕*NYT*, Nov. 30, 1894.
〔註 142〕*NYT*, Dec. 9, 1894.
〔註 143〕陸奧宗光，《甲午戰爭外交秘錄》，頁 93。
〔註 144〕弘治、張鑫典、孫大超編著，《甲午戰爭 110 年祭》（北京：華文出版，2004），頁 231。

答覆的重要。由於總理衙門官員仍固執以爲田貝的身分爲調停者（mediator），除了希望他能詢問日本「中國尙不亟於締約」之義爲何，也希望由他來負責並主導一切的談判。田貝說明如果兩國皆同意，美國總統自是很願意出面調停，但是日本已經拒絕，而且聲明中國必須直接向日本求和，這可經由美國公使館傳遞。至於其個人，只要還身爲美國公使，就不可能擔任中國議和使節。田貝也感到這些總署官員不願意自己去答覆日本。〔註 145〕11 月 29 日下午，田貝收到總署答覆後立刻去電美國駐日本公使譚恩，詢問日方：

> 日本並未說明其滿意的和平基礎爲何，致使中國完全無法臆測日本觀點，並因之極困難派遣使節議和。中國希望日本能整體言明兩國需討論問題，俾能採取行動。〔註 146〕

面對中國的詢問，日本於 12 月 2 日經由譚恩答覆，一方面指責「中國政府尙未決心求和」，另一方面更強調「係中國而非日本要求結束戰事，故日本必須再聲明唯有兩國素具威望之高官所出任之使節開議，日本方能宣布和平之條件」，最後更威脅，若中國不接受，不准再求和。〔註 147〕此時，譚恩就評估日本政府雖然已想和談，但受阻於軍方而不可爲之，蓋軍方只想佔領北京並且羞辱中國，才會滿足。譚恩並將日本召回山縣有朋，不讓彼繼續擔任第一軍司令之事，視爲日本政府加強姿態，反制軍方的作爲。〔註 148〕不過譚恩也向國務院報告：日本海陸軍均有強烈征服精神，除非佔領北京並狠狠羞辱中國，其野心勢必未能滿足。〔註 149〕譚恩並得出結論，日本必定要求中國大陸的領土割讓。〔註 150〕這似乎是列強中最早得悉日本眞正目的者。12 月 3 日，田貝再訪總署，說明中國若不拒絕日本的要求，就得派出公使，甚且預先起草了中國屈從日本要求、並詢問應該派遣幾位使節於何時何地會談的答覆。他還強調了中國續戰之無助以及求和之智慧與義務；最後還解釋了中國先派出議和使節、日本方提出和平條件的好處，在於中國可視情況隨

〔註 145〕Treat, *Diplomatic Relations between the United States and Japan*, V. I, p. 503.
〔註 146〕Treat, *Diplomatic Relations between the United States and Japan*, V. I, p. 503.
〔註 147〕Treat, *Diplomatic Relations between the United States and Japan*, V. I, p. 504.
〔註 148〕Treat,"The Good Offices of the United States,"p. 569.
〔註 149〕Otto Franke, Die Grossmächte in Ostasien von 1894 bis 1914 (Hamburg: Braunschweig, 1923), p. 50. 譚恩報告的部分原文爲：The spirit of the Army and Navy is one of conquest; their ambition can be satisfied with nothing less than the complete humiliation of China. 轉引自 Vagts, Deutschland und die Vereinigten Staaten in der Weltpolitik, V.I I, p. 943.
〔註 150〕Langer, The Diplomacy of Imperialism, p. 178.

時終止談判。〔註 151〕直至 12 月 21 日，總理衙門方才經由美國公使館傳達同意日本要求。雙方為此又電報往返幾次。田貝也在總理衙門教導中國官員一些國際公法的知識：由於官員們畏懼派遣使節去日本締和，田貝乃援引近代歐洲的 8 個例子說明戰勝國有權指定談判之所在；官員們復畏懼和約締結者會被當作代罪羔羊而喪失生命，田貝則建議在和約約文中註明談判官員不得因與和約有關之行為而須負個人責任或遭致傷害；至於官員中有人質疑若和約無法締結，談判官員在日本恐有性命之虞，田貝則憤怒駁斥。最重要的是，田貝本人相信戰爭的進展導致了美國在華威望極度上升，也就是具有「隻手遮天的影響力」（an overshadowing influence），並可藉之為美國獲得莫大的商業利益。因此他就建議中國開放尚未開放的某些專賣權，用以支付日本勢必索求的賠款，同時也要求美國資本家把握機會。〔註 152〕田貝復一再敦促中國聘請外籍顧問隨著議和團前往日本，是以清廷聘用了科士達。〔註 153〕

他又強烈暗示李鴻章可作為中國的全權代表，並且又留下其草擬的答覆。這次田貝感到日本應該會同意去漢城談判，李鴻章便可為國效勞，既為中國留了些顏面，復達到了日本與中國最高階官員所出任之全權代表談判的要求。〔註 154〕次日，中國對於全權代表之任命卻令田貝與日本感到失望。中國選擇的官員為尚書銜總理各國事務大臣戶部左侍郎張蔭桓與頭品頂戴署湖南巡撫邵友濂（1840～1901）。

對於張、邵二人出任全權大臣一事，美國方面之憂心在於兩人資歷威望均嫌不足，尤其邵友濂在 1891 年（光緒 17 年）至 1894 年（光緒 20 年）之間本為臺灣巡撫，據稱甲午戰爭初起之時曾重金懸賞日本人首級，所以特別令人關切是否會被日本列為不受歡迎人物（persona non grata）；〔註 155〕田貝在失望之餘，又唯恐張、邵使團會有所差錯，一再對之耳提面命，並且應張蔭桓之要求準備好國際通用的全權證書，並備妥中譯本送交總理衙門。〔註 156〕另一方面，日本為了向世界展示其謀求和平的誠意，刻意未刁難張、邵二人，

〔註 151〕Treat, *Diplomatic Relations between the United States and Japan*, V. I, pp. 504～505.
〔註 152〕Young, The Rhetoric Empire, p. 31.
〔註 153〕Treat, "The Good Offices of the United States,"p. 569.
〔註 154〕Treat, *Diplomatic Relations between the United States and Japan*, V. I, p. 507.
〔註 155〕關於邵友濂重金懸賞日本人首級一事，筆者遍查中文資料，還是找不到相關證據。參見 NYT, Dec. 26, 1894；Treat, "The Good Offices of the United States," p. 568.
〔註 156〕Treat, *Diplomatic Relations between the United States and Japan*, p. 511.

只是再三詢問彼等是否確實具有全權代表之資格。最後就以資格不符問題，將兩人逐回中國，並要求李鴻章來談判。在張邵使團失敗後，光緒帝又修書美國總統，請其下令田貝建議中國和約條款事項。這是基於錯誤的認知，以爲美國在 1858 年（咸豐 8 年）的中美《天津條約》之下，會充當調處的工作。〔註 157〕

中國在無奈之下，同意派出李鴻章爲全權大臣，並續聘請美國前國務卿科士達爲議和顧問。科士達是律師出身，爲國際法專家，可謂交遊滿天下，在中、日兩國都與當朝權貴熟稔。特別在 1894 年（光緒 20 年），他幫助日本與列強修改領事裁判權條約，出力甚多，而同年 7 月，日本與美國爲領事裁判權修約問題陷入僵局，更是藉由科士達在國務院的人脈之助，方能完成，故在日本素爲人景仰。他於 1894 年（光緒 20 年）12 月間接受中國之委託出任議和團顧問一職後，即先秘密知會日本駐美公使館。〔註 158〕陸奧宗光對於此事，其實頗爲忌諱，故訓令駐美公使栗野愼一郎全力拒絕科士達赴日，必要時甚至用金錢賄賂在所不惜：

> 如果可能，我將特別希望阻止他到來。爲達此目的，需要花費必要的費用我不反對。我希望你盡最大努力，千方百計地阻止他協助中國的全權代表。讓他充分瞭解，日本在取得如此巨大成功的戰爭中，目前所處的地位和具有偉大雄心的日本，目前達到的程度是很重要的。但這已經不可能了，即使在三個月前，當英國政府做出努力時，日本尚不願接受以戰爭賠款和朝鮮之獨立做爲終止敵對行動之條件。因此，相當明顯，現在，在我們取得那時的雙倍勝利的時候，日本至少要多得一些東西。事實上，中國盡其最大努力給予的，在日本看來卻是很不夠的。科士達應記住這些，這是很重要的。但您必須小心，不要以官方身分告訴他，而要以個人意見告訴他。還要問他是先到日本，還是先到中國之後，隨中國的全權代表一起來日本。〔註 159〕

從陸奧宗光的訓令來看，可知日本雖然表面上歡迎科士達爲議和顧問，事實上因不知其眞實意圖爲何，非常憂心這位日本的好朋友，將會讓日本在

〔註 157〕Treat,“The Good Offices of the United States,”p. 571.
〔註 158〕戚其章主編，《中日甲午戰爭》（九），頁 479。
〔註 159〕戚其章主編，《中日甲午戰爭》（九），頁 480。

與中國的談判中為難，因此根本就希望科士達不要來日本。易言之，陸奧宗光這番話，實已證明在其國家利益至上的考量中，私交再好之外籍人士，只要有可能阻礙到日本利益的追求，即斷然拒之；另一方面，科士達雖名義上為私人身分擔任中國顧問一職，日本對美國官方的企圖仍有所猜疑。這點和中國大陸學界普遍認為日本歡迎科士達充當中日議和的顧問，是很不同的。〔註 160〕

其實科士達名義上是私人顧問，不具官方身分，但所來目的還是服務美國利益為上。在他動身來遠東之前，美國各方財團勢力覬覦戰後的中國市場，就密切拜訪科士達，與之交換意見，這些財團包括銀行業、造船公司、鐵路業者、石油公司。〔註 161〕而科士達也就在 3 月偕同中國的直隸總督兼北洋大臣李鴻章到日本馬關談判。由於日本議和團中也有美國顧問，因此美國人在此次談判中的關鍵地位，很受到其餘列強的忌妒猜疑。而整個談判過程中，主要語言卻是英文。〔註 162〕

無論如何，在馬關談判時，李鴻章也時時將日本人苛刻的要求秘密洩露予列強知曉。但是顯然列強皆按兵不動的原因，就是在知道日本要求後，先評估自己可否也得到好處，至於李鴻章與巴蘭德的聯絡，後者應是透過德璀林在中國居間聯絡，表示支持李鴻章，如 1895 年（光緒 21 年）2 月，李啓程前，德璀琳在會晤俄國駐華公使喀西尼（Arthur Cassini，1836～1913）之後，回報李鴻章，俄國已與英、法達成密約，如果日本需索過甚，三國必能設法調停。〔註 163〕3 月，駐俄公使許景澄回報總署，沙皇尼古拉二世、德皇威廉二世皆表明勸和中日之意，德皇特別表明日本需索不宜太過。〔註 164〕由於英、法、俄已在醞釀，以朝鮮獨立與完整為戰後方案。尤其英俄

〔註 160〕認為科士達在中日馬關議和中明顯偏袒日本者，中國大陸學界、一些西方學者的著作有：弘治、張鑫典、孫大超編著，《甲午戰爭 110 年祭》，頁 240；福森科著；楊詩浩譯，《瓜分中國的鬥爭和美國的門户開放政策，1895～1900》，頁 21～30。

〔註 161〕John W. Foster, *Diplomatic Memoirs* (NY: Mifflin and Company, 1903), pp. 107～109. 科士達在回憶錄中，並未說明哪些人士與他接觸，只是提及其行業背景。

〔註 162〕Foster, *Diplomatic Memoirs*, p. 146.

〔註 163〕〈李鴻章王文韶致總署德璀琳函俄已與英法訂約日所索如過奢必設法調停電〉，《清季外交史料》，卷 106，頁 1。

〔註 164〕〈使俄許景澄致總署俄主必竭力勸成和議並德主允勸日所索不宜太過電〉，《清季外交史料》，卷 107，頁 25。

趁機接近，似有達成和解的可能。若果，對日本無異於災難，因此陸奧宗光特在2月中接見俄使，保證日本議和條件只要賠款與割讓臺灣而已。〔註165〕凡此種種，李以爲自己或可得到日本溫和的要求。至於德璀琳，則不論美國是否進一步施壓，李鴻章議和使團爲了不要觸怒之，刻意排斥隨行。〔註166〕3月20日，李鴻章開始與日本全權大臣伊藤博文首相、外務大臣陸奧宗光談判，由於李鴻章要求先行停戰，日本故意提出嚴苛條件刁難，但李鴻章在3月26日遭到日本人小山豐太郎暗殺，槍擊左臉，一度昏迷，幸好急救後復原良好，日本因爲理虧才自行停戰。4月1日，日本提出苛刻的要求，出乎李鴻章意料之外，蓋日本要求不但如事前所料之朝鮮獨立、更提出：

> 清國向日本賠償軍費庫平銀三萬萬兩；割讓臺灣島、澎湖群島與臺澎附屬各島嶼，以及北緯41度線以南的遼東半島；向日本開放沙市、重慶、蘇州、杭州、順天、湘潭和梧州七處通商口岸；長江、西江、吳淞江及運河等內河航行權範圍；日本駐軍地點及所需軍費。〔註167〕

日本這種要求，可說經過精密計算，因爲當時國際法盛行之戰敗國需割地賠款的恢復和平方式，廣爲西方列強採行，因此她自認有權提出這方面的要求。對於領土部分，她甚至以爲只要不兼併朝鮮，就不會受到列強反對〔註168〕，而且必要時，還準備以互易（do ut des）的原則，瓜分中國。〔註169〕至於通商特權的部分，她當時在中國經濟不強，主要是爲西方列強爭取，讓彼等可以用「最惠國待遇」條款自動取得這類權利，並希望列強也就因之而不會干預中日馬關條約的簽訂。對於日本的要求，身爲中國議和團顧問的科士達，有兩項做法因應。第一，他要求李鴻章將日本要求向英國、法國、俄國、德國透露，引起列強干涉，至於通商條款要保密，以免列強反而協助日本。〔註170〕這點李鴻章應當無論如何都會自行辦理，但是列強猶在觀望。第

〔註165〕Langer, *The Diplomacy of Imperialism*, p. 176.

〔註166〕〈直督李鴻章致總署據德璀琳報文函經致伊藤並聲明奉飭回滬俟回津面陳電〉，《清季外交史料》，卷101，頁6。

〔註167〕李守孔，《李鴻章傳》（臺北：臺灣學生書局，1985），頁271～272。

〔註168〕林明德著，《近代中日關係史》（臺北：三民書局，1994），頁25。

〔註169〕Langer, *The Diplomacy of Imperialism*, p. 181.

〔註170〕李守孔，《李鴻章傳》，頁272。

二，他利用國際法專業的背景，與日本力爭，爲中國爭取到日本的修正方案。而對此修正方案他卻自詡爲東方外交上之成就。〔註 171〕

只是日本的要求，稍作讓步之後還是一樣嚴苛。伊藤博文首相又在 4 月 17 日提出修正後的要求：除了第一款朝鮮獨立自主、第四款之中國約將庫平銀 2 億兩交與日本，作爲賠償軍費、第六款之中國開放沙市、重慶、蘇州、杭州等口岸，及認可日本最惠國待遇。允許日本人在中國通商口岸設立領事館和工廠及輸入各種機器以外，則以第二款要求中國割讓之領土，仍然包括遼東半島、臺灣、澎湖群島，〔註 172〕最爲苛刻。

尤其遼東半島既爲滿清皇室的龍興之地，對於中國的侮辱自是不在話下。至於馬關賠款問題，田貝亦深感爲美國進一步在華發展政經勢力的良機，故此報告：中國欲籌款以支付戰爭賠款最佳方式即爲釋出未開放的專賣利權。其或可售與某財團築鐵路之權，某財團開礦之權，某銀行諸多利權……故本人目前之想法爲單純呼籲美國的資本家、造船業者、銀行家、商人考量爲自身獲得本人才提及的重要專賣利權。〔註 173〕而這些條款，李鴻章卻在清廷恐懼再戰、日本恫嚇、科士達勸說、原本所寄望之列強沒有反應的情況下，再經由清廷上諭同意後就與伊藤博文簽訂了所謂的《馬關條約》。《馬關條約》簽訂之後，美國官方的態度則是田貝駐華公使一再催促清廷批准並跟日本交換條約，使之生效。惟原本列強皆希望日本可以要求中國作出經濟方面的重大讓步，例如廢除貨物轉運內地的厘金稅、改革貨幣制度、大量加開通商口岸，但是田貝卻失望發現日本只是讓自己成爲大陸強權，西方列強卻所得不多。〔註 174〕

值得注意的卻是田貝公使在《馬關條約》簽訂不久之後，根據個人對中國政情的觀察，寫了所謂的《田貝計劃》，〔註 175〕上報國務院，希望成爲美國對華施政的方針，由列強共管中國，並因而確保美國在華商業利益。田貝公使這項提案，顯然因爲其目睹清廷在甲午戰爭中，無法自保，怕列強會跟進瓜分中國，所以他希望實施其「計劃」，由於事情敏感，美國官方從未公開過這份「計劃」，而且克里夫蘭政府也不贊同。惟在 1901 年（光緒 27 年）《辛丑議定書》的談判中，卻相當實現了《田貝計劃》。

〔註 171〕Foster, *Diplomatic Memoirs*, p. 138.
〔註 172〕王鐵崖，《中外舊約章彙編》，頁 614～618。
〔註 173〕Vagts, *Deutschland und die Vereinigten Staaten in der Weltpolitik*, V.I I, p. 960.
〔註 174〕Young, *The Rhetoric Empire*, p. 33.
〔註 175〕Steiger, *China and the Occident*, pp. 50～52.

第四節　德國的劇烈反應

就在馬關議和的過程中，歐洲列強自始自終關注並且隨時考量干涉的時機與方式。不過日本深信列強不致到強烈干涉的地步。事實上，巴蘭德也承認，德國不怎麼同情中國，但是從官方乃至輿論界甚至將日本人看作跟 1848 年（道光 28 年）反抗普魯士的波蘭人一樣勇猛。〔註 176〕日本一昧向中國提出前述極爲苛刻的和約條款，而且日本外務省一直研究歐洲的強權政治模式，認爲歐洲列強向來在獲得新領土時，會給予其他持默許態度之列強其原本無權利、亦無支配的土地作爲妥協。對於中國，日本就打算如此處理。〔註 177〕不過 1895 年（光緒 21 年）3 月之間，德國官方開始對馬關議和有所行動。德國駐華公使紳珂（Gustav Schenck）在接到李鴻章要求德國出面調停之後，因爲李鴻章爲其「患難之交」，故回報德國外交部此要求；〔註 178〕外交大臣馬沙爾遂訓令駐日公使哥屈米德向日本提出照會：

> 中國請求列強干涉；其中幾國原則上已經決定並將聯合行動。這些國家向中國要求干涉的代價愈大，留下給日本的愈少；因此，爲日本計，直接和合理的解決比較最爲有利。據我們所接到的報告，到現在爲止，日本在中國大陸割地的要求尤其足以惹起干涉。〔註 179〕

德國此時的反應，主要是因爲青木周藏公使告知柏林方面日本可能的要求，因此在還未與其他列強交換意見之前，德國先提出自己的勸告。巴蘭德則解釋，德國等列強在甲午戰爭初期保持中立，主要是沒有料到日本的迅速勝利，並且會受到國內激進派的影響，提出既自大又滿懷敵意的要求。〔註 180〕可見德國對於日本苛刻的和約要求也爲之驚愕。對此，日本外務大臣陸奧宗光並不以爲意，只是指示林董（1850～1913）外務次官予以口頭之感謝，而且日本駐德公使青木奉令向德國說明：「日本將要求南滿之一部分、尤其是遼東半島，包括旅順在內。這個將成爲直隸灣的直布羅陀。不擁有這塊領土，朝鮮的獨立將只是空談。爲顧及中國皇朝的體面，現無

〔註 176〕Brandt, *Drei Jahre Ostasiatischer Politik*, p. 263.

〔註 177〕Philip Joseph, *Foreign Diplomacy in China, 1894～1900: A Study in Political and Economic Relations with China* (London: George Allen & Unwin, 1928), p. 108.

〔註 178〕*Die Grosse Politik*, V. IX, pp.252～253；孫瑞芹譯，《德國外交文件有關中國交涉史料選譯》（一）（北京：商務印書館，1960），頁 12。

〔註 179〕*Die Grosse Politik*, V. IX, p.253；《德國外交文件有關中國交涉史料選譯》（一），頁 13；戚其章主編，《中日甲午戰爭》（十），頁 66。

〔註 180〕Brandt, *Drei Jahre Ostasiatischer Politik*, p. 262.

奪取瀋陽之意」，〔註 181〕並且建議俄國可與中國解決相關問題，與日本無關；英國可獲得舟山群島；至於德國則可在中國東南方獲得一塊比其所有非洲殖民地加起來都還要有價值的土地。〔註 182〕對於日本人的建議，德皇威廉二世以爲「極爲公允。」〔註 183〕不過此時德國政界對於日本軍事上如此強悍而重大的勝利、兼之其可能因和約而獲致之鉅大的政經成果，杌隉不安。當 4 月英國正式拒絕參與干涉後，德國立刻決定與俄國合作。此時德皇有數種考量：他希望能向沙皇表示出，俄國可在東方仰仗德國之助，強過其搖擺不定的法國盟邦；他也希望藉此機會同法國建立他渴望已久之較好的關係。〔註 184〕很快地，在 4 月 4 日紳珂公使就接獲李鴻章透露之日本的和約條件爲「要求臺灣、澎湖列島、遼東至北緯四十一度及到牛莊港，和一些據說總理衙門尚未知道的通商及修改條約款項」，並報告德國政府，外相馬沙爾就擔心一旦旅順港成爲第二個直布羅陀之後，日本即可支配直隸灣使中國成爲其保護國，結果會危及歐洲的和平，所以指示德國駐英、駐俄大使與駐在國交換意見。〔註 185〕

沙俄則於 1895 年 4 月 6 日向列強提出聯合干涉的建議：

> 日本併吞旅順，將成爲中日重建良好關係一個永久的障礙，並對東亞和平是個長遠的威脅。〔註 186〕

對於沙俄的建議，德國東亞外交事務的權威巴蘭德做出與之合作的回應：

> 俄國政府迄今仍對中日衝突問題保持全面沉默，無疑地，它是因爲對於其政府，即連法政府對於這個問題的立場尚未明瞭。德國方面所給予之刺激，使俄政府向別的政府作試探，其結果現已包括在俄政府的建議中，是促使到日本政府注意到佔領旅順對它與中國及列強關係所能產生的後果。的確，俄國關心維持中國大陸上領土

〔註 181〕*Die Grosse Politik*, V. IX, p.260；《德國外交文件有關中國交涉史料選譯》（一），頁 20。

〔註 182〕*Die Grosse Politik*, V. IX, p.260；《德國外交文件有關中國交涉史料選譯》（一），頁 20。

〔註 183〕Joseph, *Foreign Diplomacy in China*, p. 107.

〔註 184〕Brandenburg, *From Bismarck to the World War*, p. 66.

〔註 185〕*Die Grosse Politik*, V. IX, pp.261～262；《德國外交文件有關中國交涉史料選譯》（一），頁 20～21。

〔註 186〕*Die Grosse Politik*, V. IX, p.265；《德國外交文件有關中國交涉史料選譯》（一），頁 25。

的主要動機是政治的和軍事的；但是，毫無疑問，因中國更加依賴日本而必然帶來之經濟變動，凡與中國有往來之列強都要感覺得到。

為了這個理由，無條件地加入俄國提議，似乎對我們有利。但是這個問題的政治方面或許更為重要，因為我們在這個亞洲事件上與俄國合作必定影響俄國對我們和在歐洲的態度。這個影響，是不可過低估計的。

如果法國不參加俄國所提議的方法，其結果，俄、法關係自然會趨於動搖，就是社會關係上亦然；如果法國贊同，則不管洛茲柏立內閣的保留思想及躊躇情緒怎樣，英國勢難——雖不是不可能——置身局外，那時候，外國在華利益可以得到保證。

還有一層，和俄國共同行動，我們或者可能從感激我們的中國——當然必須使它如此，——得到一塊地方，為我們的海軍停泊或屯煤之所。這地方，不拘是割讓或租借，因為實際上兩者完全相同。〔註 187〕

對於巴蘭德的分析，德皇威廉二世完全贊同，尤其最後一點，就為德國強租膠洲灣的事件埋下了伏筆。

緊接著，巴蘭德晉見威廉二世時，德皇也表示：支持俄國可使德國東部的邊境緩和；而且俄國又是唯一在東亞海面上擁有強大鐵甲艦隊之列強，與之聯合起來，又可使俄國將視線轉於東方，符合德國利益。〔註 188〕對於德國內閣而言，新任甫一個月的首相，亟欲在外交上有所突破，彼也認為遠東問題可與德國再與俄國親善的良機。〔註 189〕德皇復進一步主張：歐洲需要聯合干涉，不要去考慮有什麼個別的好處；既然俄國是對抗蒙古世界最強的捍衛，就必須協助其完成穿越滿洲的鐵路；他也預見英日同盟的可能，視之為較急迫之危機。〔註 190〕數週過後，德皇也益發肯定沙俄的遠東政策有可能導致其與日本的戰爭。〔註 191〕此時，德皇又順勢提出黃禍（Yellow Peril）論，居心

〔註 187〕*Die Grosse Politik*, V. IX, pp.265～266；《德國外交文件有關中國交涉史料選譯》（一），頁 25～26。

〔註 188〕*Die Grosse Politik*, V. IX, pp.267～268；《德國外交文件有關中國交涉史料選譯》（一），頁 27。

〔註 189〕Vagts, *Deutschland und die Vereinigten Staaten in der Weltpolitik*, V.I I, p. 951.

〔註 190〕Joseph, *Foreign Diplomacy in China*, p. 113.

〔註 191〕Brandenburg, *From Bismarck to the World War*, p. 66.

在於禍水東引，是爲將羅曼諾夫王朝注意力往遠東轉移的產物。在 1895 年（光緒 21 年）4 月 16 日，威廉即修書尼古拉二世（Nicholas II，1868～1918），宣稱「教化亞洲大陸，並捍衛歐洲，使它不至被龐大的黃種人入侵，顯然是俄國未來的偉大任務」，而德國絕不在歐洲興風作浪，使俄國無後顧之憂，最後更希望德國能幫俄國解決在東亞的吞併領土問題，而俄國也能親切幫助德國在東亞獲得一處港口。〔註 192〕之後，同年德皇陸續又寫了許多書信，一再鼓吹黃禍的危險及俄國的偉大捍衛歐洲使命，例如「歐洲必須感謝你，因爲你業已如此迅速地了解到俄國在教化亞洲、在捍衛十字架和古老的歐洲基度教文化以抵抗蒙古人和佛教的入侵當中的偉大前途」；〔註 193〕「如果俄國眞是要忙於遠東，我認爲我就有責任來使你的歐洲的後方不受任何人的干擾，使一切都保持平靜，而且如果我不受到任何攻擊，我也不會對法國採取任何行動」，〔註 194〕值得注意者爲德皇尚提出更爲聳動的工業化的黃禍（industrielle gelb Gefahr）一詞。〔註 195〕可知爲了使俄國陷於遠東，德皇已經到了無所不用其極的地步。事實上，威廉類似的言論，將持續到 1905 年，亦即日俄戰爭之際。

在 1895 年（光緒 21 年）4 月 17 日中日簽署了馬關條約後，約文正式公諸於世，俄國立刻接觸柏林、巴黎，要求俄、德、法三強對日本提出「善意的勸告」。三國一致同意。從此時起，三國開始正式干涉。德國駐俄大使即向許景澄表示，由於日本議和條件太過，德國會依俄國之意介入，而且德國已訓令駐日公使對東京表明勸和之意。〔註 196〕未幾，巴蘭德又透過德璀琳向中國表示，德國已聯合俄、法向日本表明，馬關條約須修改。〔註 197〕而德國公使哥屈米德從 4 月 20 日起，就要求面晤日本外務大臣，並宣稱有其他國家公使會一齊遞交重要緊急之照會。由於陸奧宗光仍在廣島養病，也由於其他國家公使可能因尚未接到本國政府訓令，也由於哥屈米德要求若不能見到陸奧宗光、則改見伊藤博文總理，而日方答以不合體制，可由林董外務次官接見

〔註 192〕呂浦、張振鵾等編譯，《黃禍論歷史資料選輯》（北京：新華書屋，1979），頁 112～113。

〔註 193〕呂浦、張振鵾等編譯，《黃禍論歷史資料選輯》，頁 113～114。

〔註 194〕呂浦、張振鵾等編譯，《黃禍論歷史資料選輯》，頁 115。

〔註 195〕Vagts, *Deutschland und die Vereinigten Staaten in der Weltpolitik*, V.I I, p. 951.

〔註 196〕〈使俄許景澄致總署報德勸中日息戰並言專聽俄廷定奪電〉，《清季外交史料》，卷 108，頁 23～24。

〔註 197〕〈津道盛宣懷致總署巴蘭德稱德約俄法向日外部說不允馬關條約電〉，《清季外交史料》，卷 109，頁 7。

之故，一直到了 4 月 23 日才由德、俄、法三國公使向林董次官遞交照會。在這段期間，日本陸奧大臣猶未察覺事態之嚴重性，與駐德日使青木周藏數封電文往來，囑其探詢德國政府所謂重要事項爲何，一方面也下令日本外交部查明其他國家究竟爲哪幾國。而青木周藏在會見了德國外交大臣馬沙爾之後，發現德國態度已經有了重大轉變，馬沙爾直言謂之：「日本如欲占有旅順口，勢將受到障礙……德國於去年秋曾應本公使（青木周藏）之請求，且遵照德國皇帝陛下之敕令，對日本表示充分之盛情厚義，打破歐洲各國進行干涉之企圖，並且以其他種種辦法幫助日本。但日本國作爲其報酬未作任何事。不僅未增加德國之利益，而且對德國以及其他歐洲國家對清國之通商關係置之不顧，自行訂立和平條約。因此，德國早已不能居於歐洲各國協同運動之外。貴大臣（陸奧宗光）對和平條件細目保守秘密，已惹起世上普遍猜疑……似乎日本依據和平條件中有關通商條件獲得不正當之利益……日本不僅擁有勞動工資低廉之利，而且其國土接近清國，故依據此次條約，日本對歐洲各國於清國之通商貿易將成爲實際上不可抵抗之競爭者」；〔註 198〕最後在大肆非難日本違背外交慣例、擅自行動之後，更坦言「世界絕非以日本國之希望或命令而轉移！」〔註 199〕在這篇電文的結尾，青木周藏列舉爲了爭取德國之信任與援助，陸奧宗光卻未做任何指示；日本應該先將媾和條件之詳情通知德國政府，陸奧大臣也未有答覆；德國以前經駐日公使勸告陸奧大臣，減輕和平條件以保護清國，也未獲回應。〔註 200〕陸奧宗光還以爲青木公使小題大作，〔註 201〕並訓令他向德國解釋：「……日本與清國之通商貿易，尚不如歐洲與清國之間通商貿易那樣發達。重新開闢港口、擴大航路以及在通商港口建立製造工廠等，一切統按最惠國條款待遇，歐洲各國將立即享受其利益……我方實不能理解，德國政府何故認爲日本置德國利益於不顧。」〔註 202〕這一切可以證明陸奧宗光的外交政策，並不重視德國。

德國公使哥屈米德身爲外交使節團團長，原本堅持三強提出照會應該按照利益的次序而爲之，故俄國最先，法國次之，德國最後。但是當彼得知俄、法兩國政府的訓令，皆是要求渠等使者盡可能以禮貌而和緩的口氣提出照

〔註 198〕戚其章主編，《中日甲午戰爭》（十），頁 113～114。
〔註 199〕戚其章主編，《中日甲午戰爭》（十），頁 114。
〔註 200〕戚其章主編，《中日甲午戰爭》（十），頁 114。
〔註 201〕戚其章主編，《中日甲午戰爭》（十），頁 116。
〔註 202〕戚其章主編，《中日甲午戰爭》（十），頁 117。

會，不以爲然，遂按照自己的訓令向日本交涉。〔註 203〕彼日文流利，面晤林董次官時，以日文宣讀德國之備忘錄：

> 德國政府看到日清講和之條件，不能不認爲貴國所請求之佔領遼東，將置清國首都於永遠不安全之地位，且使朝鮮之獨立亦化爲泡影，從而成爲東亞持久和平之障礙。故此本國政府勸告貴國政府放棄對遼東之永久占有。〔註 204〕

哥屈米德進一步申述備忘錄內容，除了複述前述駐德公使青木周藏所列舉之日本政府輕忽德國善意之處以外，還說明爲顧全日本政府顏面，建議日本政府可用召開國際會議方式尋求退出現在地位，更以赤裸裸的粗暴方式宣稱「對三國開戰，歸根到底對日本國是無有希望之事。」〔註 205〕事實上，當時德國政府並不知道哥屈米德是用如此粗暴而難堪的方式對待日本政府，蓋其訓令是要求他向日本暗示德、俄、法三國之軍事行動的可能，以爲哥屈米德自會用委婉的外交語氣陳述訓令，卻不意哥屈米德公使將「指示藉以引導他談話」的「對三國開戰，歸根到底對日本國是無有希望之事」的訓令內容，直接不遮掩的表達，引起了日本方面極大的怨恨。根據當時接見哥氏的林董次官，德國公使後來口頭撤銷了戰爭的威脅。德國方面，在 1907 年（光緒 33 年）調查了這次發給哥屈米德的訓令之後，才驚覺到德國當時冒犯日本的程度，而時任德國首相的布洛夫就說；「我記得哥屈米德是個衝動而很不稱職的使者。」〔註 206〕但也有德國學者認爲：德國的照會，直接威脅日本，不從則武力以對，可說完全符合威廉二世虛榮的政治風格。〔註 207〕但無論如何，日本爲了此次事件格外記恨德國。同時，沙俄則建議德國：如果日本不聽從勸告，則三強在海上採取共同行動，切斷在中國大陸之日本軍隊與其母國的連繫，使它孤立。〔註 208〕

〔註 203〕Brandenburg, *From Bismarck to the World War*, p. 63.

〔註 204〕戚其章主編，《中日甲午戰爭》（十），頁 126；*Die Grosse Politik*, V. IX, p.278；孫瑞芹，《德國外交文件有關中國交涉史料選譯》（一），頁 37。俄國、法國公使亦在同日遞送類似之英文備忘錄，戚其章主編，《中日甲午戰爭》（十），頁 125、127。

〔註 205〕戚其章主編，《中日甲午戰爭》（十），頁 126；*Die Grosse Politik*, V. IX, p.278；孫瑞芹，《德國外交文件有關中國交涉史料選譯》（一），頁 37。

〔註 206〕Joseph, *Foreign Diplomacy in China*, p. 126.

〔註 207〕Kindermann, Der Aufstieg Ostasiens in der Weltpolitik, p.69.

〔註 208〕*Die Grosse Politik*, V. IX, p. 269.

日本在收到俄、德、法三國之放棄遼東半島的備忘錄之後，首先召回艦隊，再來在面對三國公使催促答覆的同時，一方面虛與委蛇，並且提出反建議，希望能扭轉情勢，另一方面，緊急連絡英、美、甚至義大利等國，尋求是否這些列強願意挺身而出，甚至結盟來對抗俄、德、法三強在東亞的同盟。結果皆令日本失望。葛萊星姆國務卿早就明言，日本不能適可而止的勝利勢必招致歐洲列強對其不利的干涉，而日本則不能期待美國對抗列強干涉，〔註209〕但美國也向日本表明，只要不牴觸美國的中立，美國可以幫助日本。此幫助就是田貝公使奉令勸告中國批准條約。〔註 210〕美國仍然密切注意情勢發展。〔註 211〕中國一時之間也對三國干涉懷有莫大希望，兩江總督劉坤一（1830～1902）甚至主張：對於俄、德、法三國，中國不如酌許分地給款，請彼等摧毀日本海軍。〔註 212〕5 月 5 日，日本政府在內部幾番會議之後，決定接受俄、德、法三國之勸告，外務大臣陸奧宗光指示林董次官，對三國政府作以下答覆：

> 日本帝國政府，基於俄、法、德三國政府之友好忠告，約定不永久佔領奉天半島之土地。〔註 213〕

很快地，德國爲了同日本修補關係，在日本宣布放棄遼東半島之後，又忽然恢復了德日親善之面目。德國外交大臣馬沙爾在 5 月 10 日召見日本青木公使，談到中國的賠款數目與臺灣割讓問題：一、若日本欲追加賠款，德國將會協助日本；二、暗示日本由於俄國作梗，日本才不能領有遼東半島；三、進一步向日本示好，將 5 月 6 日發給駐北京公使的電文拿給青木公使看，上有「如清國不批准時，今後無論發生任何事情，亦將置之不理」字樣；四、暗示法國、西班牙對日本領有臺灣，或許會反對，並要求日本必要時，可告知法、西兩國，其必決心佔領臺灣與澎湖群島。〔註 214〕另一方面，中國對於

〔註 209〕Young, The Rhetoric Empire, pp. 22～23.

〔註 210〕孫克復，〈三國干涉還遼與國際外交〉，夏良才，《近代中國對外關係》（成都：四川人民出版社，1985），頁 160。

〔註 211〕1895 年 5 月，美國又向中國表明「極願幫助，因未悉近況，無從效力」，同時也因三國干涉之故，贊成中國從緩批准和約。〈使美楊儒致總署密陳美願幫助並請我從緩批准電〉，《清季外交史料》，卷 110，頁 19～20。

〔註 212〕〈江督劉坤一致張蔭桓請約俄法德酌許分地給款代我擊日電〉，《清季外交史料》，卷 111，頁 22。

〔註 213〕戚其章主編，《中日甲午戰爭》（十），頁 172。

〔註 214〕戚其章主編，《中日甲午戰爭》（十），頁 187。

臺灣問題，還在努力爭取俄、德、法三國能一併干涉，得以挽回臺省。巴蘭德則於 5 月底電告李鴻章，先是警告李鴻章若運作臺民，抵抗日本，屆時戰火再起，日本必定提出更苛刻的要求；巴蘭德本人則已退休。〔註 215〕這無異於壓垮駱駝的最後一根稻草，中國藉由三強之力拯救臺灣的希望，徹底破碎。無論如何，清廷依然感激三國之「友誼」，〔註 216〕而李鴻章一生「以夷制夷」的外交策略，似乎只有干涉還遼時發生一點效力，〔註 217〕卻已埋下列強進一步主宰中國之態勢。〔註 218〕

在三國干涉還遼的目的達成之後，德、俄、法三國之間的矛盾可說立刻就顯現出來。法國對於日本將領有臺灣一事自始至終就反對，蓋其也垂涎臺灣久矣，又不欲日本勢力從臺灣再進一步向中國大陸發展，深怕新進崛起而強大的日本會成爲其競爭敵手；對德國而言，卻很樂意見到日本跟法國在中國南方相爭，一來可望減輕德國歐陸西部的壓力，二來可舒緩日本在中國北方在日後與德國競爭的可能性，三來自然也希望日本可以削弱法國在中國的影響力。很明顯的，若日本跟法國能有兩敗俱傷的局面，此爲德國所最歡喜之事。易言之，德、法在歐洲的夙怨，雖然在三國干涉過程中，因爲暫時共同的目的而忘卻，現在又勾心鬥角。這時的俄國又有何盤算？她當然是絕對不願意看到日本在遼東半島站穩腳步，故其政策上首要之務，就是將日本勢力南引，使之離開中國東北越遠越好，而這又需要給日本相對的好處，因之沙俄非但不反對日本可以領有臺灣，甚至還十分樂意見到日本往中國南方發展。〔註 219〕在這種脈絡之下，沙俄並不支持以其馬首是瞻的法國，兼之德國

〔註 215〕〈全權大臣李鴻章致總署德俄均未必與日興戎中朝必應慎籌電〉，《清季外交史料》，卷 112，頁 15。

〔註 216〕1895 年 11 月，爲了感激德國對中國的幫助，許景澄還建議清廷頒發頭等第三寶星予德國首相何倫洛熙、外交大臣馬沙爾；恭親王奕訢也建議清廷頒發寶星予俄、德、法公使。〈總署奏續陳遼旅地方情形並請賞給俄德法三國使臣寶星摺〉，《清季外交史料》，卷 119，頁 22～23。

〔註 217〕李劍農，《中國近百年政治史》，頁 167。

〔註 218〕1895 至 1900 年之間，各國使節，如法之施阿蘭、德之海靖、英之竇納德、俄之喀西尼，動輒「咆哮恣肆」，正是「群雄環伺，正無了期。」見胡秋原，《近百年來中外關係》，頁 84。

〔註 219〕筆者案：歷史似乎會重複，此不禁令人想到在 1941 年 4 月時，蘇聯的史達林（Joseph Stalin，1878～1953）之與日本簽訂《蘇日互不侵犯條約》（Soviet–Japanese Neutrality Pact），用意即在於鼓勵日本南下太平洋發展，一方面使得蘇聯得以全力備戰德國，一方面又禍水南引，造成美日衝突。

在此問題上支持日本，法國遂陷於孤掌難鳴的處境，無力抵抗日本之領有臺灣。

基本上，就在德國支持下，日本與德、俄、法三國就中國贖回遼東半島的賠款往往覆覆、討價還價了 5 個月之久，由於俄、法此時已瞞著德國，私下與中國談判貸款之事，以便中國得以支付賠款，遂迫使日本將其原本要求的贖遼金額從中國庫平銀 1 億兩減至 5,000 萬兩、再減至 3,000 萬兩，而德國雖然贊成以 5,000 萬兩爲宜，對日本無濟於事。最後，1895 年（光緒 21 年）11 月 8 日，中國與日本另簽定《遼南條約》，以 3,000 萬兩贖回遼東半島；至於臺灣與澎湖群島，日本則在德、俄支持下，完成了所謂「乙未割臺」，從此在當時國際法法理上正式領有臺灣與澎湖群島。

對於德國參與干涉還遼，德國輿論有認爲德國在遠東本無所求，而今不管對錯，由於俄、法、德同盟勢力太過鉅大，已經侮辱到日本；〔註 220〕也有認爲德國至多只是獲得歐洲和平的保障，除了保障中國本身的利益，甚或對其他國家有好處外，別無所獲，並且質疑在俾斯麥執政時代，這種外交政策是不可能發生的；〔註 221〕較支持政府的報紙則謂：日本的和約需先經過所有條約列強同意才行。〔註 222〕

至於德國參加干涉還遼的動機，歸納德國學界的看法，主要有下列四種原因：一、德國在東亞有日益增多的商業活動，因此需維護此重大的商業利益；二、從政治戰術的思維（die politisch-taktische Überlegung）出發，亦即從歐洲大陸觀點來看，德國必須竭力與俄國重修舊好；三、著眼未來，希望中國在感激之餘，可以用一個中國沿岸的基地，作爲回報的謝禮；〔註 223〕四、在當時外交大臣馬沙爾看來，德國正式參與干涉還遼的原因有兩個：其一爲阻止黃種人在日本領導下聯合起來；其二則爲將英俄的摩擦降至最低。因爲只要日本能降低和約的要求，則所有列強的要求就隨之停止，蓋其深怕俄國會與法國、英國達成對中國要求的諒解，而德國卻被排斥在外，空手而歸。〔註 224〕美國學者郎格（William L. Langer，1896～1977）也贊成第四種原因：德

〔註 220〕*Berliner Gericht-Zeitung*, Apr. 25, 1895.
〔註 221〕*Berliner Börsen-Zeitung*, Apr. 25, 1895.
〔註 222〕*Teltower Kreisblatt*, Apr. 25, 1895.
〔註 223〕這種典型的看法，可以參見 Wippich, *Japan und die Deutsche Fernostpolitik*, pp. 146～147.
〔註 224〕Brandenburg, *From Bismarck to the World War*, pp. 59～60.

國之毫不遲疑加入干涉還遼行列，是因爲深怕英、法、俄組成同盟，瓜分中國並將自己排斥在外，還不如參與列強，免得瓜分時落於人後。〔註 225〕

就德國東亞經濟而言，甲午戰爭予德國軍火工業發財良機。例如李鴻章在 1894 年（光緒 20 年）5 月即向朝鮮再運送 1,000 支毛瑟槍；同年 6 月底，清廷又撥款 2、300 萬兩，洽購軍備；中國南方的封疆大吏張之洞、劉坤一，也迫切需要德國的造船業供應軍艦及彈藥。〔註 226〕9 月，清廷在戰事潰敗之餘，又亟需德國所造艦隻，價廉又完工迅速，急命駐德公使許景澄，即行訂購。〔註 227〕1895 年初（光緒 20 年末），兩江總督張之洞向清廷上奏，爲了南洋水師練兵，有必要向德國貸款，以向德國的伏爾鏘船廠、克虜伯礮廠繼續添購武備。〔註 228〕清廷又命許景澄查明，若向德國訂購最堅利之船艦，須費若干，幾時可成。〔註 229〕凡此種種，證明只要中、日在朝鮮關係繼續緊張，德國造船、軍火業就有厚利可圖。另據德國學者格倫特（Gründer）說法，在 1890 年代中期，在中國計有 361 家英國公司、92 家德國公司、美國、法國公司各 31 家，13 家俄國公司；對華貿易方面，英國獨占 64.8%，德國占 7.8%，其他國家則遠遠落後。〔註 230〕

自德國歐洲大陸的戰略觀之，由於威廉二世的作爲，已經促成了俄國與法國結盟，歐陸上已經失去孤立法國的優勢，而且使德國自身隱隱然處於兩國夾攻的態勢，因此德國就急於修好俄國，至少減輕東部邊界的壓力，普魯士參謀本部就無須年年疲於備戰俄國。因此，若加入俄、法陣營，則在歐陸直接發生戰爭的風險就可消弭於無形。〔註 231〕

至於寄望中國日後知恩圖報，以沿海重要基地相贈的念頭，卻種下了德國強索膠州灣的種子，引起德國意外的東亞局勢連鎖反應。干涉還遼成功，成爲沙皇尼古拉二世登基以來第一件大事。欣喜之餘，他向德皇表達謝意，

〔註 225〕Langer, *The Diplomacy of Imperialism*, p. 184.

〔註 226〕Lee, *Die Chinesische Politik*, pp. 52～53.

〔註 227〕〈旨寄許景澄聞德國獵船價廉而成期速著訂購電〉，《清季外交史料》，卷 96，頁 13。

〔註 228〕〈江督張之洞等致軍務處南洋練外海水師擬向德國借款購船炮請旨電〉，《清季外交史料》，卷 103，頁 14～15。

〔註 229〕〈旨著許景澄查明德廠訂造堅利之船需費若干電〉，《清季外交史料》，卷 117，頁 1。

〔註 230〕Gründer, *Geschichte der Deutschen Kolonien*, p. 99.

〔註 231〕Wippich, *Japan und die Deutsche Fernostpolitik*, p. 143.

並允諾只要德國維持目前的友好政策，他非但保證德國邊境之平安，而且也會幫助德國在東亞獲得一處基地。這些沙皇對其後訪問俄國的德國首相，也一再重申。〔註 232〕德國在此鼓勵之下，就在 1895 年（光緒 21 年末）底，馬沙爾邀見許景澄，在提醒了德國干涉還遼的恩惠後，要求中國也幫助德國，一方面優惠德商，蓋德國船廠造艦較美國精良、克虜伯廠鐵、鋼料俱佳，現下皆在華攬售產品，希望中國速速下訂；二方面德國海軍在中國無據點，因此希望中國或租或借一港口，供德國作儲煤站，如此德國海軍一可保護德國商業利益，二可維持中國均勢，有事時可幫助中國，對中國有益。德國絕無領土野心。許景澄感到問題棘手，只能回報清廷。〔註 233〕

筆者以爲，德國參與干涉還遼尙有一個重要因素，即爲德皇威廉二世追求國家威望的虛榮以及自尊。德國政體與歐洲其他國家相比，其實是君主獨裁的制度，在這種「朕即國家」的前提下，君主一人之好惡往往決定國家走向。在甲午戰爭中，德國保持中立，一方面透過外交大臣、駐日公使與日本保持溝通，要求日本對於戰果的要求適可而止，不要有過份的領土要求，並以德國善意的中立爲由，要求日本以臺灣相贈，作爲回報。由於日本對這些要求皆置之不理，威廉二世早已滿腔憤慨，認爲德國的威望遭受踐踏，因此棄多年傳統的德日友好關係於不顧，決定由德國政府出面干涉，挽回顏面。再從美德關係的脈絡而言，由於此時的兩國，都是帝國主義的後進國家，各自尋求擴展國家威望勢力的管道，而雙方又因爲商業大戰、薩摩亞問題，衝突不已，彼此都視對方爲自己發展的絆腳石，而今在甲午戰爭中，又都視插手東亞事務爲提升自身威望的良機。於是德國佔得先機，原本透過巴蘭德與李鴻章的密切關係，由德璀琳先代表中國赴日，探求日方的和平條件，卻因爲美國官方出面，由美國駐華公使田貝要求撤換德璀琳，繼而美國又由科士達出面，主導馬關和約的締結，一時之間，美國在東亞的威望以及影響力，凌駕所有列強。儘管德國輿論界對德國參與干涉還遼，意見不一。但是《十字報》（Kreuz Zeitung）直接說出了德國其中一個動機：歐洲三個強國的合作可喜可賀，因爲這是爲了在東亞對抗日益增加的美國影響力以維持歐洲地位的第一步。〔註 234〕因此，德國參與干涉還遼，至少也有著推翻馬關條約重大

〔註 232〕Brandenburg, *From Bismarck to the World War*, p. 68.

〔註 233〕〈使俄許景澄致總署馬沙爾稱德助爭遼請借地儲煤事甚棘手候示電〉，《清季外交史料》，卷 119，頁 5。

〔註 234〕*The Times*, Apr. 26, 1894.

條款，折損美國威望以及影響力的考量。而德國外交大臣馬沙爾在與法國大使討論干涉可能的後果時，對於美國，就說了：「什麼反應也不會有。她既沒有海軍也沒有陸軍。」〔註235〕

此外，德國在1889年（光緒15年）成立「德華銀行」（Die Deutsche-Asiatische Bank）。該銀行係由政府主導，並由德國幾家大型金融機構所組成，而克虜伯公司亦參與此銀行。適逢馬關賠款過於龐大，而中國當時歲入只有 8,000 萬兩，故需要對外舉債來因應。〔註236〕德華銀行原本積極要參與法、俄在甲午戰後對中國的賠款貸款，不料卻被法、俄銀行團排斥，與英國銀行團同樣空手而歸。但是失敗的原因還在於中國要保有自身的財政大權，不願意過度依賴德國，爲其所控制，因此不顧德國公使館的壓力，做出這個決定。〔註237〕後來，英、德攜手合作，終得以在 1896 年（光緒 22 年）、1897 年（光緒 23 年）年談成兩筆貸款案。

值得注意的是，在與中國洽談貸款的流程中，德國卻與英國達成諒解，排斥美國財團的競爭，使得美國方面無法介入中國的貸款案。這反映了德國對美國影響力的敵視，決不願看到美國勢力在中國坐大。再從更深一層的歐洲因素來看，德國在東亞好不容易與俄、法結成同盟，至少達到了本土安全的條件，因此再怎麼怨恨俄、法在中國貸款案中拋棄她這個盟友的事實，也只有忍耐；對於英國，兩國在全球事務上對抗法國有共同的利益，而英國復爲在中國勢力最大的列強，德國尚有許多方面需仰仗英國，因此與英國合作只有好處，沒有壞處，何況又可藉以打擊美國。至於英國方面，也感到美國經濟競爭力的壓力，爲了維護自己在中國的利益，與德國合作打擊美國也不無僥倖之意。在這種情形之下，遏止美國影響力在中國繼續增長，畢竟成了英、德、法、俄四強無形中的默契，因此美國寡不敵眾，在中國貸款案中敗北下來，一無所獲。

最後從國家利益觀點來看，對德國而言，甲午戰爭因爲提供她了將俄國牽制在遠東的機會，可以緩和其歐陸本土所承受壓力，是個關係到國家存亡的根本利益問題，也就是她的國家安全問題，因此全力與沙俄在遠東合作，

〔註235〕福森科著；楊詩浩譯，《瓜分中國的鬥爭和美國的門戶開放政策，1895～1900》，頁 30。

〔註236〕黃正銘，《中國外交史》，頁 180。

〔註237〕Mühlhahn, *Herrschaft und Widerstand in der Musterkolonie Kiautscho*. p. 86.

何況還有許多的次要利益可得；而美國在此事件中的利益，主要還是經濟利益以及其他軟實力層次的影響力利益，加上沒有對應的軍事硬實力支持，因此在這場外交角力中敗北。

雖然俄、德、法三國干涉還遼的對象是日本，但是隱隱然也是一種「小雞遊戲」（the game of chickens），〔註238〕劍指維持中立的英國及美國。顯而易見，俄、德、法三國的同盟威力太過強大，震攝英國及美國。影響所及，致使英國在日後庚子事變時，許多事項遷就德國，根本的原因就是害怕三國同盟再現於東亞。

〔註238〕「小雞」在英文中有懦夫之意，故筆者以爲譯爲「懦夫遊戲」似乎更爲貼切。就是衝突之兩國彼此叫囂開戰，可能會有三種結果，一者雙方不顧一切開戰，以致於兩敗俱傷；二者有一方主動退讓，雖有損失卻保全實力；三者雙方皆理性克制，和平收場。而「小雞遊戲」通常需兩方實力相當，才有可能發生，故非常危險。人類史上最著名的例子，莫過於1962年的古巴飛彈危機中，美國逼使蘇聯成爲小雞退讓。